专门矫治教育制度研究

——以人格矫治为核心

沈颖尹　著

群众出版社

·北京·

图书在版编目（CIP）数据

专门矫治教育制度研究：以人格矫治为核心/沈颖尹著. --北京：群众出版社，2024.10. --ISBN 978-7-5014-6406-7

Ⅰ.G765

中国国家版本馆 CIP 数据核字第 2024RE6153 号

专门矫治教育制度研究
——以人格矫治为核心
沈颖尹 著

责任编辑：杜向军
责任印制：周振东

出版发行：群众出版社
地　　址：北京市丰台区方庄芳星园三区 15 号楼
邮政编码：100078
经　　销：新华书店
印　　刷：北京市泰锐印刷有限责任公司

版　　次：2024 年 10 月第 1 版
印　　次：2024 年 10 月第 1 次
印　　张：11.25
开　　本：880 毫米×1230 毫米　1/32
字　　数：300 千字

书　　号：ISBN 978-7-5014-6406-7
定　　价：46.00 元

网　　址：www.qzcbs.com
电子邮箱：qzcbs@sohu.com

营销中心电话：010-83903991
读者服务部电话（门市）：010-83903257
警官读者俱乐部电话（网购、邮购）：010-83901775
法律图书分社电话：010-83905745

序

在时代的洪流中，社会的进步与挑战并不相悖。未成年人的成长环境日益复杂多变，未成年人违法犯罪问题犹如一面棱镜，折射出家庭教育、学校教育、社会环境以及法律制度等多方面亟待解决的问题。《刑法修正案（十一）》将存续几十年的"收容教养"更名为"专门矫治教育"，不仅是对既有法律框架和制度的革新，更是对未成年人权益保护理念的重塑和发展，标志着我国在未成年人司法领域迈出了历史性的一步。本书正是在这样的时代背景下应运而生，它不仅聚焦法律条款的字面解读，更是深入探索其背后的法理精神与社会实践，力求在未成年人违法犯罪低龄化趋势的迷雾中点亮一盏指引方向的明灯。

无论是收容教养还是专门矫治教育，从 1979 年到 1997 年甚至至今，均是刑法第 17 条第 5 款对尚未达到刑事责任年龄罪错未成年人"收容"或"矫治"的原则性规定，始终未形成该制度贯彻或被执行的具体规范与方案。作者选择专门矫治教育制度作为撰写的核心议题，正是出于对已存续 45 年的该项规定的敬畏及统一落实与执行，也是对罪错未成年人这一特殊群体未来命运的深切关怀与重视。专门矫治教育是对以往收容教养深刻反思后作出的理念更新与准确定性，标志着我国未成年人司法保护体系向更加人性化、科学化、制度化、规范化迈步。作者以刑法第17条第5款为切入点，创新性地融入人格刑法理论，特别是可塑性人格理论，旨在揭示未成年人罪错行为背后复杂的人格成因与心理动态，为制度设计提供坚实的理论支撑。作者通过构建"可塑性人格+触法行为—评价—处遇措施"矫治教育理论框架，力图打破简单的"一关了之"或"一放了之"的二元对立困境，提出一种基于人格矫治个别化的处遇机制与措施，为每一个越轨未成年人制定个性化的矫治教育方案。

本书并未停留在理论层面的探讨，而是紧密结合当前社会的热点案例，从河北邯郸的校园霸凌到全国令人震惊的时有发生的校园暴力事件，通过对这些典型案例的深度剖析，揭示未成年人罪错行为背后复杂的社会、家庭及心理因素，强调在矫治过程中综合干预和处理个别化方案的重要性。

此外，本书还特别强调多方参与的重要性，认为构建有效的专门矫治教育制度，需要家庭、社区、学校、司法机关乃至整个社会的共同努力与不懈支持。作者不仅提出了建立跨部门合作机构的构想，还详细阐述了如何通过教育矫治、心理辅导、职业培训等多重手段，为未成年人创造一个既严格又充满关爱的矫治环境，帮助他们顺利地复归社会。

未成年人的健康成长关乎一个国家或民族的未来和希望，本书的撰写与出版无疑是我国未成年人法治建设中的一件益事，不仅对未成年人保护大有裨益，也为所有关心未成年人健康成长的社会成员提供了宝贵而明确的思考与启示。让我们以此为契机，携手开启未成年人司法保护的新篇章，共同守护家庭、社会和国家的未来与希望。

是为序。

李晓明*于苏州大学相门寓所
2024 年 5 月 8 日

* 李晓明，法学博士，苏州大学国家监察研究院院长、刑事法研究中心主任，王健法学院教授、博士生导师，中国政法大学研究生院兼职教授。北京人成律师事务所高级顾问、大成刑辩学院走私犯罪研究中心执行主任、北京大成（苏州）律师事务所刑事部主任、刑事合规研究与监督评估中心主任。

目　录

导　论

第一节　研究的缘起

我国刑法学界关于未成年人触法问题的讨论热度始终居高不下，未成年人犯罪低龄化、校园霸凌屡见不鲜，成为社会各界强烈呼吁降低刑事责任年龄的重要原因。未成年人恶性犯罪案件的低龄化牵动着社会各界的敏感神经，13 周岁少女肢解同班同学案[①]、湖南沅江 12 周岁男童残忍弑母案[②]等类似案件的频发，解读背后成因，除了行为人具有人身危险性以外，其人格心理在很大程度上也存在着障碍，甚至是介于精神病和正常人格之间的状态，导致其实施极端行为。一味地通过降低刑事责任年龄以期实现控制和预防犯罪的目标存在治标不治本之嫌。为了从根本上减少未成年人触法数量，解决"一放了之"或"一关了之"的难题，专门矫治教育制度登上法律舞台。

案例一：跨越两年，同一未成年人实施了两起恶性刑事犯罪案

[①] 《广西一 13 岁女孩杀同学后分尸》，https：//baijiahao. baidu. com/s?id＝1614440054530176106&wfr－spider&for＝pc，最后访问时间：2020 年 12月 30 日。

[②] 《湖南沅江 12 岁弑母男童："我杀的不是别人，我杀的是我妈"》，https：//www. sohu. com/a/281353813_ 100161592，最后访问时间：2020 年 12月 30 日。

件，却因未满 14 周岁最终徘徊在法律制裁之外。2004 年的黑龙江通河县，明某在赶往舅舅家途中被不满 13 周岁的赵某宝实施了强奸。事发之后，明某的母亲宋某选择了报警。此时，却因赵某宝未满 14 周岁，法院判决赵家赔偿明某 9000 元，并将赵某宝当庭释放。但悲剧才真正拉开序幕，2005 年 9 月，怀恨在心的赵某宝趁夜悄悄潜入明某家中，用匕首残忍地在明某面前将其母宋某捅死。警方虽然立即对赵某宝进行了逮捕，赵某宝也对自己的行为供认不讳，但因其未满 14 周岁，在历经了 1 年零 6 个月的劳动改造后被释放，重新回到社会。①

案例二：2018 年 3 月，湖北孝感城郊的赵某一家飞来横祸，其 14 岁的女儿在放学回家的路上遭遇 13 周岁男生黄某持刀抢劫。这名尚在读初二的学生却实施了比成年人犯罪更加残忍的行为：被害人被逼迫脱光衣服，颈胸部、脖子、手臂和腿上有多处刺伤。被害人的遇害令赵某一家伤心欲绝，但因为黄某在行凶时未满 14 周岁，依据刑法规定不予刑事处罚。黄某的家长也拒绝黄某接受政府收容教养，最终黄某被"一放了之"。②

案例三：2015 年，3 名中小学生持木棒殴打 52 岁女教师李某的恶性事件在湖南省邵东县城引起舆论轰动。3 名在校生分别是 11 周岁的孙某、12 周岁的赵某和 13 周岁的刘某，3 人在 10 月 18 日晚有预谋地对在校教师李某实施抢劫，长时间进行殴打，并将其拖至卫生间用抹布堵上嘴，被害人李某最后死亡，3 人将李某的 2000

---

① 鲁昕、李泊毅：《收容教养在公法上的性质及实施的相关问题研究》，载《齐鲁学刊》2021 年第 1 期，第 118 页。

② 雷宇：《初中男生持刀伤害花季少女 未满 14 岁被释放引争议》，https://baijiahao.baidu.com/s?id=1604841619303854295&wfr=spider&for=pc，最后访问时间：2020 年 12 月 20 日。

余元现金和一部手机抢走。最终 3 人仅仅是被送往邵阳市工读学校。①

以上案例中的未成年人甚至已经具有"行为能力",其可塑性人格具有过渡性、可塑性强与不稳定性的特征,因为其特殊生物性(辨别能力和控制能力不稳定)而受到"未成年人福利主义"刑事政策的特别对待,在刑法上"不具有刑事责任"。但刑事责任的真空地带是否真的表明该群体不需要受到任何"评价"。鉴于触法未成年人是一个兼具生物性、社会性和心理性的独立个体,从社会防卫角度出发,给出了否定的答案。

随着市场经济的不断发展,原本传统家庭模式已经解组,人们从熟人社会向陌生人社会转变的过程中,对个体生存需求的满足也更加依赖整个社会的良好运转。社会发展趋势向规模化、组织化和机构化方向靠拢。因此,专门矫治教育制度作为矫治触法未成年人的重要方式,在体系建构过程中自然也应落实国家治理理念,实现社会治理的目标。

陈旧的理论无法支撑专门矫治教育制度的有效运行,与目前的法治环境和新时代未成年人的成长规律脱节。因此,应当在刑法发展思潮中寻找新制度理念的生成逻辑,"人格刑法理论"不仅要考量行为人的客观行为,还要考虑行为背后的行为人。人是社会的产物,新的社会结构背景下形成的人格具有时代烙印,对人格的矫治必须结合我国所处的社会发展阶段与具体情况。此外,将人格作为矫治对象,不仅符合刑法谦抑性原则,也顺应了各国提倡的"非刑罚化"潮流,通过教育矫治的途径实现降低人格危险性的目标。

在《刑法修正案(十一)》颁布之前,受制于供给不足、功能定位偏差、配套机制欠缺,收容教养存在行为干预重惩轻教、处

---

① 《湖南邵阳 3 名未成年学生劫杀女教师 3 人中最大 13 岁》,http://news.youth.cn/sh/201510/t20151021_7226720.htm,最后访问时间:2020 年 12 月 20 日。

遇措施矫治缺位、运行程序非司法化等突出问题，造成其在实际适用中陷入困境，对触法未成年人"一关了之"的弊病日渐凸显，未能有效发挥教育矫治、特殊预防、复归社会等期待的处遇效果，逐渐沦为"僵尸条款"，进而名存实亡。[①] 因此，将触法未成年人纳入专门矫治教育的适用对象范围，将"收容教养"概念进行更换是我国未成年人司法改革的必然选择。专门矫治教育制度的建构应实现人权保障，在尊重、理解、承认未成年人独特人格的前提下，制定个别化和具有针对性的矫治教育方案，使他们的个性得到完善和发展，并将未成年人从"犯罪标签"中解救出来，保障其人格与尊严得到保护，这也充分体现了刑法的人权保障精神。[②]

在理论层面，应当对专门矫治教育理念进行逻辑更新，有利于未成年人可塑性人格整体化和动态化，增强矫治人格有效性；有利于将未成年人本位思想贯彻于整个专门矫治教育制度建构中，形成特殊保护的刑事司法理念；有利于触法未成年人在降低人格危险性的前提下顺利复归社会，实现对社会安全的保障；有利于整体逻辑和内在模式的重塑，摒弃收容教养的旧式思维逻辑，形成一套具有科学性、客观性、独立性、针对性的专门矫治教育理念，指导专门矫治教育的立法，完善与相关法律法规的衔接，以期能够突破种种难关从而指导实践。

在实践层面，专门矫治教育应当解决传统意义上矫治工具实用主义、效率主义的问题，以未成年人的发展为视角，尊重未成年人的成长规律和身心发展特征，尊重其极度渴望获得独立的人格，成为一个独立成年人的美好愿景。将触法未成年人的可塑性人格作为矫治的重要对象，纠正简单的反应式矫治模式刺激，急功近利的方

---

① 顾泠涓：《专门矫治教育的权利保障功能及其运行机制展开》，载《预防青少年犯罪研究》2021 年第 3 期，第 68 页。

② 参见张锋学：《人格刑法理论视域下的未成年人犯罪预防研究》，华南理工大学 2020 年博士论文，第 2 页。

式从根本上忽视了未成年人成长过程中的复杂性和差异性，忽视了
未成年人成长环境和个别化心理建设。① 引导处遇措施建构彻底摆
脱工具主义和功利主义等价值观念的牵扯，完全走出教育矫治迷茫
的"价值丛林"，明确任何手段和方式只是作为服务于实现人格矫
治的途径，绝不能从根本上撼动、冲击、异化实现人格矫治和未成
年人健康成长这一价值的本体设定。

第二节　国内外研究现状

《刑法修正案（十一）》刚施行几年，专门矫治教育制度无论
是理论还是实践方面的研究都刚刚起步，目前的文献数量相当稀
少，在中国知网上搜索"收容教养制度"，仅有 200 余篇文献；以
"专门矫治教育制度"为关键字进行搜索，更是仅有 20 余篇文献。
国外在矫治方面的研究提前不少，一些理念制度值得我国借鉴。

一、国内研究现状

专门矫治教育虽然是一项新的制度，但在域内与域外却都有迹
可循，尤其是作为专门矫治教育制度的前身，收容教养制度具有进
一步深入研究的价值意义。第一次提出"收容教养"概念是在
1956 年《对少年犯收押界限、捕押手续和清理等问题的联合通知》
中，直到其退出历史舞台历经了半个多世纪。为使专门矫治教育不
落入收容教养的窠臼，充分了解收容教养制度的遗留难题，对建构
与完善新的制度具有指导性意义。

关于制度的发展困境，李晓瑜认为存在适用对象不明确、决定

---

① 刘若谷：《低龄触法未成年人教育矫正研究》，鲁东大学 2017 年博士
论文，第 21 页。

机构不确定、教育资源匮乏、程序缺乏科学性、执行方式单一等问题。① 王顺安、陈君珂认为受制于法治建设滞后与体制机制不畅等一系列问题，在立法、法律性质争议、适用、执行等方面均存在不同程度的问题。② 苑宁宁认为目前应对低龄触法未成年人，我国的法律法规存在粗陋和可操作性不强的问题。③ 姚建龙认为新的立法虽然存在诸多进步之处，但仍旧存在触法行为与严重不良行为混同的问题，并且未能推动独立少年司法制度的建立。④

关于制度缺陷的主要解决路径，廖斌、何显兵建议设置司法审查程序，发展多样化的执行方式。⑤ 黎禹珲建议明确矫治教育学校的招生对象，并对其进行分级分类矫治教育。⑥ 吴静认为新时代应当围绕专门矫治教育立法和相关法律法规的完善，明确其适用，重构司法程序、执行机构和矫治教育体系等。⑦ 温雅璐推崇在专门矫治教育的执行场所专门学校进行司法化矫治。⑧ 就未成年人实施触

---

① 李晓瑜：《我国收容教养制度之检视与重构》，载《预防青少年犯罪研究》2019 年第 3 期，第 66 页。

② 王顺安、陈君珂：《中国少年收容教养制度的系统思考》，载《上海政法学院学报》2020 年第 4 期，第 46 页。

③ 苑宁宁：《低龄未成年人收容教养制度改革研究——应对低龄未成年人严重暴力行为的视角》，载《预防青少年犯罪研究》2020 年第 5 期，第 38 页。

④ 姚建龙、柳箫：《〈预防未成年人犯罪法〉的修订评价与实施问题》，载《少年儿童研究》2021 年第 5 期，第 13 页。

⑤ 廖斌、何显兵：《论收容教养制度的改革与完善》，载《西南民族大学学报》（人文社科版）2015 年第 6 期，第 66 页。

⑥ 黎禹珲：《未成年人专门教育的制度困境与出路》，载《湖南第一师范学院学报》2021 年第 4 期，第 95 页。

⑦ 吴静：《制度与出路：专门矫治教育制度困境与重构》，载《重庆社会科学》2021 年第 8 期，第 91 页。

⑧ 温雅璐：《收容教养制度的发展困境及司法化重构》，载《青少年犯罪问题》2020 年第 1 期，第 23 页。

法行为原因以及人格形成原因，主要从家庭、社会、学校三个方面
展开。在处遇措施设置问题方面，程捷认为在制定触法未成年人处
遇措施时应当遵循弹性原则与个别化原则，并设置合理的年龄条件
和监护条件，审慎适用。① 王多热认为应当完善触法未成年人再社
会化制度和再犯预防机制。

　　随着各国逐渐提倡刑法二元论，将成年人犯罪与未成年人触法
进行区别处遇。随着对未成年人群体的研究不断深入，不少学者开
始重视从心理学等非法学角度研究未成年人触法原因及应对的矫治
教育措施，如段炼炼的《道德思维视角下青少年犯罪预防与矫正
研究》，许永勤的《未成年人供述行为的心理学研究》，王立军的
《预防犯罪与矫正罪犯——基于中华优秀传统文化的传承与发展》，
白星星、袁林的《未成年人行为矫治共建共治共享新格局建构》，
齐钦等的《涉罪未成年人心理矫治探析》，李韬的《留守未成年犯
心理、教育状况及其矫治对策研究》，张晓君的《运用传统文化矫
治未成年人不健康心理方法探析》等。从研究内容上看，学者倾
向于从法学、心理学、教育学、犯罪学、社会学等学科中选择以一
个或两个学科为视角进行探讨研究，② 如贾洛川主张制定"违法犯
罪行为矫治法"，将教育矫治设为专章加以明确化、具体化、规范
化。③ 陈泽宪主张专门立法，系统、全面地涵盖所有问题，并汇聚
成单行法。④ 孙传浩、于阳建议修改相关法律法规，形成统一的触

---

① 程捷：《论未成年人犯罪预防中的教育刑制裁——以〈预防未成年人
犯罪法（修订草案）〉为参照》，载《中国青年社会科学》2020 年第 5 期，
第 126 页。
　② 参见张锋学：《人格刑法理论视域下的未成年人犯罪预防研究》，华
南理工大学 2020 年博士论文，第 3 页。
　③ 参见贾洛川：《中国未成年违法犯罪人员矫正制度研究》，中国人民
公安大学出版社 2006 年版，第 207 页。
　④ 参见陈泽宪：《刑事法前沿（第 1 卷）》，中国人民公安大学出版社
2004 年版，第 41 页。

法未成年人专门教育法律体系。①

在专门矫治教育制度中，将未成年人的可塑性人格作为矫治的重要对象，胡学相认为，在我国刑法中引入人格不仅是能够解决刑法危机的理性选择，也是塑造人格的重要途径。② 张文、刘艳红、甘怡群的《人格刑法导论》，陈兴良的《刑法的人性基础》，陈士涵的《人格改造论》，翟中东的《刑法中的人格问题研究》，陈仲庚、张雨新的《人格心理学》，王太宁的《人格与犯罪》等研究成果都进一步推进了人格作为矫治对象的深入研究。

二、国外研究现状

矫治教育制度理念源于英国。约翰·霍华德作为著名的监狱改革推进者，出版的《英格兰及威尔士的监狱情况》对监狱改革起到了重要作用。书中主张，法律应当与人道主义相互结合，保障罪犯生理与心理的健康，通过感化或教导的方式提高罪犯的道德意识，矫治罪犯。③ 1870 年在美国俄亥俄州辛辛那提市召开的美国监狱协会矫正年度会议再次明确了教养理念之下的监狱改革思路，该会议通过的《原则宣言》指出：应反对惩罚的哲学，提倡教养哲学，刑罚的目的不是惩罚报复，而是矫治。大幅度提升文化、职业技术教育和宗教教诲在矫治犯罪过程中的适用程度，通过对罪犯进行社会适应性训练使其能够更好地融入社会之中④；提倡累进处遇制度以及以点数制为基础的犯罪人分类；提倡对定期刑进行改革，推广不定期刑的适用。

---

① 参见孙传浩、于阳：《未成年人严重不良行为专门教育制度完善路径》，载《行政与法》2021 年第 10 期，第 118 页。

② 胡学相、许承余：《转型时期人格理论在我国刑法中的引入与推进》，载《武汉大学学报》（哲学社会科学版）2011 年第 2 期，第 50 页。

③ 吴宗宪：《西方犯罪学史》，警官教育出版社 1997 年版，第 80 页。

④ 吴宗宪：《西方犯罪学史》，警官教育出版社 1997 年版，第 121 页。

　　贝卡里亚作为刑事古典学派的奠基人认为应当完善教育，其在《论犯罪与刑罚》中写道："教育通过感情的捷径，年轻的心灵再次回归道德；为了把他们引入正确的轨迹，教育借助的是指出危害和需要的无可辩驳性，并不是虚无缥缈的命令，命令只会获得暂时的服从。""教育之作用为正本清源"。① 边沁是继贝卡里亚之后著名的矫治与犯罪、刑事政策领域的法律改革家。他认为，遏制犯罪的手段具有多元化，而不是唯一的，首要目标都是防止再犯，应当根据触犯法律人的习惯和性格的差异性对他们进行分类矫治。边沁所倡导的矫治思想对之后的矫治教育发展产生了深远的影响。

　　19 世纪后半期，以龙勃罗梭、李斯特和菲利为代表的刑事实证学派更倾向于以实证研究为基础的具有针对性的矫治理念，刑事实证学派的理论脉络始终围绕矫治犯罪，加强罪犯再社会化展开。矫治理念则是基于矫治罪犯的"危险人格"，刑事实证学派通过"危险人格"搭建罪犯与罪犯矫治理论的桥梁，以"危险人格"作为评价与衡量罪犯的前提性条件，进而对罪犯进行审判、定罪量刑以及设置与其相适应的矫治处遇制度。② 在刑事实证学派的理论逻辑中，矫治罪犯的最终目的是试图恢复罪犯的良好人格并最终达到社会防卫的目的。在人格研究方面，相关取向主要侧重测量和统计考察多种人格变量，以及这些变量与环境变量等其他变量之间的关系。英国的高尔顿提出了相关系数的概念，在此基础上，斯皮尔曼、艾森克、卡特尔以及人格"五大因素模型"的提出者进一步深化了人格的相关研究方法，拓宽了相关研究方法的应用领域。③

---

　　① ［意］切萨雷·贝卡里亚：《论犯罪与刑罚》，黄风译，北京大学出版社 2008 年版，第 132 页。

　　② 韩啸：《意大利实证学派罪犯矫正理论研究》，中国法制出版社 2019年版，第 45 页。

　　③ 郭永玉主编：《人格研究方法（上）》，上海教育出版社 2021 年版，第 2 页。

现代人格心理学的诞生一般认为以奥尔波特的《人格：心理学的解释》及默瑞的《人格探究》两本专著的出版为标志。

正是在 19 世纪中后期，美国伊利诺伊州颁布了少年法院法以及据此产生的少年法院，将"少年"从成年人体系中彻底分离出来，这也预示着未成年人司法制度与刑事政策从一般的司法制度与刑事政策中独立出来。20 世纪三四十年代是未成年人矫治体系的发展时期，世界各国已经逐渐建立有别于成年人的触法未成年人处理机制。20 世纪 80 年代，虽然"康复"依旧被看作未成年人司法极为重要的目标，但未成年人司法理念逐渐转变为强调公众利益与惩罚，美国一些州的未成年人司法理念已经与传统理念诀别。20 世纪 90 年代，美国未成年人刑事政策与司法实践中将严罚主义置于主导地位；英国的少年司法制度经历了长期发展，至 1991 年已经拥有了 11 部针对青少年犯罪的法律；英国的教养法成为帮助监护人处理未成年人行为问题的参考依据，2006 年英国首相布莱尔发布的"尊重行动计划"，通过建立"国家教养学院"为监护人提供支持与建议，并对"问题家庭"严加处理。①

第三节　研究思路

本书首先从专门矫治教育制度的基本论展开，对根植于我国本土特色的"专门矫治教育"的基础性概念、适用、性质等问题进行探讨，并明确该制度以矫治人格、复归社会与预防犯罪为目标，以教育刑论、预防刑论、社会化理论及恢复性司法为理论基础。其次，新的时代、新的法治环境对未成年人福利主义提出新要求，专门矫治教育体系化所遵循的理念与运行逻辑随之发生转变。本书以"行为人"为本位、社会防卫为主导对旧矫治教育理念进行根本性

---

① 参见龙丽达：《青少年罪错行为分析与矫治对策探究》，东北师范大学 2011 年博士学位论文，第 17-22 页。

修正与革新。最后，理念指导实践，实践反作用于理念。专门矫治教育作为唯一一项写入刑法，用于矫治未达到刑事责任年龄触法未成年人的制度，必须具有一个规范、科学、完整的体系。通过对专门矫治教育制度提出两条形塑路线，从处遇机制和运行机制两方面详细展开，重新建构制度，达到体系化目标。可见，本书的研究整体上呈现"总—分"的思路。

第四节　研究方法

专门矫治教育作为一项实践中迫切需求的制度，必须理论结合实践，本书运用图表分析法、调查法、实证分析法、文献研究法、价值分析法、比较分析法、跨学科研究法对该制度进行系统性研究。

一、图表分析法

根据未成年人犯罪现状等数据及图表，进行对比和分析，研究我国未成年人犯罪的成因、特征，为专门矫治教育处遇措施的设置提供支持。

二、调查法

调查法是科学研究中极为重要的研究方法，尤其是针对专门矫治教育的研究，必须与实践紧密联系。调查法是通过有目的性、计划性和系统性的方式方法收集有关研究对象历史状况和现实状况的材料。本书撰写之前通过与江苏省少年犯管教所及南京建宁中学矫正科负责人谈话、问卷调查等科学方式，对调查收集到的大量资料进行分析、综合、比较、归纳，全面了解触法未成年人的特征，对专门矫治教育制度的建构具有重要意义。

三、实证分析法

近些年，未成年人触法又呈现上升趋势，低龄未成年人触法频发。本书通过收集国内典型案例作为研究资料，浏览最高人民法院、最高人民检察院、江苏省高级人民法院、江苏省人民检察院等官方网站以及中国裁判文书网，获取网站公布的数据作为研究和分析资料。

四、文献研究法

本书大量收集和整理国内外关于未成年人矫治教育处遇措施、理论进展及"人格刑法"研究成果以及相关新闻报道、统计数据、实践案例等，以求资料的科学性、全面性和可靠性。使用的文献包括书籍、网络资源、学术论文、期刊文献、报纸刊物等。

五、价值分析法

价值分析法无论在法学研究还是司法实践中都有着不可替代的功能。法律判断中经常包含价值判断。建构未成年人专门矫治教育体系难以避开价值判断。作为国家、社会和家庭的未来，触法未成年人受到社会各界的关注，因此对该人群处遇措施的完善与设计必须慎之又慎。我国在未成年人福利主义与社会防卫之间的价值平衡中始终应当将儿童利益最大化原则贯彻整个体系中。

六、比较分析法

比较分析法通过比较现象和事物，发现其共同之处以及差异所在，并由此揭示事物和现象间的内在联系及相互区别。在研究专门矫治教育制度过程中，把比较分析法用于矫治对象资料分析，以及域内外立法问题的分析中，其目的是通过比较矫治对象以及中外各种资料，解释这些资料之间的内在联系与差异，把握专门矫治教育的宏观理论以及运行逻辑。

七、跨学科研究法

运用多学科的方法、理论和成果，从整体上对某一课题进行综合研究的方法亦称为交叉研究法。人格刑法包含法学、心理学、犯罪学、教育学等多学科理论，尤其是人格心理理论在人格矫治中占据重要位置。同时，专门矫治教育作为一项全新的制度，处遇机制的建构与立法等是一项系统性工程，牵涉学科甚多，尤其是在对未成年人触法原因的研究过程中，必须结合不同学科进行综合分析。

第五节　研究的创新与不足

专门矫治教育是一项全新的制度，在法律规范、处遇措施、运行机制等各个方面都亟待完善。本书以未成年人为核心，以社会防卫为导向，对该项制度进行系统性的研究，但也受限于实践经验等对调研工作带来的不便，仍存在许多不足之处。

一、创新之处

在选题方面，本书通过对专门矫治教育进行系统性的研究，旨在解决"一关了之"或"一放了之"的难题，同时对原则、理念、处遇措施、运行机制各个方面进行了创新性研究。

（一）选题创新：刑法第17条第5款的专门矫治教育制度

目前，专门矫治教育制度的相关法律条文、运行标准与机制等散见于各个文件中，尚未形成体系化的规章，更未形成严密的立法及司法解释，系统化或体系性的基础理论更为鲜见，致使实践、落实及运行举步维艰。本书将人格刑法尤其是可塑性人格理论引入专门矫治教育制度的建构之中，为专门矫治教育基础理论及其制度的体系化提供了全新视角，既有理论意义更具实践价值。

（二）原则创新："可塑性人格+触法行为—评价—处遇措施"治理思路与运行机制

本书提出"可塑性人格+触法行为—评价—处遇措施"治理思路与运行机制作为贯穿整个专门矫治教育制度及治理未成年人触法行为的基本架构与模式，是本书理论创新的核心与主线。刑法教义学"罪责刑均衡原则"与刑事政策学"未成年人福利主义理念"的逻辑差异及博弈使很大一部分具有"行为能力"的触法未成年人因可以"不负刑事责任"而被无视，甚至导致责任能力存在真空地带，最终使社会安全遭遇危机。本书创制的新模式与新机制兼顾了社会防卫与未成年人权益保护价值体系的有机融合与辩证。"可塑性人格+触法行为—评价—处遇措施"也是比例原则与宽严相济刑事政策的变奏，是专门矫治教育制度公平公正、保障人权、防卫社会、个案效能的集中体现，诸要素间的均衡也为消解福利主义与责任主义的长期争论提供了方案。

（三）理念创新：以触法未成年人可塑性人格为核心打造权益保护与社会防卫的博弈及其变奏

本书尝试以"行为人"和可塑性人格为核心理论，以权益保护和社会防卫有机变奏为价值博弈，创新性地进行理念更新及逻辑体系重构，"可塑性人格+触法行为—评价—处遇措施"的治理模式新架构奠定了专门矫治教育制度的中国特色与逻辑基础，在保障专门矫治教育制度尊重人权、保护权益的前提下，更加客观理性地去追求公平公正及治理触法未成年人的更大效能。"人格矫治"尤其是"可塑性人格"赋予了专门矫治教育制度与理念新的使命与价值追求：专门矫治教育是对触法未成年人异于常人的"不良人格"，即可塑性人格的基本价值定位，在此基础上进行复合式和个案矫治具有巨大的效能和广阔前景。尤其是在新的理念中植入了评价个别化新的模式及理论，推动了人格刑法和行为人刑法的深入研究。而且，社会防卫理论在专门矫治教育中寻找到了新的定位与目标，新的理念与机制指导专门矫治教育化解公众信任危机、社会排斥、社会撕裂风险等。

（四）处遇措施及运行机制创新：建构分级分类处遇机制

最高人民检察院文件《2018-2022年检察改革工作规划》要求建构触法未成年人分级分类处遇措施。本书尝试以"可塑性人格"及"触法行为"为研究基础，在"评价"与"处遇措施"博弈及变奏的逻辑前提下，建构专门矫治教育分级分类的个别化处遇机制也就成为必然。

"评价"中将道义作为价值要素之一，本书将"严重违背社会伦理的触法行为"作为人格评估的重要因素；借鉴"三振出局"制度，将人格定式屡次实施触法行为作为人格评估的考量因素。

结合不同年龄段、多类型人格调查评估，对触法未成年人人格进行科学的个别化调查，建立"人格档案"，实施相应的综合评断的科学处遇措施。人格矫治尤其是可塑性人格矫治的系统性、全面性、整体性和规律性能够为处遇措施及运行机制的建构指明方向。虽然限于学术能力与水平，所涉及的问题无法做到各个深入，但凭借这些基础理论与实践，本书尝试性地提出了专门矫治教育新的模式及其体系化理论。

二、不足之处

本书研究还存在诸多不足之处：其一，受限于外文翻译能力，虽然在撰写论文过程中查阅了许多外文资料，但仍存在翻译不精确等问题。通过国外亲友下载的书籍、论文未必是最专业与最前沿的，这也导致在论文中的引用极为有限。其二，国内研究文献尤其是专门矫治教育方面的文献资料极为有限。在刑法中，未成年人的触法问题始终没有受到足够的重视，这也导致无论是书籍还是论文数量均不多，相关内容散见于各书籍的小篇幅章节中。因此，本书在理念创新、处遇机制建构等方面是否真正实现了一个完整的体系，还需要进一步思考。其三，无论是针对触法未成年人的矫治教育还是特殊保护，在我国理论界与实务界都处于起步阶段。虽然我国越来越明确未成年人作为祖国的未来具有极为重要的地位，但理论与实践的完善并非朝夕之间。在此前提下，专门矫治教育体系化的完善与立法只是空中楼阁，但还是能够为指导实践贡献绵薄之力，仍需时间考验。

第一章　专门矫治教育制度的 基本范畴及理论基础

立法者作出假定，不负刑事责任的未成年人在人格及伦理上尚未成熟，对其行为后果的严肃性不能领会，不能谴责其不法行为的决定，因此，刑法上对未成年人施行感化教育与矫治。[①]《刑法修正案（十一）》将存续了几十年的收容教养制度更名为专门矫治教育制度，但到目前为止，与专门矫治教育相关的法律法规、文献研究等都十分匮乏，甚至存在空白地带。作为唯一一项解决未成年人"一关了之"与"一放了之"难题的制度，理论界与实务界都理应给予充分的重视。本章首先对专门矫治教育的概念作出界定；其次从我国未成年人司法制度的历史演进与西方矫正思想脉络中寻找专门矫治教育制度的身影；最后对专门矫治教育制度的理论基础进行探讨，进一步为理念原则革新与体系完善打下基础。

第一节　专门矫治教育的概念

专门矫治教育制度是我国现行法律体系中针对触法未成年人而设置的一项专门性规定。目前，与专门矫治教育相关的法律法规寥

---

① 参见林东茂：《刑法综览》，中国人民大学出版社 2009 年版，第 100 页。

寥无几，其中包括：刑法第 17 条第 5 款，① 预防未成年人犯罪法第四章第 45 条第 1 款②、第 45 条第 2 款③、第 59 条第 2 款。④ 但是，在各个法律条文中都没有明确规定何谓"专门矫治教育"。法律规范的匮乏与理论研究的薄弱已然与实践需求之间的掣肘与张力越发紧张，明确专门矫治教育制度的概念是构建体系与适用实践的第一步。

一、专门矫治教育概念辨析

"矫治"与"教育"实际上是分布在两个学科领域的基础范畴。在教育学领域，教育是有目的、有意识、有计划地培养人的社会实践活动；在医学领域，矫治是医学和行为主义心理学派提出的概念，是对心理、生理上存在各种缺陷和问题的患者进行康复性治疗的专业性工作。⑤ 因此，矫治教育在法律中被整合成一个特定、全新的概念，作为一项独立的制度，专门矫治教育有别于之前的收容教养、普通矫治教育、社区矫正。概念辨析有助于明确专门矫治教育的概念范围，是进行深入研究的基础。

---

① 刑法第 17 条第 5 款规定："因不满十六周岁不予刑事处罚的，责令其父母或者其他监护人加以管教；在必要的时候，依法进行专门矫治教育。"

② 预防未成年人犯罪法第 45 条第 1 款规定："未成年人实施刑法规定的行为、因不满法定刑事责任年龄不予刑事处罚的，经专门教育指导委员会评估同意，教育行政部门会同公安机关可以决定对其进行专门矫治教育。"

③ 预防未成年人犯罪法第 45 条第 2 款规定："省级人民政府应当结合本地的实际情况，至少确定一所专门学校按照分校区、分班级等方式设置专门场所，对前款规定的未成年人进行专门矫治教育。"

④ 预防未成年人犯罪法第 59 条第 2 款规定："未成年人接受专门矫治教育、专门教育的记录，以及被行政处罚、采取刑事强制措施和不起诉的记录，适用前款规定。"（未成年人犯罪记录封存、查询犯罪记录的单位与个人需承担保密义务的相关规定）

⑤ 参见高莹主编：《教育矫治手册》，法律出版社 2008 年版，第 29-30 页。

（一）专门矫治教育与收容教养

《刑法修正案（十一）》将收容教养更名为专门矫治教育，绝非单纯意义上名称的变化。此前，收容教养制度已经面临法律规范支撑不足的困境，在实践过程中产生了程序混乱不堪、执行场所不确定、执行条件不明确等一系列问题，如果仅仅是更名换姓，不免存在换汤不换药之嫌。所以，此次法律修订的出发点与落脚点是更深层次的理念逻辑与价值选择的革新。

第一，在法律性质定位上，进一步明确专门矫治教育兼具保护处分性质与教育处分性质。即便收容教养制度在我国法律体系中历经了几十年的实践考验，其法律性质在理论界与实践界却始终无法形成统一意见，存在较大分歧。目前，法学界各抒己见，代表性观点有"保安处分说"① "治安行政措施说"② "刑事处罚说"③ "特殊管教措施说"④ "司法保护教育措施说"⑤。

但以政府为实施主体的收容教养制度始终无法从本质上体现"教育为主，惩罚为辅"的感化教育方针。感化教育强调以感情为突破口，通过矫治工作人员的模范行为和真情实感帮助、感染和启发触法未成年人，达到心理相容，从而实现对触法未成年人的心理矫治。⑥ 专门矫治教育作为一项针对未成年人的非刑罚处罚措施，

---

① 雷杰：《我国收容教养制度的困境与完善路径》，载《预防青少年犯罪研究》2019 年第 3 期，第 28 页。

② 廖斌主编：《废除劳教制度后违法行为矫治体系研究》，中国政法大学出版社 2014 年版，第 126 页。

③ 马克昌主编：《刑罚通论》，武汉大学出版社 1999 年版，第 784 页。

④ 王顺安：《少年收容教养的性质之我见》，载《政法论坛》1992 年第 3 期，第 63 页。

⑤ 廖斌、何显兵：《论收容教养制度的改革与完善》，载《西南民族大学学报》（人文社科版）2015 年第 6 期，第 88 页。

⑥ 参见王威宇主编：《罪犯心理矫正》，中国政法大学出版社 2017 年版，第 24 页。

制度设计与运行的内在逻辑应遵循德国刑法学家李斯特所主张的教育刑论与保护刑论理念,性质取向应进一步体现对未成年人的特殊保护与帮扶教育。通过对未成年人的关怀爱护,从人格上尊重他们、情感上感化他们,给予他们充分的信任,从而提升其自我教育、自我约束的能力。

第二,在遵循司法理念上,专门矫治教育突出未成年人刑事司法双向保护的理念。马克昌教授所提倡的收容教养刑事处罚说认为,收容教养具有适用对象特殊性,即所适用的对象为犯罪分子,所依据的法律为刑事法。[1] 即便有学者持反对观点,认为刑法作为收容教养的适用前提,已明确规定不予刑事处罚,即刑事处罚与收容教养是排斥的关系。[2] 但不难发现收容教养在本质属性上仍具有刑事处罚的影子,与未成年人福利主义的根本要求不相契合。而专门矫治教育遵循的是双向保护理念,即责任主义理念与未成年人福利主义理念共同构成的未成年人刑事政策。[3]

第三,在功能定位上,专门矫治教育进一步强调在实践过程中应以"教化"旨意开展矫治工作。按照法律规定,政府收容教养制度的适用范围是实施刑法禁止行为,应当受到刑罚处罚的未成年人,但由于年龄未达到法定刑事责任年龄的主观阻却事由,导致不予刑罚处罚。一言以蔽之,收容教养是一种行政性矫治教育强制措施,具有刑事强制性。[4]

---

[1] 参见马克昌主编:《刑罚通论》,武汉大学出版社 1999 年版,第 784 页。

[2] 参见廖斌主编:《废除劳教制度后违法行为矫治体系研究》,中国政法大学出版社 2014 年版,第 127 页。

[3] 参见姚建龙主编:《长大成人:少年司法制度的建构》,中国人民公安大学出版社 2003 年版,第 49 页。

[4] 参见张桂荣、宋立卿:《违法犯罪未成年人矫治制度研究》,群众出版社 2007 年版,第 56 页。

(二) 专门矫治教育与普通矫治教育

教养模式已经成为各国一种防止犯罪的普遍性制度，各国都在这一领域积极探索与尝试符合本国国情的矫治教育方式。尽管在立法的实体与程序上存在差异性，有的国家以单独立法的方式规定其隶属于未成年人司法制度，有的国家则是由刑事立法通过保安处分与保护处分的方式进行规制，还有的国家将其规定为轻罪处遇制度。虽然具体的处遇措施千差万别，但在一定程度上各国都采取了强制性措施，通过矫治教育实现再社会化的目标。可见，矫治教育作为一项教养模式中的措施在各国已经被广泛适用，普通矫治教育与专门矫治教育之间存在很大的交叉，甚至专门矫治教育在历史渊源等方面都承续了普通矫治教育，但两者在前提和基础、适用对象与指导方针等方面仍有差异。

第一，前提和基础不同。专门矫治教育是根据法律确定的处分，并以此为基础而形成的一种特殊的管理体制；而普通矫治教育的前提和基础更为广泛。国家为了满足治疗、教育对象社会化内在需求，以及社会发展的需求而形成了各级各类管理体制。①

第二，适用对象不同。专门矫治教育只适用于未成年人，且根据刑法规定，专门矫治教育只适用于触法未成年人。而之前没有废除的制度，如强制戒毒、收容教育等几种针对不同类型违法人员的处遇措施都适用矫治教育。可见，普通矫治教育的适用对象不仅包括未成年人，也包括成年人，其适用范围远比专门矫治教育宽泛。

第三，指导方针不同。虽然两者都贯彻"教育、感化、挽救"的方针，但专门矫治教育与普通矫治教育存在不同。专门矫治教育在模式建构与规则制定过程中始终兼顾未成年人福利主义与社会防卫的价值平衡，在保障社会安全的前提下，尽可能对触法未成年人采取保护性与教育性措施。而普通矫治教育针对的范围较广，双向

---

① 参见高莹主编：《教育矫治手册》，法律出版社 2008 年版，第 30 页。

保护原则并非指导处遇措施设计的主旋律。

（三）专门矫治教育与社区矫正

针对触法未成年人的矫治教育，世界各国一致采取轻刑化和教育为主的理念，社区矫正是体现之一。虽然社区矫正并非一项单纯适用于未成年人的矫治措施，在成年人矫治上也被广泛适用，但两者之间存在一部分交集，也有差异。

第一，专门矫治教育制度与社区矫正制度存在重合。在现实任务层面，两者在很大程度上存在相同之处：一是为了控制触法未成年人或成年罪犯的人身危险性；二是保护和帮助触法未成年人或者成年罪犯尽快复归社会和更好地适应社会；三是通过矫治教育尽可能地降低触法未成年人或者成年罪犯再犯可能性。在适用原则层面，两者具有很大的重合性：一是坚持国家主导和社会参与原则。国家政府应适当鼓励和支持民间组织、社会团体和企事业单位积极参与到专门矫治教育和社区矫正中。二是分级处遇原则。无论是专门矫治教育还是社区矫正，在实践过程中都需要对矫治者进行人身危险性等相关因素的测评和评估，考察其人格危险性，根据评估的结果实行分级分类处遇。三是和解原则。恢复性司法措施在专门矫治教育与社区矫正中适用有其必要性，其根源在于和解制度不仅能够修复触法未成年人或者成年罪犯与被害者之间的关系，以及社区和社会关系的裂隙，同时也能够促进触法未成年人或者成年罪犯更好地再社会化和适应社会。因此，在实行专门矫治教育或者社区矫正时都应该尽可能采取积极的恢复性措施，促成被矫治者与被害人之间的和解。

第二，专门矫治教育与社区矫正之间存在差异。一是在适用对象层面，专门矫治教育是一项专门针对触法未成年人的制度，适用对象为触法未成年人。而社区矫正的对象既包括成年人，也包括未成年人。二是在刑事政策和理念层面，虽然专门矫治教育与社区矫正在目的上都包含了帮助复归社会，但专门矫治教育除了保障社会安全和秩序恢复的原则理念，还坚持未成年人福利主义的理念方针。在实体法观点中，社区矫正与监禁矫正的行刑方式是相对的关系，① 社区矫正属于"罪"与"罚"中"罚"的内容，最大的特点是与监禁刑相对，监禁刑是剥夺人身自由的行刑方式；而社区矫正是限制人身自由的行刑方式，是在社会上执行刑罚。②

综上，通过对收容教养制度、普通矫治教育制度、社区矫正制度进行辨析后可见，专门矫治教育制度应当是一项体系完整的、专门针对触法未成年人的，将"教育"贯穿理念革新与实践运行的具有保安处分性质、保护处分性质、教育处分性质的法律制度。

二、专门矫治教育概念重塑

法律规范的空缺与理论研究的薄弱导致传统针对触法未成年人的矫治手段具有惩罚性孱弱、保护性有余的特点，矫治出现方向性的偏差问题，具有社会危害性的触法未成年人不能及时接受有效矫治、管束与教育，甚至出现"想管管不到，只能一放了之"的情况。国家设立专门矫治教育制度，正是从立法层面对之前治标不治本的功利主义矫治方式的摒弃，表明从根源上挽救触法未成年人的决心。专门矫治教育概念的界定应当与立法者的理念一致，与当前的法治环境相容，与未成年人刑事政策相契合。

（一）"专门"的内涵解析

"专门"一词具有双重含义：针对性与个别化。首先，根据《刑法修正案（十一）》，专门矫治教育的适用对象为触法未成年人，因此在立法、矫治、教育、运行等方面都应尊重其成长规律，保障其合法权益。其次，从人格差异的角度来看，人格就是个体之间的差异，是人的特色。人格作为一种特征组织，是人特质独特的

---

① 参见 2003 年 7 月 10 日公布的最高人民法院、最高人民检察院、公安部、司法部《关于开展社区矫正试点工作的通知》（司发〔2003〕12 号）。

② 参见司绍寨：《社区矫正程序问题研究》，法律出版社 2019 年版，第45 页。

模式，人格使人与人之间相互区别。① 人的心理过程存在分化复杂的趋势，这种成长过程中的发展变化在研究人格时极为重要。也正因为个体之间人格的差异导致行为的复杂，在矫治过程中，追溯每一个独立个体的人生经历、教育背景、成长环境等，对这些复杂因素下形成的人格进行不同方式的矫治，即个别化矫治。

专门矫治教育制度与其他矫正制度存在差异之处，其内在含义与具体运行都受到未成年人控制能力与辨别能力不稳定的生物性特征的影响。从表象上看，成年人实施触法行为比未成年人犯罪复杂得多，关于未成年人实施触法行为的原因，目前学界各执己见，但无外乎是由于学校、家庭、社区和文化媒介等因素造成了不同程度和类别的人格缺陷。人格的个体差异是普遍存在的，而每种人格特质之所以表现出广泛的人格差异，是因为每种人格特质的适应性水平随着环境的变化而变化，这也导致未成年人所处的微观环境一旦存在不良因素的影响，本身处于心理不稳定阶段的未成年人就很容易走上歧途。此外，人在本质上是文化生物，人们在创造文化的过程中也被文化所创造，很多人认为未成年人之所以误入歧途是因其缺乏文化知识，在矫治和教育过程中加强文化课程的教育能使其步入正轨。事实恰恰相反，触法未成年人往往具有一套完整的知识体系且具有相关的内在思维逻辑，正是这套与犯罪相关联的知识体系才导致其走上触法的道路，这些与犯罪密切相关的知识所形成的错误价值观才是需要矫治的。"专门"就是针对触法未成年人在社会环境和意识形态下形成的人格，在尊重未成年人成长规律的基础上，全面分析对接教育的有利因素和不利因素，找准矫治教育的对接口，即所谓的"专门"之意。

正是因为成功对接的重要性，突出"专门"针对性不容忽视。触法未成年人在成长过程中无论接触的知识好坏善恶都是呈爆炸式、几何级增长的，如果在矫治教育过程中忽视了未成年人群体的

---

① 参见陈士涵：《人格改造论》，学林出版社 2012 年版，第 48 页。

特殊性，不注意矫治工具与其底线的对接，就难以变更原有的习惯、心理和思想系统，实现人格矫治目标，导致矫治教育的效果微乎其微，甚至起到反向作用。在抵触心理牵引下抗拒外来新因素的介入，加强原有人格系统的稳固性。

因此，"专门"之意包含了尊重未成年人成长规律的针对性，以及根据人格的差异性制定矫治方案的个别化。换言之，"专门"是指刑法在适用对象范围上的排他性和针对性，也蕴含着未成年触法个体人格的复杂性与差异性，矫治的思想理念、方式方法、具体措施与内容等应当具有"专门"的针对性，体现个别化，与触法未成年人的客观实际对接。

（二）"矫治"的内涵解析

"矫治"与"矫正"意思相同，都具有改正与纠偏之意。"矫正"（correction）最早起源于西方国家，早期被使用于刑罚执行有关的机构、人员、部门直至科学领域。而真正将"矫正"这一概念固定下来并得以广泛应用，是 1954 年美国监狱协会（American Prison Association）改名为美国矫正协会（American Correctional Association），自此之后矫正的范围不仅仅局限于监狱，而是被广泛运用到社区矫正等领域。① 矫正也逐渐代替惩罚、监狱、治疗等，成为一个含义更为广泛的词汇，包含了心理上、思想上、行为上的治疗、教育和规训。之后，"矫正"这一被英国、美国、澳大利亚、加拿大等西方国家广泛适用的制度也慢慢进入东方国家，如日本的"矫正协会"（Correctional Association），1979 年成立了"亚太矫正管理者大会"（Asian and Pacific Conference of Correctional Administrators），都证明"矫正"这一概念正被从西方国家向东方国家，乃至全世界国家广泛接纳并运用。

在我国传统文化中，矫正一词亦早有记载。汉语中的"矫正"

---

① 参见李朝霞主编：《国外矫正制度》，中国政法大学出版社 2020 年版，第 4 页。

具有改正和纠正的意思。《汉书·李寻传》中写道："先帝大圣，深见天意昭然，使陛下奉承天统，欲矫正之也。"此时的矫正亦包含改正与纠正之意，同时还包含了"劝善""规训"的观念。《南史·刘穆之传》中写道："穆之斟酌时宜，随方矫正，不盈旬日，风俗顿改。"这里的矫正即是与隔离、震慑、报应相对应的概念。随着教育刑主义和目的刑主义的兴起，对矫正的理解也更加宽泛了。有学者认为，矫正是指通过监禁隔离、感化、心理治疗等手段，更新罪犯的心理、行为、习惯等，使其逐渐适应社会生活，最终成功回归社会。首先提出这种观点的是西方国家，之后作为通用概念适用于西方监狱制度，甚至代替国家行刑制度。持有此种观点的如美国心理学博士罗伯特·J. 威克斯等编写的《各国矫正制度》。在我国，把通过思想教育、心理治疗、行为训练、生产劳动等方法，逐渐纠正犯罪者原有的心理、不良品德、行为和生活习惯的称之为矫正。[1] 针对触法未成年人的矫治应该被理解为未成年人实施触法行为后在监禁机构内外所接受的训练、感化、教育等活动的总称。显然，针对触法未成年人的矫治应当区别于针对成年人的矫治活动：一是在目标定位上，集中体现在恢复性司法与成功复归社会；二是在矫治手段上，注重与传统经验型方式区别开来，设计符合未成年人主体特征性，并具有科技含量的规范操作系统；三是在理念追求上，与纯技术的医疗模式有所区别，重视人文精神的特殊情境的内化；四是在机制设计上，注重对边缘科学进行多学科应用性目标、流程和标准的整合，实现对象个别化意义上的准确表达。[2]

对矫正概念的理解为专门矫治教育制度的建构与完善奠定了基

---

[1] 参见王威宇主编：《罪犯心理矫正》，中国政法大学出版社 2017 年版，第 5 页。

[2] 参见戴相英主编：《未成年人犯罪与矫正研究》，浙江大学出版社 2012 年版，第 17 页。

石，但要进一步明确专门针对未成年人的矫治教育制度，还需明确何谓矫正制度。追本溯源，最早期的矫正仅是指监狱内对罪犯的矫正，而不包括罪犯的刑后社会矫正和社区矫正等其他内容。《中国劳改学大辞典》中指出，矫正制度是纠正罪犯行为习惯和不良心理倾向的行刑制度，主要指通过感化教育、技术训练、心理治疗、监禁隔离等措施，使触法者逐步适应社会生活。[①] 美国学者克莱门斯·巴特勒斯在《矫正导论》中对矫正制度的概念和范围有了更广泛的诠释，其范围涵盖了监控机构矫正和监禁机构矫正两个方面，包含了不同的机构对罪犯进行不同的矫正活动，是有权对罪犯进行监控或者监禁的机构实施的各种处遇措施。

在专门矫治教育制度架构下，应当从矫治的对象、目标、定位和模式等层面理解矫治之意。首先，专门矫治教育的矫治对象应当是人格，通过思想的矫治、心理结构的改变、行为恶习的纠偏实现人格的矫治，更为完整、深刻和确切。其次，矫治的目标是让未成年人在思想、心理、行为上接纳并积极遵循社会规范，对人格缺陷进行纠偏，使未成年人在复归社会之后能够更好地与社会接轨。再次，专门矫治教育框架下的矫治应当弱化惩罚性，增强教育性，矫治应当具有教育性质。纵观矫治制度的发展历史，矫治虽然脱胎于惩罚且超越了惩罚，但惩罚始终贯穿于矫治之中。不过，很多学者正在不断试图将矫治解释为一种治疗、教育，而不是惩罚。但从实践层面而言，治疗与惩罚之间存在着千丝万缕的关系，两者之间无法形成泾渭分明的阻隔。最后是矫治的方式，这也是在建构专门矫治教育制度过程中应当重视的问题，即如何将针对未成年人的矫治教育建立在心理治疗、行为治疗、认知矫治等挽救措施之上，而非具有浓重的惩罚色彩。

---

① 参见程莹：《我国社区矫正执行主体研究》，汕头大学 2008 年硕士论文，第 12 页。

（三）"教育"的内涵解析

18 周岁之前是形成稳定人格的关键时期，在此过程中，之所以会出现人格发育不良的情况，主要原因之一是精神世界的空虚、贫乏与病态。兴趣高品质、信念正确、信仰坚定、世界观科学、理想崇高，必然形成丰富与发展的精神世界。文化性动力要素是贫乏的、空虚的、病态的会导致人格缺陷的形成。① 因此，健康的人格是通过世界观的教育形成丰富的、发展的、社会化的文化动力要素。概言之，通过教育使未成年人的世界观得到矫治，人格的缺陷也随之发生改变。

柏拉图在《理想国》中写到"教育非他，乃灵魂的转向"的教育理念。② 在拉丁语中，"教育"源自"educate"一词，其本源含义为"导出"或"引出"，强调的是内发性，即通过方式方法将个体潜藏于内部的素质自然地激发出来。德国刑法学家李斯特也提出了以社会防卫为目的的教育刑思想。教育刑思想认为，刑罚的本质并非惩罚而是教育，通过矫治与教育实现预防犯罪的目标。教育学家斯普朗格指出，单纯的文化传递不能称之为教育，何谓教育，其核心在于它能够"唤醒"人格心灵。③

细究中国传统文化中教化的思想源流，最早可追溯至源起于春秋战国、兴于汉唐、盛于宋朝的儒家文化。儒家文化历来重视教化的功效。孔子认为，不教而诛谓之虐，儒家"礼法结合"的文化与历史印迹应当体现在教育中。董仲舒同样重视教化在矫治中的作

① 参见陈士涵：《人格改造论》，学林出版社 2012 年版，第 326 页。

② 柏拉图在《理想国》（第七卷）中写道："知识是每个人灵魂里都有的一种能力，每个人用以学习的器官都是眼睛。整个身体不改，眼睛是无法离开黑暗转向光明的。同样，作为整体的灵魂必须转离变化世界，直至它的'眼睛'得以正面观看实在，观看所有实在中最明亮者，即我们所说的善者。"

③ 参见冯增俊：《教育人类学》，江苏教育出版社 1993 年版，第 87 页。

用，认为教化不立而万民不正也。孔子与董仲舒奠定了我国"德主刑辅"思想的基石。我国优秀传统法律文化为构建专门矫治教育制度提供了理论指导。

我国在不同的时期对"教育"的理解也在与时代容接过程中不断变化，按照《说文解字》所言，"教育"一词为"教，上所施，下所效也""育，养子使作善也"。在这里，教育强调的是自上而下的统领与负责，以及下对于上的承受与服从。① 1984 年邓小平提出，"在教学上'满堂灌'的现象依旧存在，应多鼓励大学生自身发展"。② 1993 年《中国教育改革和发展纲要》、1996 年《国民经济和社会发展"九五"计划和 2010 年远景目标纲要》等都明确指出我国的教育应注重学生的求知、审美、做人、创造、办事、健体，虽然教育理论在不断革新，但是最为突出和表现最强劲的是建构主义理论。

何谓建构主义？建构主义形成于 20 世纪 80 年代，是凯利认知理论的基础，以自由与决定论为基础，"决定论与自由论难以分割，一个是另一个的决定，基于同样的原因，两者又是独立的"。他反对彻底的机械学习观点，认为个体不仅是单纯地对环境作出反应，而且个体能够对环境事件作出积极的、独特的和系统的解释，人们并非被动的有机体，而是以创造性的方式主动地与环境发生关系。③ 该理论对学习和知识的本质作出了全新解释，根据这一理论，知识的特征包括社会性、情境性、建构性、默会性、复杂性

---

① 参见戴相英主编：《未成年人犯罪与矫正研究》，浙江大学出版社 2012 年版，第 121 页。

② 参见戴相英主编：《未成年人犯罪与矫正研究》，浙江大学出版社 2012 年版，第 121 页。

③ 参见［美］Richard M. Ryckman：《人格理论（第八版）》，高峰强等译，陕西师范大学出版社 2005 年版，第 210—212 页。

等，学习是动态的过程，如知识协商、参与和建构。① 这意味着教育并非传统意义上由下而上的固定疏导模式，而是一种动态的教育者与受教者之间互动的协商、对话的状态，两者之间是学习的共同体。虽然关于建构主义理论的讨论尚未形成统一定论，但是普遍对教育与学习有四点共识：一是教育能够帮助受教者构筑属于自己的理解；二是新的理解形成于原有理解之上；三是在与社会不断交互过程中进一步促进学习；四是在真实的学习任务中诞生意义学习。总之，建构主义之核心为知识建构。② 建构主义强调人的主导性地位，关注个体的持续发展，这与我国现代社会的发展与转型相契合。

专门矫治教育制度具有特殊教育性质，自然也应该吸纳建构主义作为指导理论。孔子所主张的"因材施教"，注重"教"与"材"的对接；美国哲学家、教育家杜威"做中学"的教育思想强调教育应当具有连接有效性特征；美国教学论的奠基者桑代克的"联结主义学习理论"系统要求教育应紧密与受教育者的实际情况联结；皮亚杰的"顺应"与"同化"揭示的是认知对接的较为典型的两种状态；维果茨基的"最近发展区"认为，判断和确定教学是否有效，基于教育与受教育者是否实现成功对接。③ 因此，为了使教育在矫治过程中作用最大化，必须根据触法未成年人的实际情况进行正当而有效的对接，包括教育与触法未成年人情感、认知、行为的对接，其中极为重要的是与触法未成年人德育思维的对接。

---

① 参见戴相英主编：《未成年人犯罪与矫正研究》，浙江大学出版社2012年版，第122页。

② 参见高文、徐斌艳、吴刚主编：《建构主义教育研究》，教育科学出版社2008年版，第44-45页。

③ 参见戴相英主编：《未成年人犯罪与矫正研究》，浙江大学出版社2012年版，第122页。

综上所述，本书对"专门矫治教育"的界定是适用对象为"因未满16周岁或14周岁不予刑事处罚的"触法未成年人，以人格作为矫治对象，具有国家强制力限制、管束，通过个别化和有针对性的处遇措施，实现未成年人复归社会及保障社会安全双重目标，具有特殊教育性质的法律制度。

第二节　专门矫治教育的"古今"与"中外"

专门矫治教育第一次呈现于公众视野是在《刑法修正案（十一）》颁布之时。但专门矫治教育绝非一个横空出世的概念。无论是我国古代的"幼小犯罪赦宥"制度，还是西方的矫治理论中都蕴含着专门矫治教育的脉络。想要进一步确定专门矫治教育制度设立之后"往哪去"的发展方向，就先要追本溯源了解该项制度"从哪来"。

一、专门矫治教育之历史钩考

未成年人福利主义的刑事司法理念在我国博大精深的历史文化中源远流长。在现存的文献中散落着大量有关恤幼思想的珍贵资料。早在周代就规定了对幼小赦免的制度。其中《周礼·秋官·司刺》中规定了"三宥三赦"制度，三宥为：一曰弗识、二曰过失、三曰遗忘；三赦为：一曰幼弱、二曰耆、三曰蠢愚。① 《礼记·曲礼》中记载："八十九十曰耄，七年曰悼，悼与耄，虽有罪不加刑焉。"可见，礼记中也明确年幼之人虽有犯罪行为，但免除刑罚的情形。《秦简》中也有刑事责任的相关规定，未成年人犯罪，应当免除刑事责任或者减轻刑事责任。我国第一部成文法《法经》中也有规定，15周岁以下的未成年人"罪高三减，罪卑一减"。恤幼思想贯穿了我国整个刑事法治进程，《汉书·刑法志》《汉书·宣帝纪》

---

① 高绍先：《中国刑法史精要》，法律出版社2001年版，第471页。

中都对 8 岁以下未成年人作了特殊规定，除却杀人、诬告罪以外，其他罪行都可以免除刑罚。集封建社会法典大成的《唐律》对未成年人犯罪的规定更加详尽，是我国第一次进行系统的梳理和规定与未成年人犯罪、未成年人保护相关的法典。[①]《名例律》第 30 条和第 31 条都规定未成年人犯罪，可以进行刑事处罚的减免。此外，《唐六典》规定："杖笞与公坐徒及年八十、十岁，废疾、侏儒、怀孕之类皆讼系而待断。"《断狱律》规定："年七十以上，十五以下以及残废者，皆据众证定罪，不得进行铐训。"到了宋朝，《宋刑统》规定："年八十及十岁、怀孕、侏儒、残废之类，虽犯罪亦散禁。"总之，我国古代的法律基本上都以刑法理念为主，都带有浓重的惩治主义色彩，因此即便我国传统法律文化中早就有"恤幼"的理念，但由于根深蒂固的"以牙还牙"报复性质的刑法观念，并不能真正从对未成年人的教育矫治层面进行实质性的关照。

纵览古代刑法中与未成年人犯罪相关的规定，恤幼思想可以概括为以下三个方面：一是实施同一犯罪行为比之成年人处罚从轻；二是规定在某一刑事责任年龄之下遵循从轻原则；三是对未成年人犯罪的从轻、减轻或者免除处罚的前提条件是不撼动封建统治的根基以及成人社会的权威。[②]换言之，古代对未成年人的恤幼思想是基于成年人的刑法所建立起来的，并未形成一套符合未成年人成长轨迹的、独立于成年人的刑事司法保护体系。这也必然导致对未成年人的刑事处罚只是参照成年人进行适当的减免，缺乏对未成年人这一独立群体正面且深刻的认识，自然难以建立起以教化为特点的未成年人矫治教育制度。

虽然我国古代在心理、生理以及教育学、医学等各个方面都不

① 参见姚建龙：《少年刑法与刑法变革》，中国人民公安大学出版社 2005 年版，第 24 页。

② 参见姚建龙：《少年刑法与刑法变革》，中国人民公安大学出版社 2005 年版，第 24 页。

及现代，无法从符合未成年人成长特征的心理与生理角度实现对未成年人的特殊保护，在罪名设置以及处罚方面都未与成年人相区别，恤幼思想在具体案件中的体现也受到了历史的局限，但中国传统文化的沃土仍为现代未成年人刑事司法制度的发展方向给予指引，为专门矫治教育制度的构建提供了理论基础。

直到 19 世纪，随着社会的进步和法治环境的改善，越来越多的国家开始关注未成年人这一特殊群体，逐渐建立起独立于成年人的未成年人刑事司法制度和矫治教养制度，一些国家还专门设置了审理未成年人犯罪案件的少年法庭。光绪年间，西方法律思想逐渐渗透到我国传统文化中，翻译了一系列理论著作和刑法法典：《俄罗斯刑法》《日本现代刑法》《瑞典刑法》《美国刑法》《法兰西刑法》等数十本与刑法相关的书籍。[①] 中西方刑法文化融会贯通之时，也是我国未成年人刑事司法理念逐渐形成的过程。清末著名法学家沈家本等人主张应积极借鉴西方先进的法律制度，吸纳域外刑法的精华，进行清朝法律的修改，制定了《大清新刑律》，同时对触法未成年人的司法制度、教养制度和监狱制度进行了改良。

沈家本提倡监狱的宗旨不仅在于惩治犯罪，还在于感化人，尤其是针对未成年人犯罪，应更加注重教育在改造中的效能。[②] 当时，德国的惩治教育方式也给沈家本在设计本土化制度时不少启发，"管理之法略同监狱，实参以公同学校的名义"。即对犯罪的未成年人实行学校的形式强制其接受教育，通过专门的教育管教，

---

① 参见高绍先：《中国刑法史精要》，法律出版社 2001 年版，第 116 页。

② 沈家本提到教育在改造中的效能的具体内容，"教育与刑法互为消长，单纯用刑罚而不普及教育是难以达到'弼教'的功效的。丁年（16 岁）以内乃非刑罚之主体，而为教育之主体，如将未成年罪犯置于监狱之中，恐有熏染囚人恶习之困扰"。

改变原本犯罪的恶习，使其再次成为良民。① 在西方刑法社会防卫主义观念的渗透与中国传统文化"恤幼"思想的双重作用之下，1908 年沈家本在向朝廷呈上的《拟请编定现行刑律以立推行新律基础》的奏折中提出对未成年人犯罪应当以教育的方式进行纠正。之后，1908 年制定的《大清监狱律草案》中对未成年罪犯也有所规定，其中第 2 条规定："未满 18 岁之处徒刑者，应拘禁于特设监狱，或是在监狱内独设一隅并拘禁，拘禁至 20 岁。"应当说刑罚认识上的重大转变之一是从恤幼思想到倡导通过教育实现对未成年人的矫治。1911 年的《大清新刑律》中这一转变同样有所体现，"凡幼年犯罪，改用惩治处分，拘置场中"进行感化教育，以尽"明刑弼教"之意。②

虽然直至清朝灭亡，《大清监狱律草案》都未实施，但到了民国初期，临时政府制定的《监狱规则》正式将《大清监狱律草案》中的内容翻版并予以实施。同时，1922 年借鉴国外感化教育处分制度，我国随之颁布了《感化学校暂行章程》，并开始在各地设置感化学校和感化院，这为之后针对未成年人的矫治教育开展奠下基石。在前者基础之上，1946 年民国政府制定了《监狱行刑法》，对触法未成年人的矫治教育作了更为明确详细的规定。③ 即便当时国民政府的腐败使该规章制度如一纸空文，无法在实践中得到反复磨砺，对触法未成年人的矫治教育与司法保护从未真正实行，但为新中国成立之后未成年人矫治教育制度的萌芽和完善开辟了道路。尽管在新民主主义革命时期还未正式制定专门针对未成年人的矫治教

---

① 参见谢振民主编：《中华民国立法史》，中国政法大学出版社 2000 年版，第 886 页。

② 参见卢琦：《中外少年司法制度研究》，中国检察出版社 2008 年版，第 48 页。

③ 《监狱行刑法》中关于矫治教育的具体规定为："对于受刑的未成年人，应当施以教化，注重品性和德育，并施以社会生活必需的技能培训以及技能教育。"

育制度，但是在实践过程中实行感化教育和技能培训相互结合的政策，反对并禁止一切不人道的待遇，对触法未成年人的矫治教育制度的建立奠定了实践与思想的基础，如 1942 年颁布的《晋冀鲁豫边区违警处罚暂行办法》规定："违警未满 13 周岁的不予处罚，但须告知其监护人或抚养人自行管教。"即便当时只有原则性的法律规范，也对根据地处理未成年人案件起到了指导性作用，为之后矫治教育制度设计奠定了重要的基础。①

二、专门矫治教育之现代演进

虽然专门矫治教育制度才登上我国法律舞台，但在之前的工读教育、少年改造、收容教养等制度中已经存在矫治未成年人的身影。

（一）工读教育的兴衰

20 世纪 50 年代，我国产生了工读教育，主要是对实施了轻微犯罪行为及违法行为的未成年人进行矫治的制度。最初是参照苏联教育家马卡连科所创建的"高尔基工学团""少年违法者工学团""捷尔任斯基公社"的理念和经验创办了我国第一所工读学校——北京温泉工读学校。

工读学校最初是为了教育和安顿在第一次世界大战和自然灾害中出现的被遗弃或无家可归的流浪儿童。当时著名的教育家马卡连科接受政府的委托，在农场学校内创办了第一所名为"高尔基工学团"的工读学校。在工学团创立之后，马卡连科运用丰富的教育经验，根据马克思主义教育原则，将生产劳动和教育紧密联系在一起，实行十年制中学和牛奶厂、制鞋厂等相互结合的半工半读式教育。到了 1928 年，由马卡连科所创办的教育机构已经呈现多元化和多样式的活动小组形态，400 多名工学团成员在这里接受教

---

① 参见夏宗素：《中国少年司法、教养制度的历史发展与特色研究》，载《犯罪与改造研究》2004 年第 10 期，第 43 页。

育、学习技能。

我国经历了长达 14 年抗日战争以及连年的内战和自然灾害后，出现了大批儿童处于无家可归的境况。新中国成立之后，政府极度关注这一情况，在借鉴苏联的成功经验的基础之上决定对流浪儿童进行收容、教育和保护。1954 年，北京市政府对从少年犯管教所中解除管教的未成年人做了一项调查，调查结果令人失望，复归社会的未成年人重新犯罪率较高，这也证明少年犯管教所的管教方式无法从源头上杜绝未成年人再次犯罪，在教育方式和思想矫治方面也与触法未成年人的心理轨迹和成长规律不相符。尤其是针对年龄偏小、犯罪情节较轻的未成年人，将他们直接送入少年犯管教所不仅不利于其改过自新，甚至可能有交叉感染的风险。在此前提之下，北京市政府借鉴马卡连科在《教育工作者耸耸肩》中所提倡的教育"新人"的理念，创办了我国第一所工读学校。

工读学校在我国的建立并非一帆风顺，而是经历了一个复杂曲折的过程。1955 年我国第一所工读学校创办之后，受到了"大跃进"思想的渲染，提出了"在教育上，无论是学习或者思想都要高于一般普通高中"的标准。同时，质疑之声不绝于耳，有人提出工读学校可能存在大染缸的潜在危险性。这两种思想观念存在很大的分歧，也进一步推动人们不断探索和寻找中国工读学校的出路和未来。然而，正当工读学校在不断探索过程中初见成效之时，持续十年之久的"文化大革命"使工读学校遭受了比普通教育更为严重的破坏。当时，北京被撤销的工读学校就有四所，全国工读学校也陆续陷入停办的窘境。直到 1976 年我国迎来了第四次犯罪高潮，面对未成年人犯罪率居高不下的困境，中共中央再次将目光锁定于工读学校。1979 年，中共中央转发了教育部、公安部、共青团中央等八个单位《关于提请全党重视解决青少年违法犯罪问题的报告》，同时指出："工读学校是教育、挽救违法未成年人的学校，应努力办好……在党委领导下，各部门积极合作，支持大力开办这样一批学校。"自此之后，大部分工读学校恢复办学，并在全国范围内出现一批新的工读学校。关于工读学校的性质，在 1987 年国务院办公厅转发的《关于办好工读学校的几点意见》中有明确规定①，工读学校应当是一种特殊的教育形式。

经过半个多世纪的历程，工读学校也经历了从矫治教育触法未成年人的主要场所逐渐式微的过程。工读学校由于现有的标签效应过于明显、适用程序的非强制性等一系列因素，导致工读学校处于逐渐萎靡的状态。尤其是在 1999 年颁布了预防未成年人犯罪法之后，工读学校由之前的半强制性向主动申请的程序转换。② 这就导致一些本身对未成年人监管存在严重失职的家长不愿意将未成年人送入工读学校，放任其不断步入犯罪的深渊，一些本该在工读学校接受矫治教育的未成年人成为社会脱轨人员，既不愿接受普通教育的学习，也不愿意进入特殊教育的行列，为成年后犯罪埋下萌动的种子。如今工读学校呈现逐渐式微的状态，然而作为基础教育的一部分，工读学校在历史长河中起到的矫治教育触法未成年人的作用是不容忽视的，作为对未成年人矫治教育的重要组成部分，工读学校虽然在法制建设水平不断提升的过程中暴露出种种缺陷，如性质不明确、程序不完善、经费短缺、师资匮乏等一系列问题导致无法与日趋完备的法治环境衔接，但在某种程度上工读学校的兴起与式微也体现了我国未成年人司法改革的方向。更甚之，具有中国特色的工读学校践行着早期干预的国际理论，践行着以人为本全面推行

① 《关于办好工读学校的几点意见》规定，工读学校作为一种特殊的形式，是九年制义务教育不可或缺的一种教育方式，是对有轻微犯罪行为和违法行为的未成年人实施的半工半读学校。要把工读学校打造成具有职业技术教育性质的学校，其主要任务应是全面贯彻落实教育方针，对有轻微犯罪行为和违法行为的未成年人进行挽救和教育，通过文化、道德、理想和技能的教育提升，有助于其进一步加快复归社会和再社会化的步伐。

② 按照预防未成年人犯罪法的规定，未成年人送入工读学校接受矫治和教育不再具有强制性，而是需要其父母或者其他监护人，抑或是原来就读的学校提出申请，还需经教育行政部门的批准。

素质教育的理念，践行着中国特色社会综合治理的理念。①

滥觞于 20 世纪中期的工读教育在经历了几十年的沉浮之后，最终还是没有跟上时代的步伐。目前大部分学者已经认识到"工读"带来的弊病，大力提倡"去工读化"。2016 年发布的《关于进一步深化预防青少年违法犯罪工作的意见》已经用"专门学校"代替"工读学校"的称谓。② 无论工读学校面临着何种困境，是否将逐渐退出历史舞台，值得肯定的是，在很长的教育挽救触法未成年人历史长河中，工读教育对触法未成年人复归社会以及社会和谐稳定作出了重要的贡献。在很长一段时间，工读教育扮演着给予监禁性处遇、放任闲散在社会两者之间的中间角色，"工读学校是对有行为障碍和有情绪、不适应社会的未成年人进行的特殊教育和保护措施"。③

（二）少年改造的发展

1994 年在监狱法颁布之前，我国触法未成年人矫正机构统称为"少年犯管教所"。1952 年天津正式成立我国第一个少年犯管教所，在几十年的时间中，我国对未成年犯的刑事司法政策随着法治环境的更迭而不断革新，少年犯管教所也经历了三个阶段：一是少年犯管教所的创建时期，即新中国成立到"文化大革命"前。这一阶段颁布了《劳动改造条例》，根据该条例规定，省市根据需要设置少年犯管教所。1959 年召开的全国第一次少管工作会议确立了"以教育矫治为主，以轻微劳动为辅"的少管方针。到了 1959

① 参见张桂荣、宋立卿：《违法犯罪未成年人矫治制度研究》，群众出版社 2007 年版，第 84 页。

② 在更替称谓之后，约 89 所工读学校中的 47 所在学校的名称上避开了"工读"，改用"曙光""育华"等称谓，这不仅积极地避免了"标签效应"带来的消极效果，同时也是向专门学校过渡的第一步。

③ 参见［美］路得·特恩布尔等：《今日学校中的特殊教育》，方俊明译，华东师范大学出版社 2004 年版，第 146 页。

年 4 月，全国已经建设了 12 个少年犯管教所。二是少年犯管教所
遭受严重破坏的时期，即"文化大革命"阶段，在这一时期全国
少年犯管教所数量急剧减少，最终仅保留了 7 所少年犯管教所，关
押少年犯仅 1083 人。三是少年犯管教所恢复与繁荣时期，即改革
开放之后，此时随着我国法治水平的不断提升和对未成年犯的重
视，更具科学性和合理性的中国特色少年犯管教所初步形成。此
时，少年犯管教所的功能、环境设计已经接近普通高校，在教育、
居住、劳动和训练等方面也强调集体主义文化。此外，《未成年犯
管教所管理规定》设置了区别于成年人的独立矫治制度，如"未
成年人会见的时间、次数，可以比照成年犯相应放宽"。"对未成
年犯原则上不使用戒具"。到目前为止，少年犯管教所仍承担着矫
治未成年犯的职责，随着专门矫治教育的出台，少年犯管教所也应
当在制度设置与实际运行层面有所调整。

（三）收容教养的落幕

教养思想在我国传统文化中可谓源远流长，最早可追溯至
《易篆》对《易经·贲》的解释，其中"人文化成"含有文治教
化的蕴意，包括了人文教化和文明形态的含义。[①]《周礼·秋官·
大司寇》中也有关于教化的规定："大司寇以圜土聚教罢民……"
其中，圜土的功能主要有两个：一是收容；二是教化。并规定对不
入五刑、违反礼制等不肖之徒，被收容戴枷锁的人需要从事劳动。
《周礼·秋官·司圜》中规定："……能改者，上罪三年而舍，中
罪二年而舍，下罪一年而舍。"即是对罪犯实行教化和劳役相互结
合的矫治方式，这也是劳役制的萌芽。

虽然我国早有教养、教化的思想渊源，为收容教养制度的演变
和发展打下了理论基础，但是收容教养制度真正在我国产生和确立
最早要追溯至 1956 年最高人民检察院、最高人民法院、内务部、

[①]　参见白焕然：《传统文化与罪犯改造》，新华出版社 2003 年版，第 4
页。

司法部、公安部颁布的《对少年犯收押界限、捕押手续和清理等问题的联合通知》。[①] 彼时，收容教养的对象包括两类人：一是具有犯罪事实，但未达到刑事责任年龄的未成年人，根据上述通知由政府进行收容教养，属于行政管理措施；二是刑期已满但无家可归的未满 18 周岁的未成年人，根据上述通知由社会救济机构进行收容教养，属于社会福利措施。之后，《关于城市中当前几类刑事案件审批工作的指示》（1957）、《关于对少年儿童一般犯罪不予逮捕判刑的联合通知》（1960）中都提到收容教养制度，但真正让收容教养制度出现在刑法条文中，是收容教养制度经过了很长一段时间的实施，对违法未成年人确实起到了挽救、教育和矫治的效能。1979 年刑法对该制度在法律上予以承认，自此收容教养制度获得了法律上的依据，对该制度的实施也进入了有法可依的时代。

收容教养作为一项国家实施的对未成年人有组织的教育制度，国家根据自身法治环境和现实需求也在不断改革，几十年中将集中干预式分解为个别性、专业性的教育救助。虽然收容教养制度在我国历经半个世纪后已经落幕，但是域外对教养制度的改革方向以及提出的有效建议值得在构建专门矫治教育制度之时借鉴，即对未成年人实施教养制度过程中应向专业化和社会化、小型化转型，同时在专门矫治教育领域扩大未成年人的权利，进一步加强事后救济措施。

概言之，收容教养制度确立之后，在预防未成年人犯罪以及社会防卫等方面作出了不少贡献，随着法治大环境的不断完善，收容教养制度存在的种种缺陷也浮出水面，触法未成年人在矫治教育方面的迫切需求与收容教养制度的立法不完善、程序不健全、法律性质不明确、收容对象范围模糊、收容条件不确定等问题之间出现了

---

① 《对少年犯收押界限、捕押手续和清理等问题的联合通知》中指出，犯罪程度尚不够负刑事责任，应交由其家庭监管，但无家可归的，则由政府收容教养。未满 18 周岁无家可归者，应由社会救济机构收容教养。

很大的裂隙。这也导致收容教养制度在历史舞台上隐退，取而代之的专门矫治教育制度与当前的法治水平和法治环境则更加适宜。

（四）矫治教育制度的形成

未成年人实施触法行为并非从法律产生之后才凸显，只是法律的制定使得未成年人需要为其行为承担责任。当然，我国传统文化中矜老恤幼的思想自古有之，秦朝、汉朝、唐朝等我国历史上重要的朝代都在不同程度上对未成年人犯罪比照成年人从轻或者减轻刑罚。尽管在刑罚上对触法未成年人给予一定的特殊规定，但是专门针对未成年人的矫治教育体系在漫长的法治演变过程中却未曾建立。随着法治水平与法治文明发展到一定程度，未成年人的刑事司法制度与矫治教育制度才得以建立。

1847年召开的布鲁塞尔会议是最早的国际监狱会议，就是在这次会议上对未成年人犯罪问题作出"设置未成年人特别监狱"的决定，即将未成年人和成年人进行分别关押。换言之，当时就意识到对未成年人犯罪和成年人犯罪应当做分别处理，对未成年人应当采取有别于成年人的处遇措施，进行教养保护，实施有条件的赦免制，甚至规定在未成年人刑满释放之后国家应当对未成年人的就业问题负责。由此可见，针对未成年人的矫治教育起源于监狱，并早于1847年国际上就已经开始意识到对未成年人应该侧重通过矫治教育的方式使其步入正轨。

在现代，直到新民主主义革命时期未成年人矫治教育制度才开始萌芽。彼时，根据解放区根据地与革命根据地的需要，中国共产党相继在根据地建立了劳动感化院、劳动改造队、自新学艺所等矫治场所，在这些场所中接受矫治的包括犯罪的成年人与未成年人。当时虽然还未制定专门矫治教育制度，但矫治设施坚持践行劳动改造与感化教育相结合的原则，坚持用劳动纪律与共产党精神感化教育犯人，为构建专门矫治教育制度奠定了实践与思想的基础。

2016年，西南政法大学召开了主题为"未成年人严重不良行为矫治机制研究"的论坛，虽然当时并未从立法上明确专门矫治教育制度，但从该论坛的探讨研究方向可以看出国家和学界等各个层面都在不断重视针对未成年人的矫治制度，这是由我国校园暴力犯罪呈现不断严重和上升趋势所决定的，而针对未成年人的校园暴力的惩戒存在力度明显不足的状况，法律在对未成年受害者的保护与对未成年校园暴力行为人的矫治方面也存在相当程度的缺陷和漏洞，可见探寻行之有效的对策迫在眉睫。

2019 年，全国各地开始大力开展专门矫治教育的建制工作，积极探索低龄未成年人违法犯罪矫治的路径。2020 年 12 月 26 日全国人大常委会通过的预防未成年人犯罪法和《刑法修正案（十一）》明确规定了触法未成年人适用专门矫治教育措施。同时，预防未成年人犯罪法第四章也对专门学校教育的适用范围、教育内容和入学程序等作了详细的规定，专门学校作为矫治教育未成年人的重要机构，在专门矫治教育制度体系中也将不断地发挥作用，并且在新的制度体系之下进行完善。此次预防未成年人犯罪法的修订使专门学校有了明确的适用规范和充分的法律依据，也将在社会支持体系中稳步前进。2020 年修订的未成年人保护法也对我国未成年人保护制度的发展具有重大作用，此次修订明确了未成年人的权利、突出政府责任、要求提高家庭教育能力、落实困难群体的教育权、重申素质教育的重要性、要求增强校园安全、强调政府的责任、确保工读学校办学条件、鼓励政府民间组织共同参与，修订后的未成年人保护法从司法保护、社会保护、家庭保护和学校保护方面强调对权益受到侵害的未成年人以及具有触法行为的未成年人加以保护。

三、专门矫治教育之西方脉络

1703 年改建的圣·米歇尔感化院正是为了感化违法犯罪的未成年人而建，感化院的大门上印着感化题词："对犯罪的人不应仅仅通过惩罚的手段加以限制，重要的是实施矫治措施使其觉醒。"①

矫治教育制度理念起源于英国，约翰·霍华德作为著名的监狱改革推进者，出版的《英格兰及威尔士的监狱情况》对监狱改革起到了重要作用。书中主张，法律应当与人道主义相互结合，保障罪犯生理与心理的健康；将罪犯和收容的战俘、精神病人等分开监禁；对罪犯按照年龄和性别等进行区分后分类关押；改善监禁场所的环境，保证牢房的安全和保暖、通风等；为罪犯创造良好的劳动条件，能够使其"勤以致诚"；通过感化或教导的方式提高罪犯的道德意识，矫治罪犯。② 到了 1870 年在美国俄亥俄州的辛辛那提市召开的美国监狱协会矫正年度会议再次明确了教养理念之下的监狱改革思路，《原则宣言》指出，应反对惩罚的哲学，提倡教养哲学，刑罚的目的不是惩罚报复，而是矫治。大幅度提升文化、职业技术教育和宗教教诲在矫治过程中的适用程度，通过对罪犯进行社会适应性训练使其能够更好地融入社会之中；③ 提倡累进处遇制度以及以点数制为基础的犯罪人分类；提倡对定期刑进行改革，推广不定期刑的适用。

贝卡里亚作为刑事古典学派的奠基人，反复提出预防犯罪应优先于惩罚犯罪，至于如何做好预防犯罪的有效措施，贝卡里亚认为应当是完善教育，其在《论犯罪与刑罚》中写道"教育之效能为正本澄源""教育通过感情的捷径，重新引导年轻的心灵走向道德；为了防止他们再次陷入迷途，教育借助着指出危害和需要的不可辩驳性，并非虚无缥缈的命令，命令得到的只有短暂的服从"。④

① ［美］克莱门斯·巴特勒斯：《矫正导论》，孙晓雳译，中国人民公安大学出版社 1991 年版，第 5 页。
② 吴宗宪：《西方犯罪学史》，警官教育出版社 1997 年版，第 80 页。
③ 参见吴宗宪：《西方犯罪学史》，警官教育出版社 1997 年版，第 121 页。
④ ［意］切萨雷·贝卡里业：《论犯罪与刑罚》，黄风译，北京大学出版社 2008 年版，第 129 页。

边沁是继贝卡里亚之后著名的矫治与刑事政策领域的法律改革家。他认为，遏制犯罪的手段具有多元化，而不是唯一的，其首要目标都是防止再犯，应当根据触犯法律人的习惯和性格的差异性对他们进行分类矫治。边沁所倡导的矫治思想对之后的矫治教育发展产生了深远的影响。

到了 19 世纪前半期，法国哲学家孔德提出了实证主义哲学观及其方法论。19 世纪后半期，以龙勃罗梭、李斯特和菲利为代表的刑事实证学派与刑事古典学派分庭抗礼，他们更倾向于以实证研究为基础的具有针对性的矫治理念，通过研究犯罪人的特征性及其犯罪原因，制定不同的矫治方案。其中龙勃罗梭的天生犯罪人理论首创了与达尔文进化理论相互结合的研究路径。他认为，犯罪原因无法避免病理性和生物性的分析。基于此，与刑事古典学派威慑、报应观念截然相反的矫治、社会防卫理念应运而生，即对犯罪人适用刑罚的目的并不是报应，而是综合考量以犯罪人个体危险性为出发点的防卫社会。菲利同样反对片面夸大刑罚威慑力的作用，否认意志自由的人性假设，他提出了自然因素、人的因素和社会因素对犯罪作用的“三元论”：犯罪作为一种社会现象，由自然因素、人的因素和社会因素三者相互作用形成。在其理论体系中，社会因素导致了犯罪的周期性变化，在这种观点下，菲利进一步提出应摒弃道德责任，取而代之的是以社会防卫为本质的社会责任，社会责任的根据是犯罪人的人身危险性，追究这种法律责任应体现矫治和预防的各种措施的作用而非传统刑罚的威慑效应：当人类处于野蛮状态之下，刑法典自然只有刑罚而没有矫治的规定；然而随着文明社会的到来，矫治观念将逐渐取代刑罚的观念。①

由此可见，刑事实证学派的理论脉络始终围绕着矫治犯罪，加强罪犯再社会化。矫治理念则是基于矫治罪犯的“危险人格”，刑

---

① 参见［意］恩里科·菲利：《实证派犯罪学》，郭建安译，中国政法大学出版社 1987 年版，第 5 页。

事实证学派通过"危险人格"搭建罪犯与罪犯矫治理论的桥梁，以"危险人格"作为评价与衡量罪犯的前提性条件，进而对罪犯进行审判、定罪量刑以及设置与其相适应的矫治处遇制度。① 在刑事实证学派的理论逻辑中，矫治罪犯的最终目的是试图恢复罪犯的良好本质，对人格缺陷的纠偏，尽可能消除或者减少罪犯的再犯可能性，最终达到社会防卫的目的。

到了 1876 年，美国纽约州就已经建立了埃尔迈拉教养院，作为一所理念超前的新型教养机构，在对收容的触法未成年人进行矫治过程中极为重视教育的作用。教养院严格将教育的元素融入日常矫治中，营造与学校一样的学习氛围，并对他们进行道德、文化和职业的培养教育。教养院坚持以点数制分类为基础的不定期刑：在管理过程中坚持三级分类处遇体系。一般情况下，未成年人刚进入教养院时定为第二级；在矫治教育过程中，如果能够较好地完成各项训练计划，并连续 6 个月考核成绩都获得 9 分以上，就可以被定为第一级，也就获得了假释的机会。反之，如果触法未成年人在矫治教育过程中违反教养机构的纪律就会被定为第三级，并在接下来的 3 个月中接受考核，表现达到合格的标准之后才能再次进入第二级。点数制考核的内容涉及面较为广泛，包含了学习成绩、劳动效果和行为表现等要素，这种模式在首创之后获得了良好的效果，之后也被广泛推广。② 概言之，应当将教养机构作为一个具备一套完整制度和知识体系的具有教育性质的场所。

马克思主义认识社会、认识世界、认识人类的自然规律的基本原理认为，整个社会和人以及自然界都是在不断运动和变化的，整体呈现出一种发展的状态。运用与发展是事物存在的根本属性和形

---

① 参见韩啸：《意大利实证学派罪犯矫正理论研究》，中国法制出版社 2019 年版，第 45 页。

② 参见吴宗宪：《西方犯罪学史》，警官教育出版社 1997 年版，第 121－122 页。

态。"人的意识随着社会关系、生活条件和社会存在的改变而在不断地变化。"从马克思主义的辩证唯物主义认识论角度出发，罪犯的恶劣习惯和错误的思想意识是可以随着特定的客观环境和社会条件不断变化而变化的，也就是说大多数的罪犯是可以被矫治的。此外，列宁在十月革命胜利之后也指出要改造可以改造好的人，在理论上不存在不能改造的罪犯。

第三节　专门矫治教育的法律性质与适用条件

未成年人处于心理发展和生理发育的特殊时期，一方面，家庭、社会和国家对未成年人抱有很大的期望，加之未成年人具有可塑造性强等该年龄阶段的特征；另一方面，未成年人处于心理发展和生理发育双重不稳定时期，该阶段的未成年人无论是辨别能力还是控制能力都较为薄弱，这也就导致他们更容易实施触法行为。正是因为多方面的原因，我国在处理未成年人问题上始终秉持着"宜教不宜罚"的基本原则。本书认为专门矫治教育的性质并非单一，应是兼具了保安处分、保护处分和教育处分的多重性质。在新制度的适用上，本书对适用对象范围进行探讨，并在比例原则下分析"必要的时候"的题中应有之义。

一、专门矫治教育的法律性质定位

法律性质定位是专门矫治教育制度建构最核心也是最基础的部分。2020 年通过的预防未成年人犯罪法第 6 条进一步对专门教育作出规定：① 一是专门矫治教育制度被纳入国家教育体系之中；二是具有保护处分的性质；三是专门学校的运行和管教模式应具备一定的矫治触法未成年人的司法属性；四是在本质上专门学校仍没有

---

① 预防未成年人犯罪法第 6 条规定，专门教育是国民教育体系的组成部分，是对有严重不良行为的未成年人进行教育和矫治的重要保护处分措施。

脱离教育行政机构管辖的范围。专门矫治教育制度不属于我国刑罚体系的内容，不属于我国刑法中主刑和附加刑的内容，也不属于刑法第 37 条非刑罚处罚实施的内容。概言之，在性质上专门矫治教育不属于我国刑罚体系的组成部分。

（一）保安处分性质

保安处分理论是在 18 世纪末由普鲁士刑法创建者 F. 克莱因提出，此后保安处分在很多国家的刑法中都有所实践。作为保安处分的倡导者，李斯特指出保安处分是"国家的某些处分，其目标涵盖了使个体适应社会（教育性或矫正性处分），使无法适应社会的个体从社会之中剔除（狭义的保护性或保安性处分）。"① 此外，他认为唯一或最安全的措施并非刑罚。基于这一缘由，必须批判性地评估刑罚的效能，除刑罚制度以外，还必须确立保安处分制度。②

赞成对未成年人采取惩处模式的代表性人物是威尔逊和戴维，根据他们的理论，未成年人和成年人存在一致性即都具有理性，在面对所实施的犯罪行为时都应当受到惩处。但在 20 世纪 60 年代之后，未成年人司法领域的改革获得了很高的呼声，未成年人司法从实质内容到形式都发生了很大的变化，一个趋势是向成年人司法制度转变，另一个趋势是向着轻刑化、非刑事化和非监禁化趋势发展。一些西方学者开始认为，未成年时期作为人最容易犯错的阶段，对于犯一般性轻微行为如打架斗殴和盗窃等，尽量不要进入司法程序，不要给未成年人贴上犯罪的负面标签，这有利于其步入正常的人生轨迹，适应新的生活。正是基于这样的法律逻辑，很多国家从单纯的消极预防开始向积极实施保护方向偏移，主要体现为以下两点：一是立足采取一切有效措施改善未成年人的成长环境，从

① ［德］佛兰茨·冯·李斯特：《德国刑法教科书》，徐久生译，法律出版社 2000 年版，第 401 页。
② ［德］佛兰茨·冯·李斯特：《德国刑法教科书》，徐久生译，法律出版社 2000 年版，第 20 页。

根源上消除犯罪；二是就低年龄段的未成年人的不良行为应进行限制与处分，对其违法行为应采取处罚从宽方式。具有抓早、抓小和抓原因等特征，积极意义在于把预防犯罪的着眼点放在消除犯罪原因方面，放在消除低年龄段的不良行为方面。①

保安处分在国外已经广泛适用于法律中，对实施了社会危害性行为的无刑事责任能力人、限制责任能力人、具有法律上特定社会危害性的责任能力人，实施刑罚以外的保护观察、医疗治疗等特定措施，控制和预防犯罪，以达到矫治行为人病理身心和人格、保障社会安全的目标。② 虽然保安处分和刑罚长期存在法律属性、适用效果、适用标准等方面是否具有一致性的争议，但李斯特认为，有一点可以确定，保安处分不一定要与实施了应受处罚之行为联系在一起。换言之，也就是超越了刑罚概念。③ 应该说近代刑罚观念由报应刑论向教育刑论的转变导致保安处分应运而生，在含义上它具有确保行为者和社会安宁的意义，这正是专门矫治教育具有的法律性质之一。

目前我国刑事立法中尚无保安处分这一术语，但在实践层面我国法律中虽无保安处分之名，但有保安处分之实。我国通过引入保安处分以补充刑罚的不足要追溯到 1935 年《中华民国刑法》，该部法律确立了针对未成年人应当以感化教育为主的理念，详细规定了监督品行、感化教育等处分措施，体现了客观主义向主观主义转变的政策立场，被认为"距现代少年立法，虽不中亦不远矣"。④

---

① 参见卢琦：《中外少年司法制度研究》，中国检察出版社 2008 年，第24 页。

② 参见屈学武：《保安处分与中国刑法改革》，载《法学研究》1996 年第 5 期，第 56 页。

③ 参见苗有水：《保安处分与中国刑法发展》，中国方正出版社 2001 年版，第 40 页。

④ 参见朱胜群：《少年事件处理法新论》，三民书局 1976 年版，第 47页。

此外，之前的收容教养或责令管教在形式上都具有保安处分的性质。鉴于专门矫治教育制度所设计的处遇措施具有一定的强制性、矫正性和教育性，因此专门矫治教育制度措施应当具有保安处分性质。

（二）保护处分性质

保护处分源自英美普通法的"Parents Patriae"监护观念，包括"国家之母"或"国家之父"的意义。在此种观念下，触法未成年人、心神丧失以及无行为能力的未成年人被划分为一类，是在家庭中受到不正当监督管理与对待的受害者。[1] 这些未成年人受到周围环境的影响而产生了偏差性行为，如何对其进行感化教育，使其步入正轨，保国家之元气是各国共同关注的问题。[2]

保护处分制度是随着现代未成年人刑事司法制度发展而产生的，未成年人保护处分实则以福利主义作为未成年人刑事司法的指导理念："未成年者法的理论在刑事法中独立形成体系，在触法未成年者犯罪处置中，从惩罚进化为保护，不仅使触法未成年者避开刑罚，还通过教育方法改善未成年者，对虞犯少年也适用教育之的方法预防其再次越轨，此种'代替刑罚的教育方法'即为保护处分。"[3] 有学者认为，保护处分是针对具有非行表征危险性的未成年人，为促进其健康成长，提供具有福利教育内容的一种处分。[4] "保护处分，适当剥夺和限制自由，以对象的改过自新为目标；从

---

① 参见于国旦：《保护处分及其在我国的适用》，载《国家检察官学院学报》2009 年第 3 期，第 103 页。

② 参见王娜、计时俊、赵运锋主编：《青少年犯罪与司法问题研究》，中国法制出版社 2017 年版，第 148 页。

③ 陈敏男：《少年事件处理法之保护处分与刑法保安处分之比较研究》，台湾辅仁大学法律学研究所 2002 年硕士论文，第 33 页。

④ 于国旦：《保护处分及其在我国的适用》，载《国家检察官学院学报》2009 年第 3 期，第 103 页。

希望达到的预防社会效果，以及处遇期间不确定性而言，似乎也应将其纳入保安处分框架中"①。"保护处分以个体健康成长为终极目标，同时考虑到未成年人所特有的人格特征，从矫治与教育未成年人角度出发，以清除其不良性格为目的。"②

在立法层面，世界首部少年法院法是由美国伊利诺伊州在1899 年颁布的，明确规定对犯罪少年应适用保护处分，这开创了未成年人保护处分之先河。③ 1926 年，《苏俄刑法典》在建立未成年人的矫治体系过程中明确适用具有教育性质的社会保卫方法进行矫治，即保安处分原则。日本和英国主要通过感化教育、医疗救助、监护引导等方法，排除未成年人反社会人格以及再犯可能性。可见，专门矫治教育制度具有通过感化教育等引导触法未成年人悔改的特征，其保护处分定位非常明确。④

（三）教育处分性质

教育处分通过思维方式和行为习惯的改善实现人格矫治的目的，这与保护处分通过微观环境的改善达到矫治效能不同。追根究底，实现触法未成年人人格矫治的重要手段是教育，通过思考习惯训练和心理沟通方式帮助其摆脱行为偏差的陷阱和思维错误的矩阵，从而进入正常的社会化轨道。⑤《德国刑法典》第二编为德意志联邦共和国少年法院法，其中"少年违法行为的后果"明确规

---

① ［日］大谷实：《刑法总论》，黎宏译，法律出版社 2003 年版，第 411 页。

② ［日］大谷实：《刑法总论》，黎宏译，法律出版社 2003 年版，第 98 页。

③ 参见赵俊：《少年刑法比较总论》，法律出版社 2012 年版，第 265 页。

④ 沈颖尹：《关于〈刑法〉第十七条的审思与完善——以〈刑法修正案（十一）〉为视角》，载《北方法学》2021 年第 3 期，第 159 页。

⑤ 沈颖尹：《关于〈刑法〉第十七条的审思与完善——以〈刑法修正案（十一）〉为视角》，载《北方法学》2021 年第 3 期，第 152 页。

定，少年实施犯罪行为的，可命令教育处分。教育处分不能奏效的情况下，宣告惩戒措施或少年刑罚。[①] 有学者认为，教育性处分方法包括训诫、责令具结悔过、赔礼道歉等。[②]

教育处分是基于"宜教不宜罚"的理念，设计对未成年人具有针对性的教育措施和内容，促进未成年人能够尽快实现人格矫治的目标。在立法层面，我国目前尚未形成"教育、挽救"触法未成年人所需要的教育处分体系。而一些西方国家已经将教育处分列入法律之中，如《德国刑法典》第二编对教育处分的种类予以明确规定，[③] 其中包括给予指示和教育帮助（命令），指示是指规范和调整未成年人生活的各项禁令与要求，并以此来促进与确保对该未成年人的教育，共有九种类型。[④]

教育处分通过改善思维方式与行为习惯实现人格矫治的目的，因此教育处分主要具有以下特征：一是教育处分具有个别化特征。由于导致触法未成年人实施触法行为的内在动因与外在环境千差万别，因此以"教育、挽救"为目标的教育处分必须根据不同个体进行科学、全面的调查与分析，并且进行个别化的矫治教育，实施"一人一策"的矫治教育方案。二是教育处分具有专业性特征。触法未成年人实现人格矫治离不开社会、国家、学校和家庭的努力与配合，但作为一项专业性极强的处遇措施，专门矫治教育离不开专

---

① 参见徐久生、庄敬华译：《德国刑法典》，中国方正出版社 2002 年版，第 178 页。

② 贾宇主编：《刑法学》，中国政法大学出版社 2017 年版，第 190 页。

③ "少年之犯罪行为及其后果"：一是遵守有关居住地的指示；二是命令其在某一家庭或教养院居住；三是命令其参加培训或劳动；四是工作有成效；五是命令将其置于特定之人（照料帮助人）的照料和监督之下；六是参加社会训练；七是努力与犯罪被害人和解；八是不与特定之人交往，或不得光顾酒馆或其他娱乐场所；九是参加交通课程学习。

④ 参见徐久生、庄敬华译：《德国刑法典》，中国方正出版社 2002 年版，第 180 页。

门机构的负责，离不开专业人员的指导与主持。我们强调社会力量在专门矫治教育中的作用，但前提条件是有专门机构进行统筹规划，有专业人员进行组织协调。教育处分离开专业性就如同一盘散沙，最终成效微乎其微。因此，建构具有中国特色的教育处分必须由国家领导，得到社会、学校和家庭的多方支持。

二、专门矫治教育适用的厘清

专门矫治教育制度与已经废止的收容教养制度都存在适用不明确的问题，其根本原因在于相关法律法规的匮乏，具体适用处于无法可依的状态。接下来就专门矫治教育制度的适用展开探讨，由于目前学界各执己见，尚未形成统一意见，本书探讨立足已有的文献资料以及对专门矫治教育制度的理解之上。

（一）前提条件：适用对象的范围

关于专门矫治教育制度的适用对象，刑法第 17 条第 5 款作出明确规定，即"实施了刑法规定的行为，因不满法定刑事责任年龄不予刑事处罚的未成年人"。

"不满 16 周岁不予刑事处罚"的未成年人实施触法行为，从实质意义上的犯罪和形式意义上的犯罪进行区分；形式意义上的犯罪基于主客观相统一原则，认为触法未成年人因主观上被推定为无罪而不是犯罪主体。① 目前，我国就未成年人犯罪问题仍以成年人的刑法作为依据，根据法律规定，未成年人犯罪同时应当具备刑事违法性、严重社会危害性和当罚性三个基本特征，但由于未成年人

---

① 姚建龙教授认为，"形式意义上的犯罪是基于主客观相统一原则的立场进行犯罪的界定，换言之，只有违反了刑法法规，被评价为可罚的社会危害行为才被认定为犯罪，但是由于大部分年幼者和精神病人在主观上被推定为无罪，因此在形式意义上而言，大部分年幼者不被认定为犯罪主体；根据实质意义上的犯罪概念而言，以客观主义为立场，以行为的客观侵害性进行犯罪的界定，则不论是年幼者还是精神病人，都被认定为犯罪主体"。

主体的特殊性，因此在刑法概念上应当同时具备不同于普通犯罪的独立性质：一是严重的社会危害性，在这一点上成年人与未成年人犯罪相同，都是行为已经造成和有造成损害的实际危险两个层面。二是主体的特殊性，未成年人犯罪必须是未成年人这一特殊群体所实施的，包括18周岁以下的所有未成年人，这是区分成年人犯罪与未成年人犯罪至关重要的一点。三是行为具有刑事违法性。未成年人犯罪必须是触犯了刑法，必须是严格遵照法律确实存在违法犯罪行为，虽然有严重的社会危害性，但只要没有刑事违法性就只能构成严重的不良行为。四是具有刑事可罚性，如果不具有刑事可罚性，则不属于犯罪。[①] 概言之，"不满16周岁不予刑事处罚"的未成年人从严格意义上说是不具有刑罚可能性的未成年人，从形式意义上的犯罪立场来看，接受专门矫治教育的未成年人不包括具有可罚性的未成年人，这些未成年人实施了违法犯罪行为，具有严重社会危害性和刑事违法性，但因刑事责任年龄的阻却事由而缺乏刑罚当罚性，也就无法成为犯罪主体。

因此，接受专门矫治教育的未成年人从严格意义上说并非犯罪的未成年人，而是触犯了刑法的未成年人，触法未成年人是专门矫治教育的适用对象。"触法行为"的概念滥觞于日本，依照日本《少年法》规定，触法未成年人的定义是：未满14周岁（日本完全不负刑事责任年龄阶段），触犯刑法的未成年人。比照日本《少年法》，姚建龙教授将触法行为定义为"行为者未达刑事责任年龄，不视为犯罪，不进行刑事处罚的行为"。[②] 陈伟教授认为，触法未成年人是指未达到刑事责任年龄，客观已经符合犯罪构成要件

---

① 参见姚建龙：《少年刑法与刑法变革》，中国人民公安大学出版社2005年版，第112页。

② 姚建龙、孙鉴：《触法行为干预与二元结构少年司法制度之设计》，载《浙江社会科学》2017年第4期，第41–42页。

的未成年人。[1]

从犯罪阶层角度来看,触法未成年人的行为已经满足犯罪构成的违法性与该当性,只是因为主体未达到法定的最低刑事责任年龄而不符合有责性的条件。触法未成年人具备犯罪相当的社会危害性以及不受刑事法律管控的特征,导致诸多具有严重刑事违法性的未成年人处于"一放了之"的状态。

根据刑法规定,对专门矫治教育适用对象的年龄范围只规定了上限而没有设置下限,即法律没有规定被决定专门矫治教育对象的最低年龄。此前收容教养制度存在着同样的问题,导致在实践过程中对收容年龄范围的理解上存在差异,致使实务部门对收容教养执行混乱。试想一名8周岁的未成年人实施触法行为,是否符合法律所规定的"必要的时候"的情形,对其能否适用专门矫治教育还需商榷。首先,根据心理学研究,12周岁以下的未成年人属于对家庭的绝对依恋期,离开家庭进行封闭式或半封闭式矫治可能对其回归正轨起到反推作用;其次,充分考虑未成年人成长规律,低龄未成年人存在辨别能力与控制能力明显不足的特征,进入专门矫治教育场所接受集体教育,由于其意志相对薄弱,具有更高交叉感染和再次走上犯罪道路的风险。[2] 但是,如果将具有严重社会危害性的低龄未成年人放任不管,甚至一放了之,不仅对其自身成长不利,对社会而言也具有一定的潜在危害。因此,如何在两难的境地之间实现抉择,最终既能够实现对低龄未成年人触法行为的纠正又能够做到不过度矫治成为对适用范围考量的重点。

具体按照何种标准对年龄进行划分,目前学界和实务界均未形成统一意见。针对之前的收容教养,有学者认为应以12周岁作为

---

① 参见陈伟、袁红玲:《我国触法未成年人处遇之审视与完善——以〈刑法〉第17条第4款为中心》,载《时代法学》2015年第6期,第3页。

② 沈颖尹:《关于〈刑法〉第十七条的审思与完善——以〈刑法修正案(十一)〉为视角》,载《北方法学》2021年第3期,第152页。

分界标准，即以 12 周岁为分界线，将触法未成年人区分为未满 12
周岁和已满 12 周岁。[①] 有学者认为，年龄范围应该在 14-16 周岁
之间。[②] 也有学者认为，收容教养的年龄范围应该是指所有 16 周
岁以下的具有社会危害性的未成年人。[③] 虽然专门矫治教育与收容
教养在理念贯彻和实践运行等方面都存在差异，但两者在对象适用
年龄方面存在共通性，专门矫治教育对象适用年龄范围可以在之前
的收容教养制度中寻找脉络。1982 年公安部发布的《关于少年犯
管教所收押、收容范围的通知》[④]、1993 年公安部发布的《关于对
不满十四岁的少年犯罪人员收容教养问题的通知》中专门对收容
教养的年龄作了解释，[⑤] 都规定收容教养的范围应当包括 14 周岁
以下的未成年人。1951 年发布的《关于未成年人被匪特利用放火
投毒是否处罚问题的批复》中规定，未满 12 周岁的未成年人，应
当交由其亲属和监护人或者其机关团体予以管理教育。总之，收容
教养的年龄范围应当包括 14 周岁以下的未成年人，在适用对象范
围上专门矫治教育可以借鉴收容教养制度之前的相关规定。综观我

① 参见宋英辉、苑宁宁：《未成年人触法行为处置规律研究》，载《中
国应用法学》2019 年第 2 期，第 51 页。

② 参见马克昌主编：《中国刑事政策学》，武汉大学出版社 1992 年版，
第 590 页。

③ 参见夏宗素主编：《劳动教养制度改革问题研究》，法律出版社 2001
年版，第 212 页。

④ 1982 年公安部发布的《关于少年犯管教所收押、收容范围的通知》
就规定，对确有必要由政府收容教养的犯罪少年，应当由地区行政公署公安
处或省辖市公安局审批，遇有犯罪少年不满 14 周岁等特殊情况，须报请省、
市、自治区公安厅、局审批。

⑤ 1993 年公安部发布的《关于对不满十四岁的少年犯罪人员收容教养
问题的通知》规定，我国刑法第 14 条规定，对犯罪人因不满 16 周岁不予刑
事处罚的，责令他的家长或者监护人加以管教，在必要的时候也可以由政府
收容教养。此处不满 16 周岁的人既包括了已满 14 周岁犯罪，应负刑事责任，
但不予刑事处罚的人，也包括未满 14 周岁犯罪不负刑事责任的人。

国法律法规都没有明确规定收容或接受矫治的年龄下限设置在 14 周岁，而专门矫治教育是以人格矫治为目标。试想一个 8 周岁的未成年人实施杀人行为，理应接受专业的引导、教育和帮助，但在尊重未成年人成长规律的基础上，建议对 12 周岁以下的未成年人慎用机构化矫治。

综上所述，专门矫治教育制度的适用对象包括以下四类：一是未满 12 周岁实施触法行为的未成年人；二是 12-14 周岁犯故意伤害罪、故意杀人罪以外的其他犯罪行为的未成年人；三是 12-14 周岁的未成年人虽然犯了故意杀人罪、故意伤害罪，但并没有导致人死亡，或以特别残忍手段致人重伤造成严重残疾，情节并不恶劣的；四是 14-16 周岁的未成年人犯故意杀人、故意伤害致人重伤或死亡、强奸、抢劫、贩卖毒品、放火、爆炸、投放危险物质犯罪以外的其他犯罪行为的。

（二）实质考量：人身危险性

人身危险性理论在刑法与犯罪学中都有着重要意义，刑事实证学派对刑事古典学派进行研究方法的反思与总结，认为传统从逻辑到逻辑演绎推理得到的结论无法经受实证检验等问题，从未提倡实证研究和经验考察、定量分析，强调刑法的实际功效，致力于数据统计、经验调查和典型事故的收集。①

人身危险性作为 19 世纪刑事古典学派和刑事实证学派理论之争的产物，虽然已经在刑法领域受到广泛关注，但未成年人人身危险性评估仍旧处于起步阶段。人身危险性评估在触法未成年人领域具有重大意义：对于不同程度的人身危险性的未成年人进行及早的甄别，通过具有针对性和个性化的矫治教育措施，将其人身危险性的发展阻断在人生早期，对防控犯罪具有重大意义。

未成年人所处的青春期阶段决定了未成年人实施触法行为的特

---

① 参见张文、刘艳红、甘怡群：《人格刑法导论》，法律出版社 2005 年版，第 22 页。

殊性。学者研究表明，个体素质的差异，如冲动、低智商、低社会认知技能等因素都会影响犯罪的发生。① 未成年人触法行为的发生在通常情况之下是一个渐变的过程，即未成年人实施触法行为并不是一个偶然性或者突发性的行为，而是在触法行为发生之前就经历了一个不被轻易察觉的积累过程。也就是说，这是一个持续的使未成年人形成反社会性格和犯罪性格的过程。对于触法未成年人的矫治，并不是基于刑法规范的责任分级，而是未成年人自身特有的生理与心理差异性，即未成年人个体差异性所彰显的人身危险性才是预防和矫治犯罪手段差异性的基础。申言之，人身危险性既为犯罪的认定提供了依据，也为矫治教育分级分层划定了界限。②

之所以研究人身危险性评估在专门矫治教育制度中的适用，其根本原因在于可以为不同人身危险性的触法未成年人制定具有针对性和个别化的矫治方案。矫治个别化是指受矫治者因不同的人格特征、成长经历、人身危险性和社会危害程度等不同因素而产生不同的矫治需求，对触法未成年人应因人进行教育矫治，以最大限度地实现矫治教育所追求的价值目标。③

人身危险性是矫治教育个别化重要的理论根据，对矫治教育个别化具有重要的意义：首先，人身危险性在专门矫治教育中的适用有利于矫治目标的实现，矫治方案的制定要在辨明触法未成年人人身危险性根源和行为内因基础上进行，采取相应有效的技术手段能够消除其根源和转化其内因，达到矫治触法行为的目标。其次，有利于提升矫治教育的针对性和有效性，通过人身危险性评估测量出

---

① 参见［英］麦克·马奎尔、保罗·罗克等：《牛津犯罪学指南》，刘仁文、李瑞生等译，中国人民公安大学出版社2012年版，第464页。

② 参见杨新慧：《刑事新派理论与少年法》，知识产权出版社2019年版，第76页。

③ 参见樊凤林：《刑罚通论》，中国政法大学出版社1994年版，第501页。

未成年人个体的具体缺陷，针对缺陷采取个别化的矫治措施，以此达到消除触法未成年人人身危险性的目标。最后，有利于提升矫治教育的效率。针对具体受矫治者个体差异制定的矫治教育方案强调个别化与针对性，采用行为矫治和认知疗法等认知矫治方案，将触法未成年人当作病人一样进行治疗，能够进一步实现矫治效能的最大化。虽然我国人身危险性评估主要存在以下几项问题：一是缺乏专业的评估人员；二是基础数据信息匮乏；三是个人信息的真实性难以保障；四是缺乏科学的评估指标体系。① 但是，人身危险性在专门矫治教育制度当中应当起到相当大的作用，在理论逻辑上人身危险性适用于专门矫治教育制度具有可行性，其具体问题的解决需要理论与实践的进一步深入探讨。

此外，犯罪人格和人身危险性都属于人格，两者之间有着不可分割的理论联系，本书为了更好地进行人格矫治的研究，将犯罪人格与人身危险性做一个区分。

第一，两者之间存在共同之处：都关注行为人本身。但人身危险性是对以行为为中心的客观主义刑法的反思与颠覆，以行为人为切入点，重构刑法体系。人格理论则是在主观主义刑法陷入困境之后，在新旧学派中另辟蹊径，以"人格行为"作为核心，同时关注行为人和行为的理论。② 虽然我国有时混淆两者的概念，如"人身危险性是指行为人在人格上可能对社会造成严重危害"。③

第二，两者之间存在不同之处。人格是一个动态的概念，包含未成年人的"过去""现在"与"未来"。对于"未来"，未成年

① 参见申纯：《人工智能时代人身危险性评估发展的新机遇及实现路径》，载《求索》2021 年第 6 期，第 176 页。
② 参见丘丽丽：《人身危险性理论与犯罪人格理论之比较》，中国政法大学 2010 年硕士论文，第 3 页。
③ 参见黄兴瑞：《人身危险性的评估和控制》，群众出版社 2004 年版，第 25 页。

人将继续受到"现在"人格的影响,这是在专门矫治教育中研究人格理论的重要价值与意义。通过矫治"过去"及"现在"的人格,实现人格矫治,使之复归社会。概言之,犯罪人格是贯穿刑法学、犯罪学、监狱学、刑事政策学的概念,是连接刑事法学各学科的桥梁,与李斯特的"整体刑法学"理论、储槐植教授的"刑事一体化"理论一致。

第三,犯罪人格的概念是以人格心理学为理论后盾,具有更为丰富的系统,是一个动态的有机整体,能够揭示人格形成过程的复杂性与综合性,为考察未成年人提供一个整体的认识模本,以及各个因素之间交织后所起到的作用,为刑法学全面研究行为人的主观因素提供了统一的心理学范畴。而刑事实证学派的菲利提出的人身危险性是主观主义刑法的核心概念,其仅指向再犯可能性。

第四,犯罪人格不仅是对人身危险性的测量科学化与补充,更意味着刑法基本理念和立场发生转换。以人身危险性为核心的主观主义刑法纯粹注重行为人,行为本身不具有刑事责任和刑罚的意义,只是表征行为人的危险性格,刑罚也只是对具有人身危险性的行为人实现社会防卫的方式。但是,以犯罪人格为基石的人格刑法坚持行为人人格危险性与行为同时成为可罚的依据,行为对于行为人不仅有表征行为人危险性格之意,其本身也是刑罚依据的一部分,即行为人与行为并重体现了预防主义与刑罚报应主义并重之立场。①

(三)补充条件:比例原则下的"必要的时候"

根据我国法律规定,对符合对象条件与人身危险性条件的触法未成年人适用专门矫治教育不具有必然性,而是在"必要的时候"。但是,法律对"必要的时候"没有作出明确的规定,范围过于宽泛和模糊。之所以使用"必要的时候",其根本原因在于未成

---

① 参见丘丽丽:《人身危险性理论与犯罪人格理论之比较》,中国政法大学 2010 年硕士论文,第 24 页。

年人具有身心不稳定的特征，需对家庭监管能力与其人身危险性、社会危险性进行综合考量，如果其能够在家庭监管中获得改造，则没有必要由政府介入对其进行专门矫治教育。对此，对"必要的时候"的判断要适用比例原则，通过对其进行社会调查与人身危险性评估等，进行实质性与必要性评估，决定是否进行专门矫治教育。

比例原则是行政法的一项重要原则，即当国家公权力的行使不可避免地与行政相对人的基本权利发生冲突时，要将对行政相对人的权益侵害限制在适当范围内。这项原则要求适用保护处分、教育处分和处罚措施应以事实矫治教育为目的为必要，与未成年人行为的性质、情节、人身危险性、挽救可能性等相当。① 这项原则对专门矫治教育具有重要意义，在判断触法未成年人是否适用专门矫治教育以及在制定未成年人的处罚措施时，以实现矫治行为为必要限度，与行为人实施的人身危险性、社会危害性以及危害后果等相当。对触法未成年人是否适用专门矫治教育处遇措施强调教育的同时不能忽视真正的矫治目的，在限制使用刑事手段的同时运用多种非刑事手段，保障未成年人的社会化进程得以实现。而在对未成年人进行刑事处置时不能忽视罪责相适应原则，对触法未成年人适用的矫治教育措施应当与其社会危害性和人身危险性相当，实现法律效果与社会效果的统一。② 综上所述，"必要的时候"从对未成年人身心进行特殊性保护，使其尽可能不脱离家庭进行矫治教育，以及节约司法资源的层面出发，对触法未成年人自身的人身危险性和社会危害性，以及其所在家庭是否有能力进行监管和矫治进行多方面评估。

---

① 参见孙谦:《中国未成年人司法制度的建构路径》，载《政治与法律》2021 年第 6 期，第 10 页。

② 参见孙谦:《中国未成年人司法制度的建构路径》，载《政治与法律》2021 年第 6 期，第 2 页。

第四节　专门矫治教育的理论基础

理论是实践的先导，缺乏理论指导的实践往往流于表面和片面性，因此与预先设定的目标不同。深入探究专门矫治教育的理论基础对于更新理念与指导实践具有深远的意义。鉴于专门矫治教育是一项专门针对触法未成年人的制度，未成年人自身具有有别于成年人的特殊属性，因此专门矫治教育的理论依据也具有"教育为主，惩罚为辅"等保护主义色彩。

一、教育刑论

教育刑作为实现目的刑的手段之一，其目标就是以期通过教育达到感化和教化的目的。当然，教育刑适用的前提条件必须是被适用对象具有可教育性，教育刑理念的哲学基础是罪犯是可以被教化的，具有自我完善和救赎的需求、本能，这也与触法未成年人具有很强的可塑造性相契合。

德国刑法学家李斯特提出教育刑论是其刑罚理论的核心。李斯特认为，犯罪既不是天生固有的，也不是罪犯自由意志的选择，而是社会的不良产物。国家采取刑罚的方式也并非完全为了惩罚罪犯，在单纯的报应目标之外还蕴含着更深层次的目标，即通过刑罚实现对犯罪的矫治，使罪犯能够通过矫治教育尽快回归到社会中，最终目标指向预防犯罪。

专门矫治教育在目标定位上理所应当地突破了刑事处罚，加强巩固"以教代刑"的未成年人刑事司法理念，完成从"亡羊补牢"到"未雨绸缪"的未成年人福利追求，实现从国家权力到国家责任的转换，以及从国家本位到未成年人本位的更迭，在根基上突出未成年人福利的终极命运。李斯特作为教育刑的提倡者，认为应当将教育和刑罚的内在机能有效地结合起来，正视刑罚的目的并非单纯的惩罚而应该是教育。"触法未成年人罪的防治，形式上是指未成年人犯罪的预防与矫治（prevention and correction），实际上则是指向两者并存互交。预防是治本的工作，积极防患于未然之先，矫治则是治标工作，处遇于已然之后，具有消极性。"① 菲利根据历史的法则，提出矫治的作用："当人类在野蛮的环境下，刑法典中规定的只有惩罚而没有矫治。随着人类文明的进步，矫治的观念将替代惩罚的观念。"② 尤其是在处理未成年人案件时，更应当削弱惩罚的概念，强化教育在矫治过程中的作用。换言之，对触法未成年人的后置性措施，不应追求罪责刑相适应或者罚当其罪，其目标应该是通过使触法未成年人付出最小的成本，达到教化最大化的目标。此处，功利计算不是以社会成本即当下的公共利益输出最小为最优，而是以社会成本之远期收益为标准衡量触法未成年人再社会化的可能性，处遇措施是否与未成年人健康成长拥有平等机会，以及通过接受矫治教育成为具有责任心的社会成员。③ 如日本刑务所开展的受刑人职业训练，目标便是使未成年人具备一定的择业能力，奈良刑务所安排的训练项目包含了熔接、钣金、电工、家政、印刷、美容美发等 16 种。④ 域外对触法未成年人摒弃隔离未成年人、剥夺自由刑罚，采用多样的教育矫治手段，为触法未成年人提供再社会化的条件的做法值得我国借鉴。

二、预防刑论

特殊预防论产生于 18 世纪，属于刑事近代学派的核心理论。

---

① 参见朱胜群：《少年事件处理法新论》，三民书局 1976 年版，第 20 页。

② ［意］恩里科·菲利：《实证派犯罪学》，郭建安译，中国人民公安大学出版社 2004 年版，第 125 页。

③ 参见杨新慧：《刑事新派理论与少年法》，知识产权出版社 2019 年版，第 176 页。

④ 参见吴海航：《日本少年事件相关制度研究：兼与中国的制度比较》，中国政法大学出版社 2011 年版，第 240 页。

西方社会的刑罚思想经历了威吓主义、均衡报应主义、预防主义，都在社会的历练中经历淘汰，这也说明在刑罚价值取向上的单一选择必然与社会发展相悖。

原始社会"杀人偿命"的报应刑思想作为古老的刑罚概念以及社会伦理几乎占据了整个封建时代。威吓主义刑罚观皆是以摧残身体、剥夺生命和诋毁人格尊严作为惩罚的手段。"因果报应"主要来自基督教、天主教和伊斯兰教，强调刑罚的本质是对犯罪的报应，是难以避免的，刑罚作为实现正义的手段，把威吓当作刑罚的基本理性。这种以宗教来控制精神生活的时代是最黑暗的时期，在这个时期宗教还可以对越轨者施加残酷的惩处。

随着社会的进步和人道主义思想的萌芽，报应刑论和神权统治已经成为社会的枷锁。14-16 世纪，在欧洲掀起了反对封建神权、讴歌人权的文艺复兴运动，并提出世界的本质不在于神明，而应该关注人本身，应该尊重人的权利和发展人的个性，确保人们意志与思想的自由。[1] 15-16 世纪进一步提出了"平等自由"和"天赋人权"，提倡人道主义和尊重个人的人权发展，人道主义思想对刑罚产生了直接影响，对以肉刑和死刑为中心的刑罚体系的残酷性进行了淋漓尽致的抨击和揭露，导致公众在思想观念上形成以抛弃肉刑和死刑为中心的刑罚体系的迫切感，这为自由刑的诞生提供了观念上的契机。[2]

随后，刑事古典学派主张以较为缓和的刑罚替代封建主义残酷的刑罚，逐渐给予犯人人道的待遇，促使刑罚的报应趋向于理性。贝卡里亚在《论犯罪与刑罚》一书中提出，刑罚的限度是达到安全有序的适当目标，超过限度就可以被定义为暴政。他认为，刑罚应当是宽和的，"对犯罪来说，最有力的约束不是刑罚的严酷性，

---

① 参见许崇德、张正钊主编：《人权思想与人权立法》，中国人民大学出版社 1992 年版，第 139 页。

② 参见邱兴隆、许章润：《刑罚学》，群众出版社 1988 年版，第 191 页。

而是刑罚的必要性，正是这种必要性，要求司法官员谨守职责，法官严肃认真与铁面无私，这些只有在宽和的法制条件下才能成为有益的美德".① 换言之，残酷的刑罚不容易使刑罚与犯罪之间保持实质的对应关系，有悖于人性的残酷场面只能是一时的压制和暂时的狂暴，而不可能成为一种长期稳定的法律关系。在此前提下，罪行均衡报应论在资产阶级刑事古典学派反对封建社会刑罚残酷性和野蛮性的基础上应运而生，罪行均衡报应论同时又被区分为等量报应和等价报应。其中，等量报应是指刑罚给犯罪者带来的损害与犯罪者给被害人所造成的损害对等，形成量上的对等，并且强调在损害形态上相等同为必要，也被称为等害报应。等量报应的代表法学家康德认为，谋杀者必须处死，在这种情况下，不存在能够用任何法律的替代品的增减来满足正义的原则。不存在类似于生命的东西，也不能在生命之间比较，痛苦与否，必须死，但不存在任何虐待行为，这有损于人性。

可见，康德所提倡的等害是反对酷刑和提倡刑罚人道主义的。提倡等价报应的代表人物有德国古典哲学家黑格尔，在其理论中，刑罚的报应是一种等价的报应，犯罪对社会形成危害这一共性毋庸置疑，只是在社会危害性的量上有所区分，这也就构成了不同犯罪进化比较的价值基础。但是，面对各种表现形式的犯罪，如何将犯罪和刑罚在价值上等同体现，面对多样性的犯罪规定，相应的刑罚可谓一个不小的问题。这就要理性地将刑罚方式与犯罪行为进行更多的界限设定。换言之，根据设定的标准，对犯罪进行不同种类的区分，对不同种类的犯罪规定相应的刑罚方式。种类区分越细，现实的刑罚和犯罪距它们存在的等同关系也越近。② 黑格尔的等价报

---

① ［意］切萨雷·贝卡里亚：《论犯罪与刑罚》，黄风译，北京大学出版社 2008 年版，第 62 页。

② 参见马克昌主编：《近代西方刑法学说史略》，中国检察出版社 1996 年版，第 131 页。

应以及康德的等量报应都在很大程度上反对残酷的刑罚，主张给予犯人人道待遇的人道刑罚。在刑罚人道主义替代刑罚威慑主义报应思想的过程中，也为专门矫治制度理念构建提供了渊源与启发，即在制度模式设计过程中，注重人道主义在整个过程中的充分体现，保障未成年人的各项权益。

19 世纪后半叶随着犯罪率的提升，原本的刑事古典学派报应刑论面临着突破，自由刑无论是在执行上还是理论制度上都需要革新。此时，矫治制度开始萌生全新的活力，预防理论被重视并运用到了矫治制度的实践过程中。

古希腊哲学家毕达哥拉斯认为："理智地处罚一个人，并非因其所犯之罪，处罚不能改变业已发生之事。其目标应是面向未来，使得不再有其他人，或被处罚者再犯同样之罪。"① 之后，预防性论被贝卡里亚提出，他认为："刑罚的目的并非使感知者摧毁折磨，也不是消除业已犯下的罪行。"② 在贝卡里亚提出的"双面预防"理论中，甚至主张刑罚的唯一目的就在于预防犯罪。"刑罚的目的应当设定为阻止罪犯重新侵害公民，并规诫其他人不要重蹈覆辙。"即刑罚的目的在于阻止罪犯不再使社会遭受危害并阻止他人实施相同的行为，这种特殊预防思想还尚未重视通过教育功能实现再社会化，而是主要通过强制剥离的方式使罪犯无法再危害社会。虽然"一般预防"和"特殊预防"是由英国刑法学家杰里米·边沁所提出的，但是贝卡里亚在其著作中已经明确地表达过这两层含义，因此贝卡里亚的预防理论被称为"双面预防"理论。

三、社会化理论

美国社会学家科赛认为，社会化是人们不断社会性的过程，是

---

① 参见王泰：《现代监狱制度》，法律出版社 2003 年版，第 36 页。

② ［意］切萨雷·贝卡里亚：《论犯罪与刑罚》，黄风译，北京大学出版社 2008 年版，第 29 页。

成为社会人的过程。在这一过程中，人们在价值观树立、技能提升、认知水平方面都获得了质的提升，也能够与社会衔接，具有调适社会的能动性。人的社会化过程极为重要，是一个自然人过渡到社会人，从未成年过渡到成年，开始承担社会责任，扮演社会成员一员的过程。

人从小就具备责任观念，在认知的发展中，这个重要组成部分促使行动者获得因果关系观。大量数据表明，2周岁的幼儿已经具有道德责任观，这种观念使未成年人获得了行动者因果关系观，低龄未成年人对"应该"的理解就隐含着"本可以作出其他行为"的逻辑思考。可见，自由意志观早在儿童时期就开始形成。个体增加社会阅历、接受家庭及学校主导教育的过程不是一个被动接受的过程，而是一个具有主观能动性选择的过程。对于这一时期的未成年人，正确的引导和周围的环境起到了重要作用，实施违法行为的未成年人正是在这一过程中没有实现完全的社会化或者是接受了错误的社会化，进而形成了不健全的人格，走上与社会正常轨迹相左的道路，出现行为、思想与社会主流价值观存在格格不入的现象。因此，在对未成年人实施专门矫治措施过程中，尤其应注重对未成年人复归社会以及再社会化的指引和培训，专门矫治教育的目标也应该定位在帮助存在偏差性观念的未成年人纠正错误的行为与思想，注重针对在社会化过程中存在的缺陷问题，进而能够实现"再社会化"的过程。①

帮助触法未成年人重新塑造健康的人格，避免其再次犯罪，最终达到社会有序、和平以及安定，势必要求矫治需要关注个体需求，辅导和辅助触法未成年人重新融入社会。通过重建正确的价值观念，使未成年人回归正常的生活轨道。此外，成功实现再社会化不仅体现为矫治和改造的目标实现，更体现在能够从根源上减少再

---

① 参见卞文忠、王学全：《新编社会学》，东北林业大学出版社2002年版，第24-27页。

犯的数量。这对处遇措施提出了更高要求，传统的缺乏理性和整体性思考"治乱图快"的矫治观念已经无法适应当前的法治理念，摒弃粗暴且毫无章程的"下猛药""对症下药"方是理性回归之后的正确抉择，即要对触法未成年人施以具有针对性的处遇措施，需要尽可能准确地了解其心理和生理特征，制定出符合个体发展的矫治方案。

综上所述，专门矫治教育的最终目标是完成人格矫治并复归社会，这些曾经出现触法行为的未成年人在经过矫治教育之后需要重新融入社会。再次回归社会、学校和家庭都需要考验未成年人的适应能力，为了帮助未成年人在正确的轨迹上完成再社会化，减少犯罪率，也增加了国家事后追踪帮扶的成本。因此，在专门矫治教育体系建构中，应设置矫治处遇机制之间的双向衔接机制，可以有效地减少限制人身自由处遇措施的适用。例如，借鉴《贵阳市工读教育管理办法》第 15 条的规定，普通中学一旦出现不良行为的学生，通过建立工读预备生制度，实现工读学校参与帮助教育；第 20 条规定，经过矫治之后，工读学校学生明显有所改变，可以返回原普通中学进行学习，且原学校不能拒收。贵阳市建立的送往工读学校预备机制和表现良好返回普通学校的返回机制也是累进制矫治模式的体现：在送往工读学校之前设置一段合理的考察期，如果未成年人在工读学校矫治期间表现良好，则根据考核结果可以送回普通学校进行学习，这不仅能够不通过限制人身自由的方式实现矫治目标，避开机构化矫治所带来的负面效果，而且工读学校带来的阻断未成年人正常社会化进程、标签效应等负面效果也大大减弱。同时，也能很好地激发未成年人接受矫治教育的积极性，主动配合各项矫治内容，大幅度提升矫治的效率。此外，机构化的矫治教育也可以采取灵活变通的方式对未成年人进行个别化考察，在进入矫治机构之前，可以让未成年人临时性地接受矫治教育，如果在此阶段未成年人能够悔过自新，则可以让其回归社会或者更换为较为轻松的非机构化的矫治方式；如果在此过程中未成年人表现出抗拒矫治或者不思悔改的状态，则应及时将未成年人按照原来的矫治方案送入机构进行专业化的矫治。因此，双向衔接机制的设置既能促进矫治处遇机制之间衔接严密、分工明确，也能够达到减少标签效应，更好地促进未成年人实现再社会化的目的。

四、恢复性司法理论

恢复性司法起源于前殖民时期甚至更遥远，这是一项触法未成年人复归社会之后弥合与被害人、社区和社会之间裂隙的重要制度。自 1974 年加拿大安大略省的基奇纳设立世界上第一个被害人和犯罪人的和解程序以来，恢复性司法在世界各国得到长远发展，在世界范围内引起了一场刑事司法制度改革的潮流，并且深刻地影响了当代中西方刑事政策的改革方向。

何谓恢复性司法。英国法学家托尼·F. 马歇尔认为，恢复性司法是与特定犯罪相关的所有当事人一起讨论犯罪所带来的后果，以及对未来的影响的一个过程。[①] 恢复性司法实则是一项融合了实体问题与程序问题的制度，之所以对恢复性司法概念的探讨存在差异，其根本原因在于学者从不同角度对恢复性司法进行界定。偏向于实体性的学者认为，恢复性司法由正义主导的定义构成，得到恢复性司法的结果和价值；偏向于程序性的学者则认为，恢复性司法以程序为主导定义，强调了受到犯罪行为及受其后果影响的当事人之间会面的重要性。[②] 可见，无论是偏向于实体性还是程序性的理论都存在片面性，因此法学家丹尼尔·范内斯融合两者的定义，认为恢复性司法是一种强调对犯罪行为所产生或揭示的危险结果进行修复的司法理论，包容性和合作性的程序是实现恢复性司法的最佳

---

① 参见王平等：《理想主义的〈社区矫正法〉——学者建议稿及其说明》，中国政法大学出版社 2017 年版，第 82 页。

② 参见王平等：《理想主义的〈社区矫正法〉——学者建议稿及其说明》，中国政法大学出版社 2017 年版，第 83 页。

途径。联合国在《关于在刑事事项中采用恢复性司法方案的基本原则》中阐释了恢复性司法的相关定义。① 总之，通过恢复性程序获得的恢复性结果才是恢复性司法，这不仅要求解决问题，还必须实现与罪犯相关的当事人参与司法过程的权利。②

恢复性司法具有四个方面的特征：一是利益均衡；二是多方参与；三是自愿原则；四是确定责任原则。显然，恢复性司法无论在目标追求还是价值理念等方面都与未成年人刑事政策存在契合性，至关重要的一点是未成年人通过承担责任修复受侵害的社会关系，既能够起到矫治侵害人的作用，同时也具有改善侵害人融入社会微观环境的作用。因此，恢复性司法在专门矫治教育制度中的适用对促进未成年人回归健康的成长道路具有独特且重要的价值。在处理触法未成年人案件中恢复性司法已经获得了一定的适用空间，坚持向前看而非向后看的恢复性司法追求的是使触法未成年人能够重新融入社会中，正是由于恢复性司法具有矫治教育和改善社区环境功能，也不会产生"负面标签"的作用，尤其是在不具有惩处性的专门矫治教育中，能够让触法未成年人在与受侵害人坦白、道歉、和解过程中，感受到受侵害人的痛苦从而激发其彻底悔过自新的内在驱动力。

恢复性司法虽然在一定意义上是为了补偿被害人物质层面的损

① 《关于在刑事事项中采用恢复性司法方案的基本原则》中将恢复性司法定义为，"采用恢复性程序并寻求实现恢复性结果的任何方案；恢复性程序是指通常在调解人的帮助之下，受害人和罪犯及酌情包括受犯罪影响的任何其他个人或者社区成员共同积极参与解决由犯罪造成的问题的程序，恢复性程序包含了调解、和解、协商和共同确定责任；恢复性结果是指由于恢复性程序而达成的协议，恢复性结果包括旨在满足当事人的个别要求、共同需要和履行其责任并实现受害人和罪犯重新融入社区补偿、归还、社区服务等方案和对策"。

② 参见王平等：《理想主义的〈社区矫正法〉——学者建议稿及其说明》，中国政法大学出版社 2017 年版，第 84 页。

失，但是又不仅仅强调物质层面的赔偿，是通过恢复性司法措施恢复被害人、犯罪人和社区生活的原状：一是通过恢复性司法恢复触法未成年人的原状。根据我国始终贯彻的"教育为主，惩罚为辅"的未成年人刑事政策，对未成年人的矫治教育在很大程度上都处于宽松的氛围，这种剥离了惩罚的矫治教育实在很难激发触法未成年人自我悔改的动力，失去痛苦的实际体会自然也就难以真切体会到被害人所遭受的痛苦，触法未成年人悔改的意识也就相对薄弱。二是恢复性司法措施在专门矫治教育制度中的适用不仅是从触法未成年人角度出发，也是以被害人作为落脚点。未成年人实施触法行为的对象往往都是未成年人，因此在遭受侵害之后可能会给被害人心理上造成创伤，如自我价值受到贬损、人格尊严缺乏和个性完整性遭受攻击等。通过双方物质或其他层面的赔偿，最终被害人在心理上仇恨或者恐惧的消极态度可以在很大程度上减少或者消除。三是恢复性司法对社区安宁恢复大有裨益。实施具有社会危害性的触法行为，对社区造成的恐慌和危害都不容小觑，甚至在某种意义上，未成年人所实施的触法行为的手段和危害结果比成年人更加严重和恶劣，如2016年广西岑溪男孩沈某杀害黄某家姐弟三人，最终只是收容教养3年；2017年四川达州男孩袁某持刀杀害其母亲，最终处置结果不了了之；2012年广西13周岁未成年人章某肢解同窗好友，最终收容教养3年，赔偿原告108万元。因为刑事责任能力的主观阻却事由，这些触法未成年人在短暂的收容之后也许并没有经过系统性的矫治教育，继续返回原来的学校学习，在原本的社区生活。但这些未成年人所实施的行为已经完全等同甚至超越成年人犯罪的社会危害性，对社区和周围人群造成了恐慌。只有通过恢复性司法，社区真切了解触法未成年人，才能在一定程度上原谅触法未成年人，也唯有社区原谅了触法未成年人，他们才能够被生活的社区所接受，实现真正意义上的复归社会，也为融入社会和适应社会奠定基础。在恢复性司法理论下专门矫治教育应从以下三个方面进行机制的完善，体现为对未成年人矫治对象、受害人和社会规范三个层面的修复①。

（一）未成年人矫治对象修复机制

未成年人矫治对象恢复式矫治的根本价值和意义在于实现未成年人的社会回归。未成年人具有情绪控制能力不足、热衷于模仿、易受外界环境暗示或干扰等特征，由其触法心理导致的行为并不稳固，人格具有较大的可塑造性，行为矫治拥有一定的主客观基础。② 未成年人实施触法行为的根本原因在于其认知发生偏差。因此，专门矫治教育修复的最深层次的目标是对其错误的认知进行修正。未成年人一旦存在触法行为，就应当及时给予正确的引导、提供必要的帮助，从道德认知层面根本性地纠正其思维逻辑。文化缺失与犯罪之间具有直接联系，认知偏差、人格不成熟使未成年人产生极端思维方式。习近平法治思想根植于中华优秀传统文化，如在专门矫治教育领域引入中华优秀传统文化，不仅是依法治国的要求，也是从根源上纠正未成年人错误的思维逻辑与道德判断。优秀传统文化的介入能够使未成年人知荣辱、辨善恶，形成正确的价值体系，激发其矫治的内在驱动力，同时也能保障其家庭矫治的效能，稳定"天下之本在家"之社会安全根基。

我国传统文化对未成年人的特殊性保护与福利自古有之，保息六政就是以慈幼启其端，进而推至儒家的幼吾幼以及人之幼。历朝历代规章中无不体现出对国家根苗的重视。引申而言，关心一般未成年人，更要保护被侵害和触法的未成年人，这是国家应有的政策。同时，对"儿童利益最大化原则"不应只做表面性的理解和诠释，而是应当在深入研究的基础上充分了解触法未成年人个体人格，通过中华优秀传统文化开发睿智思维、调养健康情志、塑造健

---

① 参见李川：《从教养式矫治到修复式教育：未成年人矫治教育的理念更新与范式转换》，载《南京师范大学学报》2021年第4期，第131页。

② 参见秦金星：《品格证据在未成年人刑事审判中的运用》，载《四川警官学院学报》2015年第6期，第88页。

全人格等，进行道德思维的养成，引导个体开展自省、自律、自警、自强，进而加强对个体行为的有效控制，最大限度地减少触法行为发生。①

（二）受害人修复机制

恢复式矫治在具体对象的意义上是通过加害者与受害者的和解，加害者对社区和受害者进行补偿恢复。② 与收容教养所贯彻的教养式矫治理念不同，专门矫治教育制度应当将恢复式矫治理念作为哲理基础与逻辑范式，恢复性司法为传统的矫治教育增添了全新的恢复式维度与框架，提供了修复优先、社会本位、受害保护、和谐主义等价值理念，满足受害者的正义需求，保障未成年矫治对象适应和复归社会，降低社会撕裂的风险。③

恢复式矫治理念的产生与发展并非是在教养式矫治④基础上自然而然产生与发展起来的理论，而是具有独特性和独立性的刑事司法背景和哲理逻辑。首先，社会修复理论为恢复式矫治的产生与发展奠定了坚实的理论基础。传统的刑事司法制度的立足点几乎都是以惩罚为主的报应主义或者是矫治罪犯再犯的社会防范，很少关注犯罪的社会影响，本质原因是社会不是刑事司法功能的对象，没有被纳入刑事司法功能的考量范围。但近代社群主义和社会连带主义理念兴起之后，刑事司法领域的立场发生转变，从之前忽视社会本

① 参见王立军主编：《预防犯罪与矫正罪犯——鉴于中华优秀传统文化的传承与发展》，法律出版社 2019 年版，第 197 页。

② 参见李川：《从教养式矫治到修复式教育：未成年人矫治教育的理念更新与范式转换》，载《南京师范大学学报》2021 年第 4 期，第 138 页。

③ 参见［英］格里·约翰斯通：《恢复性司法：理念、价值与争议》，郝方昉译，中国人民公安大学出版社 2011 年版，第 4 页。

④ 教养式矫治理念将未成年人的人身危险性与成年人的人身危险性等而视之，教养式矫治理念的实践范式存在未成年矫治对象承受社会排斥和难以融入的难题，也让公众对未成年人矫治教育充斥着不安全感和信任危机，也没有设置一定的和解机制。

位到社会修复的司法理论在刑事司法政策中占据重要地位。即刑事司法从之前关注矫治对象和受害人的报应转变为将破坏社会秩序和规范的修复一同纳入刑事司法的目标考量中，并设置相应的程序机制。① 恢复性司法为实现各方需求共赢提供了理论基础，各方受影响主体之间通过协商交流的方式，承担相应的责任，也减轻了未成年人在复归社会后所受到的排斥。② 同时，在共同协商过程中，受害人可以主动提出补偿需求，社区也可以积极地修补受到伤害的社会关系和社区秩序，不必为触法未成年人复归社会所面临的风险而担忧。③

（三）社会规范修复机制

触法未成年人在一般意义上对法律规范的效力和权威造成了破坏，损害了法律规范背后所应遵循的伦理规范。这就产生了规范权威和效力修复的需求。④ 规范修复主要通过积极与被动两种方式实现。积极的方式是通过德育矫治等方式激发触法未成年人改过自新的内在驱动力；消极的方式则是通过专门矫治教育的威慑力使触法未成年人认识到规范的效力与权威。

通过专门矫治教育的权威性让触法未成年人充分理解法律规范的严肃性，从而了解触法行为对规范所造成的不可避免的破坏，形成法律意识，真诚悔罪服法。在实践过程中，为了提高触法未成年人学习法律的自觉性，在规范修复层面创新性地采用了互动体验式

---

① 参见郁建兴、吕明再：《治理：国家与市民社会关系理论的再出发》，载《求是学刊》2003年第4期，第35页。

② 参见黎宏：《刑事和解：一种新的刑罚改革理念》，载《法学论坛》2006年第4期，第15页。

③ 参见李川：《基于风险管控的社区矫正制度研究》，东南大学出版社2017年版，第93页。

④ 参见孙海波：《在"规范拘束"与"个案正义"之间——论法教义学视野下的价值判断》，载《法学论坛》2014年第1期，第72页。

的规范修复模式，如涉及体验对被害人造成伤害的 AR 设备，通过电子设备模拟触法行为对被害人造成伤害的情景，从而使其换位思考，体会到破坏规范给被害人及其亲属造成的伤害。同时，情景再现、视频录音等多种方式也可以被适用到规范修复中。在激发触法未成年人悔改的内在驱动力的过程中，德育矫治是最基本与重要的矫治方式。个体受教育水平与道德思维水平存在直接联系，通过道德文化教育，提升触法未成年人的文化水平，使其知荣辱、明是非。中华优秀传统文化是我国几千年的文化精髓，在专门矫治教育中融入中华优秀传统文化，能够使未成年人提高文化水平和文化修养，从而使其对行为的善与恶、高尚与卑鄙、正当与不正当等形成一个正确的道德认知与道德判断。深化"仁爱孝悌"教育，有助于培养触法未成年人的博爱精神、感恩情怀、社会责任感；强化社会公德意识和个人道德修养，有利于促进触法未成年人道德修养提升，能够从根源上帮助其复归社会后找到社会价值，也能降低再犯的发生率。在矫治人格过程中，可以将莱斯特的 DIT 和林德（G. Lind）的 MJT 问卷量表用于测量未成年人道德思维发展水平（见图 1），检验矫治的成效。[①]

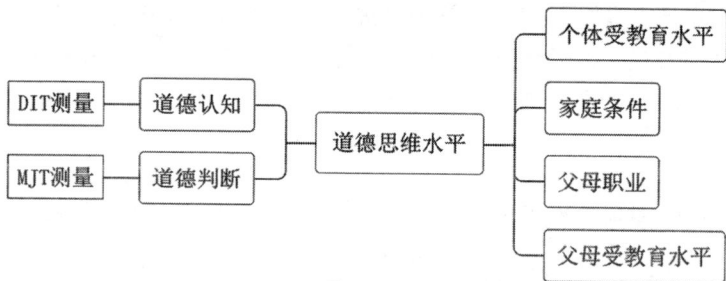

图 1 道德思维与触法未成年人关系思路图

① 段炼炼：《道德思维视角下青少年犯罪预防与矫正研究》，中国社会科学出版社 2019 年版，第 55 页。

第五节　本章论要

　　未成年人刑事案件频发被公认为是世界各国共同面临的难题，但该群体具有可塑造性强的特征，如何通过矫治既起到"吃一堑长一智"的效果，又不阻碍其社会化发展是教育之难点。专门矫治教育应当借鉴域外矫正理念的精髓，根植于我国社会现状、法治环境以及优秀传统法治文化，建构符合我国国情的具有中国特色的专门矫治教育制度。人是社会的产物，应当说新制度的设立是基于我国社会发展与结构的变迁，在新时代背景下形成了体现该时代经济、文化特征的人格。因此，对触法未成年人的矫治必须与我国目前的社会现状相结合。

　　针对未成年人的处遇措施偏重于惩罚的皆非长久之策，如收容审查、劳动教育等准刑罚手段都已慢慢退出历史舞台，收容教养虽然在刑法中伫立已有几十年之久，但在大浪淘沙中终究逃不过与现今法治环境不融洽的命运，况且其在长久的实践过程中已经暴露出种种问题，无论是其性质、适用条件还是期限、程度等各方面都未形成一套专属于该制度的完整体系，这也是其终将被取代的原因之一。当然，这也是专门矫治教育制度登上刑法舞台之后的前车之鉴，要发挥专门矫治教育制度在刑法领域以及未成年人犯罪领域的作用，首要的是建构属于专门矫治教育制度的体系，厘清其性质概念等基础理论，明确在实践层面的适用对象、条件、程序等内容，并做好该制度在理论与实践过程中的衔接。

　　应该说专门矫治教育保障机制的构建与完善是一项系统性综合工程。影响未成年人发生触法行为的因素存在多重性，包括未成年人个体层面的微观基础，以及社会联系、父母监督、学校联系、对触法行为的态度。[①] 面对触法行为复杂的成因，毋庸置疑，针对未成年人必须采取独立的矫治措施，在以"教"为出发点与落脚点的前提下，不能再走工读学校"教育性有余""司法性不足"的老路，应凝聚社会各界力量，提高专业性与稳定性，设计适用性与针对性兼备的矫治教育体系。[②]

---

① Svensson, R. and Oberwittler, D. (2021) . Changing routine activities and the decline of youth crime: A repeated cross - sectional analysis of self - reported delinquency in Sweden, 1999-2017. Criminology, 59 (2), pp. 351-386.

② 沈颖尹：《浅析未成年人专门矫治教育制度的适用》，载《浙江大学学报》（人文社会科学版）2020 年第 5 期，第 50 页。

第二章　专门矫治教育制度的
理念更新及原则创制

任何实践都需要理论的支撑，越系统性和越全面性的理论作为指导就越能在实践过程中起到旗帜性和方向性的指引作用。预防未成年人犯罪法第 3 条规定，应当尊重未成年人人格尊严，保护未成年人的名誉权、隐私权和个人信息等合法权益。将人格作为矫治对象是实现个别化处遇的基础，与"儿童利益最大化"价值取向一致。本书尝试对专门矫治教育理念与原则进行更新，以未成年人为本位，以社会防卫为导向，"可塑性人格+触法行为—评价—处遇措施"相适应奠定了专门矫治教育制度理念逻辑的基础和底色，是保障专门矫治教育制度尊重人权、公平公正的前提。在专门矫治教育理念设计中，除了关注行为人的因素外，还应当关注社会方面的原因。如果允许社会成员将其人格中的冲动付诸行动，那么任何人都是潜在的犯罪者，社会与个人的联系可以阻止个人实施违反社会准则的犯罪和触法行为，当这种关系处于薄弱的阶段，个人就会没有约束且随意进行犯罪行为。[①] 因此，专门矫治教育应当将双向保护原则贯穿于整个制度建构中，将未成年人矫治成对社会有用的公民。

---

① 参见 [美] 特拉维斯·赫希:《少年犯罪原因探讨》，吴宗宪、程振强、吴艳兰译，中国国际广播出版社 1997 年版，第 3 页。

第一节 可塑性人格矫治理念：基于人格刑法理论

触法未成年人作为一个社会群体，是有别于成年人群体的独立存在，他们有着不同于成年人的人格特征和独特的需求。因此，在专门矫治教育过程中，应当充分了解未成年人可塑性人格的特征，从未成年人的视角看待问题，并给予充分的尊重。人格刑法理论将行为人作为刑事法的出发点与归宿，这与专门矫治教育所提倡的教育刑论存在内在的一致性。张文教授在其《人格刑法导论》一书中指出："只有对症下药，对行为人进行矫治，使之成为具有正常的规范意识，并复归社会，从而达到复归社会，并消除不良人格之目的。"① 因此，人格刑法理论为矫治未成年人可塑性人格提供了理论支撑。此外，值得注意的是，未成年人人格与成年人人格相比具有过渡性、可塑性、不稳定性的特征，专门矫治教育制度建构中需要充分考察未成年人的特殊性。

一、人格刑法相关理论的价值意义

在人格刑法视域下，将矫治未成年人的人格作为专门矫治教育的目标和落脚点，实则强化矫治的育人导向。在认识、学习和遵循社会规范过程中，个体认识和把握自我，形成"人格"，任何个体在强大的社会道德文明中都不能盲目地按照本我的快乐原则为所欲为，必须在认识、学习和遵循社会道德规范的前提下满足自身需求。②

（一）人格刑法理论

近代以来，刑法学研究从启蒙主义刑法思想到刑事古典学派再

---

① 张文、刘艳红、甘怡群：《人格刑法导论》，法律出版社 2005 年版，第 273 页。

② 参见陈士涵：《人格改造论》，学林出版社 2012 年版，第 120 页。

到刑事实证学派。旧派主张以行为为中心的行为刑法，新派主张以行为人为中心的行为人刑法。[①] 随着时代与环境的变化，两个学派都认识到了各自的缺陷与不足，在经过互相调和与取长补短之后，"人格责任论"作为综合两派理念的产物而诞生。人格责任论最初是由毕克迈耶提出，由麦兹格和鲍克尔曼发展，日本团藤重光大力支持，他认为行为主体的人格及其表现的行为才是责任的基础。[②] 应该说人格责任论在重视行为的同时重视其背后所隐藏的人格，统一了行为与行为人，克服了以往相关责任论的不足，成为刑法学理论研究的原动力，为之后大塚仁提出"人格刑法"铺设了道路。

"人格刑法学"的概念是 1990 年大塚仁在《人格刑法学的构想》一文中所提出的，将行为人格引入刑罚论和犯罪论。[③] 他认为，构成要件该当性的行为是作为行为者人格体现的行为；违法性是客观违法要素和主观违法要素的结合；有责性以对具有相对自由意志的行为人的行为的谴责为核心，同时考虑对行为背后的行为人的谴责；刑罚的量定以行为对法益的危害程度和行为人的犯罪人格为基础。[④] 总之，大塚仁在《刑法概说（总论）》中从理论上对人格刑法进行进一步深化和体系化，将他所构想的"人格的犯罪理论"和"人格的刑罚理论"结合起来，称之为"人格刑法学"。[⑤]

人格刑法理论的价值具有多重性，为专门矫治教育制度建构，

---

① 参见张文：《刑事法人格化 21 世纪的抉择》，载《中外法学》2004年第 5 期，第 624 页。

② 参见张文：《刑事责任要义》，北京大学出版社 1997 年版，第 44 页。

③ 参见［日］大塚仁：《刑法概说（总论）》，冯军译，中国人民大学出版社 2003 年版，第 99 页。

④ 参见张文、刘艳红、甘怡群：《人格刑法导论》，法律出版社 2005 年版，第 8 页。

⑤ 参见［日］大塚仁：《刑法概说（总论）》，冯军译，中国人民大学出版社 2003 年版，第 57 页。

尤其是为以人格作为重要矫治对象提供了理论支撑。其至少包括以下几个方面：其一，促进整体、动态的犯罪人观形成。人格不仅能够从生物的视角认识行为人，而且可以从心理视角、社会视角认识行为人，从而从整体上认识行为人。此外，人格能够描述人的发展，从静态与动态不同视角认识和分析行为人，借助人格这一思维工具，可以形成整体与动态的犯罪人观。其二，刑法对行为人的关注无法绕开人身危险性，人格的刑法价值同样体现在对人身危险性的评估上[①]。其三，促进刑法的公正，刑法的公正要求处遇措施适用的同时考虑行为与行为人。其四，促进刑事政策的合理化，刑法规范和刑事政策密切相关，刑法规范体现了国家的定罪量刑和行刑政策，刑事政策的出发点、根据在不同程度上影响着刑法规范，合理的定罪量刑和刑事政策能够促进刑法规范的合理化。[②] 从人格角度科学地描述行为人实施行为的原因更为合理。因此，将矫治教育、定罪量刑及行刑政策建立在人格理论上，充分考量行为人的人格，可以促进刑事政策的合理化。

大塚仁将"人格"贯彻于犯罪论的构成要件和违法论、罪数论，并用"人格"理论"解释"传统的古典犯罪论。但这种解释在某些方面依然牵强。犯罪论的核心地带，如构成要件、违法性方面，客观主义的立场依旧坚定不移，旧派刑法理论建立在坚固严密的犯罪论基础上，逻辑相扣的构成要件理论和违法性、有责性理论让行为人人格难以踏足，若颠覆这个结构，则定罪机制就不再严谨牢固，[③] 主观主义只是在刑罚论中有所体现，而折中的核心只是责

---

① 参见翟中东：《刑法中的人格问题研究》，中国法制出版社 2003 年版，第 29 页。

② 翟中东：《刑法中的人格问题研究》，中国法制出版社 2003 年版，第 49 页。

③ 参见丘丽丽：《人身危险性理论与犯罪人格理论之比较》，中国政法大学 2010 年硕士论文，第 13 页。

任论。但在专门矫治教育中引入人格刑法理论显得更为顺理成章与合乎情理，鉴于触法未成年人本身就置于构成要件之外，不必担心在犯罪构成结构中增加人格因素而打破原有严谨的逻辑结构。甚至人格因素的介入能够搭建起道德与法律的桥梁，用道德的评价填补法律责难的空白。同时为在专门矫治教育制度建构框架下探讨新的评价价值体系提供理论前提。

（二）人格矫治理论

以人格刑法理论为基础的教育刑论有利于在保障人权与社会防卫之间达到一种和谐。教育刑论充分关注行为人的人格，主张对人格实施矫治，使行为人成为具备正常规范意识的人，实现复归社会和防止再犯的目标，具有明显的社会防卫功能。从人权保障观点来看，教育刑是人道化之要点："人道的真谛不仅在于慈善性地减轻痛苦，还必须为刑罚注入新的目的意义，即为教育发挥合力的作用。"① 将人格矫治理论运用到专门矫治教育中，将未成年人可塑性人格作为矫治对象具有以下几点重要意义。

一是使矫治实践建立在人文科学基础上。人格刑法理论为"犯罪人格"与"教育"之间建起矫治的桥梁，从人格刑法理论视角出发，综合人格心理学、犯罪学、生物学、精神病学、遗传学等多学科，探讨将各科理论运用到矫治教育中，起到激发触法未成年人矫治内在驱动力的作用，实现人格矫治，最终复归社会的目标。

二是更能够完整而系统地表达专门矫治教育的丰富内容。与未成年人实施触法行为的动机、目的、心理相比，人格是一个更为庞大和丰富的概念，是对个体特征和个人的整个内心世界的高度而科学的概括。

三是更能够揭示专门矫治教育的深刻性。与行为相比，人格更为深刻和稳定，具有总体性的主观原因，触法行为只是人格的外部

---

① 参见张文、刘艳红、甘怡群：《人格刑法导论》，法律出版社 2005 年版，第 270 页。

表现而已。因此，将人格作为专门矫治教育的对象更能从根源上矫治未成年人。

四是更有利于处遇措施科学分类化和个别化原则的贯彻。将人格作为分类标准，科学性程度更高。

五是更能揭示专门矫治教育过程内在的辩证规律。在矫治过程中否定人格中的消极因素，保留、鼓励和发展人格中的积极因素，新的人格必须在旧的人格基础上发展而来。

六是更能揭示专门矫治教育的可能性与艰巨性。未成年人根据生物遗传特点、生活经验和实践，在特定的环境中形成了独有的人格，未成年人的人格形成经历了一个从不稳定到稳定的过程，一旦形成就具有一定的稳定性，这就决定了人格作为矫治对象的艰难性。矫治的艰难性与挑战性主要表现为人格作为专门矫治教育的矫治对象是一项系统性工程（见图 2）。① 同时，人格又是稳定性与可变性统一的，随着专门矫治教育的介入，对其周围微观和宏观环境进行改变，在认知层面进行引导，尤其是未成年人人格处于一个可塑性很强的阶段，具有临时性，其人格具有很强的可矫治性。②

基于以上几点，将人格作为专门矫治教育的对象，能够很好地对具有瑕疵的人格逐一进行有针对性的矫治，对达到矫治目标大有裨益。

（三）人格刑法理论引入专门矫治教育的价值意义

将人格刑法理论适用于专门矫治教育制度建构中，是将制度的重心放在未成年人自身，强调通过教育手段实现矫治。育人致力于帮助触法未成年人再次成为一个合格的社会人，使其树立和健全正确的价值观念，适应社会生活并走上正确的轨道，在整个矫治过程中具有关键性作用。价值意义主要体现在以下几个方面。

一是有利于尊重未成年人的主体地位。人格刑法理论尊重个体

---

① 参见陈士涵：《人格改造论》，学林出版社 2012 年版，第 119 页。
② 参见陈士涵：《人格改造论》，学林出版社 2012 年版，第 525 页。

人格矫治

生理系统
- 人格要素：性别、年龄、体格、神经系统、内分泌、染色体等
- 与社会文化因素和生理遗传因素的相关性：完全由生理遗传因素遗定
- 人格意义：人格载体
- 与行为的关系：包含行为选择、行为方式和行为效率三者特征的可能性
- 导致触法的基本原因：生理因素病态和异常
- 矫治方式及意义：医学治疗，是处于辅助地位的人格矫治

动力系统
- 人格要素：本能、需要、动机、兴趣、信念、信仰、世界观、理想等
- 与社会文化因素和生理遗传因素的相关性：本能完全由生理遗传因素决定，其余要素主要或完全由社会文化因素决定
- 人格意义：人格变化、发展的动力
- 与行为的关系：最终决定行为选择
- 导致触法的基本原因：本能的快乐原则得不到控制
- 矫治方式及意义：教育、劳动、激励、培养、惩罚等，是处于主体地位的人格矫治

自我意识系统
- 人格要素：理性认识、情感体验、意志控制
- 与社会文化因素和生理遗传因素的相关性：主要由社会文化因素决定
- 人格意义：人格基础
- 与行为的关系：自我行为的认识、体验和控制
- 导致触法的基本原因：自我丧失，现实原则难以实现
- 矫治方式及意义：教育、培养、训练、惩罚等，是人格矫治的基础

道德良知系统
- 人格要素：良心
- 与社会文化因素和生理遗传因素的相关性：主要由社会文化因素决定
- 人格意义：人类道德文明在人格的内化
- 与行为的关系：人类道德文明在人格的内化
- 导致触法的基本原因：良心无力，道德原则难以实现
- 矫治方式及意义：教育、培养、训练、惩罚等，是高级层次的人格矫治

心理特征系统
- 人格要素：气质、性格、能力
- 与社会文化因素和生理遗传因素的相关性：由社会文化因素决定
- 人格意义：人格形象
- 与行为的关系：使行为选择、行为方式和行为效率具有个性特征
- 导致触法的基本原因：性格不良或能力低下
- 矫治方式及意义：教育培养、劳动、训练，体现人格矫治的成果

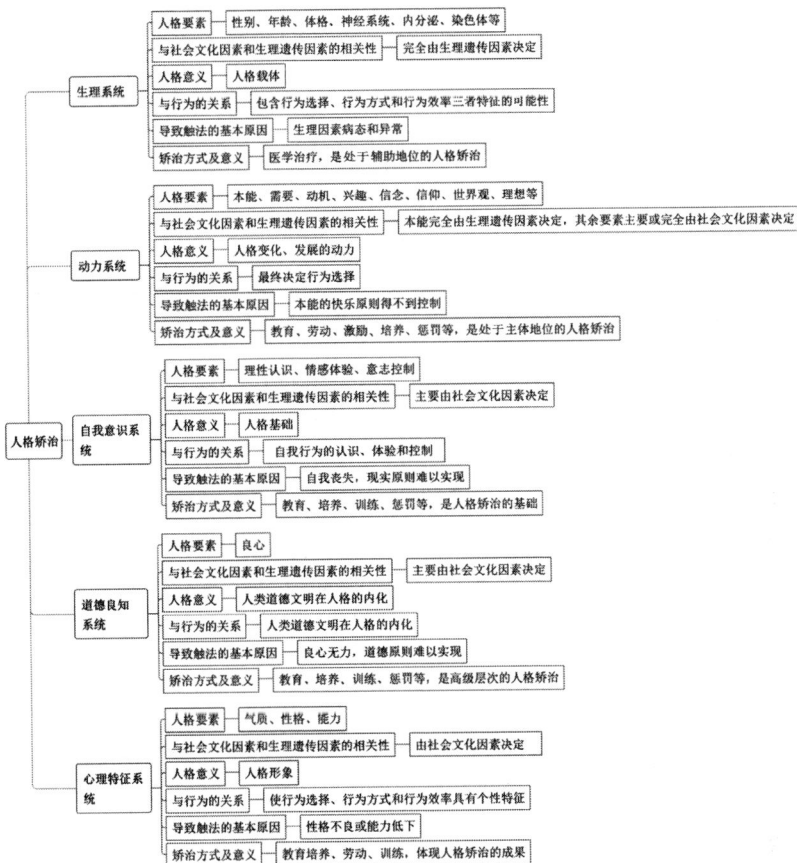

图 2　人格矫治的基本构成

差异性、人格、权利合理的需求，是尊重未成年人主体地位的重要体现。尊重是对"专门"的最好诠释，即所有的制度设计和理论指导都必须建立在尊重触法未成年人的基础上，才能形成水到渠成的有效对接。只有在尊重的基础上，各个学科的矫治手段才能起到积极作用。尊重是摒弃传统意义上运用"命令—服从"的强制手段式的矫治和教育方式，而采用建构主义理念，让矫治者和矫治主

体之间形成一个互动的模式。矫治者不是高高在上的灌输者和冠以"矫治者"之名的教练，而是与矫治主体形成一种人格平等的关系。只有在获得充分尊重的基础上，触法未成年人才能积极参与和融入设置的文化课程、心理辅导、技术培训中去，从中获得自我管理、自我满足、自我教育、自我矫治的权利。概言之，尊重是矫治有效实施的前提条件，没有尊重的矫治必定会流于形式，不能从根源上激发受矫治者自我感悟和自我矫治的内在驱动力。

二是有利于未成年人利益最大化。人格刑法理论提倡的对行为人进行个别化矫治是未成年人利益最大化的前提保障。在社会管理创新理念的大背景之下，专门矫治教育应当严格遵循"教育为主，惩罚为辅"的原则，并且始终贯彻"教育、感化、挽救"的方针，落实好未成年人福利主义理念和人文主义关怀的精神。无论是之前的收容教养还是针对未成年人的社区矫正等相关矫治类措施，国际上已经达成共识——针对未成年人的矫治放弃报应主义。《联合国少年司法最低限度标准规则》《关于在刑事事项中采用恢复性司法方案的基本原则》《联合国保护被剥夺自由少年规则》等国际公约都在不断强调，针对未成年人的处遇措施最核心也是最根本的规定性要求就是教育和保护。这种保护不仅要求在制度设计层面对未成年人群体实施整体性的保护，更深层次地要求在矫治过程中采取个别化对待，摒弃无差别矫治措施，对其具有积极意义的方面进行保留、鼓励、帮助和培养，使其在再社会化过程中更有利于个体发展。同时，专门矫治教育分级分类处遇机制准确框定了不同程度的各类矫治模式的矫治对象，明确了矫治对象的主观恶性大小、年龄范围以及实施行为的性质、危害程度等，有效缩小了矫治机关滥用职权的空间。若适用不符合比例原则的矫治模式，扩大"标签化"效应，将损害未成年人的权益。

三是有利于未成年人形成自尊、自信、自强的自我意识和自我情感体验，以及由此所决定的庄严的言行。托马斯·阿奎那是最早将"人格"与"尊严"直接联系起来的思想家，认为"人格即含有尊严"。① 康德认为，"等价即是有价值之物能被其物品代替；反之，超越于一切之上，不存在等价可代替之物，才是尊严。"② 但很多触法未成年人对尊严的理解是狭隘和肤浅，甚至是无知的，如未成年人在学校通过暴力方式使周围同学对其产生恐惧、服从心理，他们以为这就是尊严，是自我价值。因此，在未成年人矫治中进行尊严教育是矫治人格的第一步，帮助他们从人格、人的责任、人的社会地位、社会贡献和人的权利等方面正确理解人的尊严，真正的尊严是蕴含责任的，一旦形成做人的尊严，将有力地阻止他们再次步入歧途。

四是有助于矫治目标的实现。菲利认为，应当对每个罪犯进行关于致其犯罪的生理和心理原因的调查研究，并在此基础上适用专门矫治措施，达到减少再犯率的目标。③ 应当根据不同人格和犯罪原因的差异采取不同的矫治措施，对行为人的矫治必须坚持科学性，尤其是针对未成年人的矫治，必须从心理学和生理学等各个方面进行研究。④ "人类是有情感、行为和思维的动物。虽然行为和情绪具有独立性，但思维控制着行为和情绪。即个体情绪和思维不同，行为也存在差异。不良思维必然导致不良情绪和行为，反之良性思维能够调整情绪，影响行为。这是人格矫治的基本原理。"⑤ 因此，在专门矫治教育制度实施过程中，触法未成年人有要求得到

---

① 参见梁慧星主编：《为权利而斗争》，中国法制出版社 2000 年版，第 59 页。

② [德] 康德：《道德形而上学原理》，苗力田译，上海人民出版社 2005 年版，第 87 页。

③ 参见 [意] 恩里科·菲利：《犯罪社会学》，郭建安译，中国人民公安大学出版社 1990 年版，第 153 页。

④ 参见 [意] 恩里科·菲利：《实证派犯罪学》，郭建安译，中国政法大学出版社 1987 年版，第 52 页。

⑤ 翟中东：《西方矫正制度的新发展（二）——矫正需要评估和矫正项目实施》，载《犯罪与改造研究》2010 年第 10 期，第 52 页。

心理学或者精神病学专家辅助的权利，以及其他按照未成年人身心发展特征应当具备的基本权利，这体现了专门矫治教育的科学性、公正性，体现了对触法未成年人的平等对待与尊重，也是提高专门矫治教育的效率、提高触法未成年人参与积极性的前提，是实现人格矫治以及复归社会的保障。

二、未成年人可塑性人格理论谱系

人格刑法理论为专门矫治教育制度中将人格作为矫治对象提供了理论支撑。接下来就人格相关理论以及未成年人可塑性人格展开阐释。应当说专门矫治教育框架下讨论的未成年人人格包含了人格的一般特征，也具有犯罪人格的不良人格特征。

（一）人格概说

1. "人格"的概念及外延。"人格"（personality）来自拉丁文中的"面具"（persona），是戏剧演员扮演角色的象征。将面具一词作为人格引申，说明人格是每个人在人生舞台上所扮演的角色，表现出的与他人不同的精神面貌。[①] 目前，对于人格尚未形成一个统一的定义，人格心理学家 G. W. 奥尔波特认为，人格的定义众多。米谢尔所提出的说法得到众多心理学家的同意：人格是个人心理特征的统一，这些特征决定人的外显行为与内隐行为，这些行为与他人之间存在稳定的差异。[②] 黄希庭认为，人格是个人行为的内部倾向，在个体适应环境过程中，是能力、情绪、需求、动机、兴趣、态度、价值观、气质、性格及体质各方面的整合，是具有动力一致性与连续性的自我，是个体在社会化过程中形成的特色身心组

①　参见陈仲庚、甘怡群：《人格心理学概要》，时代文化出版公司 1993 年版，第 1 页。

②　参见孟昭兰：《普通心理学》，北京大学出版社 1997 年版，第 474、475 页。

织。① 翟中东认为，人格的整体性主要体现为揭示人的心理性、社会性与生物性。② 在诸多人格定义中，我国台湾地区心理学家杨国枢教授对人格定义得较为完整与综合：人格是个体与生活环境互相作用过程中逐渐形成的独特身心组织。这个变动缓慢的组织在适应环境过程中，在兴趣、态度、价值观、气质等诸多方面出现了不同之处。③

　　概言之，人格是个体所具有的一系列动态的、有组织的特征，这些特征对个体在不同情境下的认知、动机和行为有着独特的影响。学者有时将人格看作心理构造（psychological construct）的一种复杂而抽象的概念，包含个体独特遗传背景、成长经历等因素如何影响个体在不同情境中的反应。④ 因此，对人格的研究，首先应当对其独特的生物倾向和社会文化的学习经验等结合的个体差异进行科学分析，弗洛伊德提出的人格结构（见图3）为了解个人提供了思路，分析人格的各个部分是如何产生和在动力学上是如何互相作用影响行为的，有效地根据未成年人的不同人格实现矫治。未成年人经历的几个关键时期：与生俱来的无意识行动——本我，产生了不安和寻求满足的行为。经过学习的过程，了解如何与环境互动，形成自我。该阶段的未成年人如果能够得到正确引导，就会发展出符合社会期待的行为——超我。弗洛伊德把超我分为自我理想和良知。本我、自我、超我之间存在着动态和交互的关系。在社会

---

①　参见黄希庭：《人格心理学》，台湾东华书局1998年版，第8页。

②　参见翟中东：《刑法中的人格问题研究》，中国法制出版社2003年版，第3页。

③　参见陈仲庚、张雨新：《人格心理学》，辽宁人民出版社1986年版，第48-49页。

④　参见［美］Richard M. Ryckman：《人格理论（第八版）》，高峰强等译，陕西师范大学出版社2005年版，第21页。

化的过程中，如果本我、自我和超我之间不协调，偏差行为随即而来。① 尽管超我具有积极作用，能够阻止个体公开地表达原始冲动，鼓励公民成为一个对社会有价值的人，但它也有消极的一面，如未成年人在成长过程中接受了消极打压教育，形成自卑的自我否定心理，为了释放这种压力，成长过程中可能实施触犯法律底线的行为。

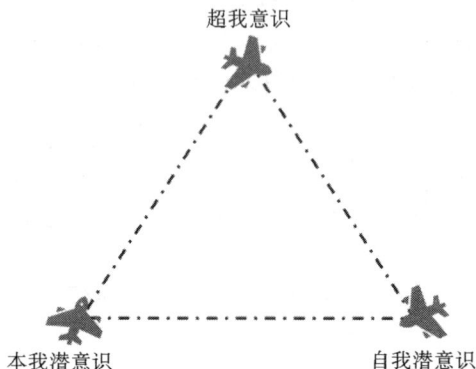

图3　人格结构图

2. 人格的发展规律。在专门矫治教育中对人格进行矫治或再造，应当了解人格的发展趋势，前述已经对人格的构成要素进行了分析，接下来从心理发展的理论中寻找人格发展要素。在弗洛伊德的理论中，人格发展理论可以说是建立在生物学的基础上，是一系列必然出现的阶段：一是婴儿期。婴儿几乎都是由本我驱使，不能将自己和环境区分开来，婴儿受到生物冲动的控制，基本上都是自私的。因此，父母的抚育方式对婴儿后天是否会经历人格困难具有关键作用。二是2-3岁儿童期。这个阶段自我正从本我中逐渐分化出来，儿童开始要求独立。这种独立并不是指作出某种理性的决

① 参见蔡汉贤、李明政：《社会福利新论》，松慧出版社2004年版，第215页。

定，甚至考虑冲突的根本并形成合理的结论，而是一种消极的独立。在这种独立中，无论父母提出何种要求都会被儿童抵制。三是4-5岁儿童期。这个阶段儿童开始接受父母的价值观和趋向社会的态度。四是6周岁至青春期，处于潜伏期。弗洛伊德认为，个体的特有行为方式在人生前5年中已经确立，这个阶段的个体属于间接性发展的停滞期。五是青春期。该阶段的未成年人又处于不稳定期，如果个体早期没有受到创伤性经历，可能获得充分的适应。① 荣格理论认为个体发展是一个动态的、进化的过程，这个过程贯穿个体的生命全程，在他看来，行为不仅由过去的经历决定，还由未来的目标决定。② 凯利理论认为人们对环境作出反应并非是为了获取快乐或避免痛苦，而是积极地寻找提高预测的准确性，并且他还提出了周视—先取—控制（C-P-C）循环过程模型。③ 马斯洛提出了人格发展阶段理论，认为阶段出现与否在很大程度上依赖环境。④ 班杜拉理论认为社会认知经验对行为发展与矫正具有举足轻重的作用。埃里克森的自我心理学理论从毕生的角度解释人格的阶段性发展，强调人格发展过程中的心理、社会和历史文化因素（见表1）。⑤ 概言之，人格理论具有很强的科学性，主要用于以下几个理论与研究领域：一是关注生物性因素对人的发展与行为的特殊影响；二是将多元文化观点与人格理论、研究和矫治相结合；三

① 参见［美］Richard M. Ryckman：《人格理论（第八版）》，高峰强等译，陕西师范大学出版社2005年版，第27页。

② 参见［美］Richard M. Ryckman：《人格理论（第八版）》，高峰强等译，陕西师范大学出版社2005年版，第54页。

③ 参见［美］Richard M. Ryckman：《人格理论（第八版）》，高峰强等译，陕西师范大学出版社2005年版，第216页。

④ 参见［美］Richard M. Ryckman：《人格理论（第八版）》，高峰强等译，陕西师范大学出版社2005年版，第239页。

⑤ 参见谷传华等：《人格研究方法》，上海教育出版社2021年版，第251页。

是运用个人目标的概念，组织、描述和解释个体在认知、情感、行为方面的差异；四是积极心理学的出现有助于理解人类积极行为，识别个体更容易出现积极行为的条件。

表1　心理社会发展阶段模型

年龄阶段	心理性欲阶段	心理社会阶段	危机（机遇—危机）	积极品质	消极品质
0-2岁	肛门期	婴儿期	信任—不信任	希望	分离
2-4岁	口唇期	童年早期	自主—羞怯、怀疑	意志	强迫行为
4-6岁	性器期	童年中期	主动—内疚	目标	抑制
6-12岁	潜伏期	童年晚期	勤奋—自卑	能力	惰性
12-18岁	生殖期	青年早期	群体认同—疏远	合群	孤立
18-22岁		青年期	自我认同—角色混乱	忠诚	混乱

另外，在人的一生中人格变化具有不均衡的特征：人格框架形成之前，人格容易受到环境影响，变化较快；人格框架一旦形成，人格不易受到环境影响，变化相对就慢。美国心理学家阿尔伯特认为人基本上在成年后才会形成稳定的人格（见图4）。[①] 他认为，人格框架在成年时期已经形成，此种观点与未成年人可塑性强理论一致。可见，未成年时期是人格发展与变化最快的时期。一个人的未成年时期的发展对其人格有着深远影响。[②]

3. 人格的系统性与差异性。就个体而言，人格是一个有机整体，是一个系统。"人格是交互结合的行为系统的动力组织"；"人

---

① 参见翟中东：《刑法中的人格问题研究》，中国法制出版社2003年版，第11页。

② 参见翟中东：《刑法中的人格问题研究》，中国法制出版社2003年版，第11页。

格是个人经过社会化得到的整体"；"人格是个人根据遗传和环境决定的实际行为模式和潜在行为模式的综合"①。可见，人格的形成和发展过程不是相互孤立、呈现杂乱无章的状态，而是由互相联系、互相依存的各个要素有机构成的系统性整体，即人格并非各种特质的偶然集合，而是整体性的系统。

从个体与个体之间的人格角度进行研究，人格又有差异性，这是由人格的结构性和层次性决定的。在系统理论中，各种系统具有严格的组织结构，在这个组织结构中，每个组成要素的排列被认为是分层次和规则的。人格也是这样的系统，构成人格的各个要素，即人格要素总是由严格的等级组织而成，在一定层次上都有自己的地位与作用，② 人格的结构和层次不同也决定了人格与人格之间具有差异性。

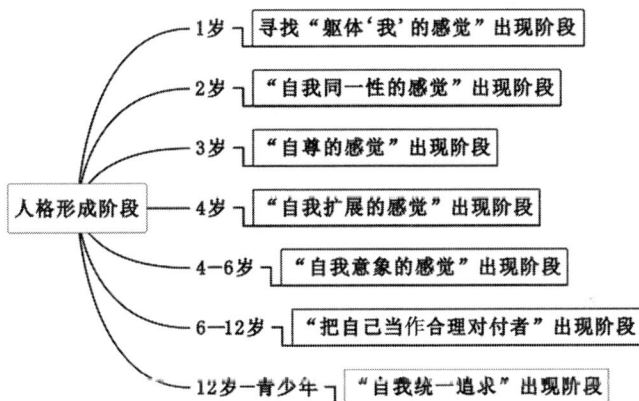

图 4　人格形成阶段

（二）犯罪人格理论

根据我国学者的超法规的犯罪人概念，触犯刑法规范，实施一

---

① 陈仲庚、张雨新：《人格心理学》，辽宁人民出版社 1986 年版，第 47 页。
② 陈仲庚、张雨新：《人格心理学》，辽宁人民出版社 1986 年版，第 48 页。

般违法或其他越轨行为的都是犯罪人。因此，在实施了不良或反社会行为的情况下，不论行为人是否触犯了刑法、是否具备刑事责任能力、是否应受刑罚处罚、是否已经审判而受处罚，皆被称为犯罪人。但这种广义的定义并非是对犯罪圈的扩大，而仅仅表现在对犯罪人概念的外延进行了文字上的扩大。① 即"犯罪人格"并非仅指违反刑法规范话语下的人格缺陷，只要是实施了反社会行为都属于"犯罪人格"。

即使在专门矫治教育领域适用"犯罪人格"存在标签化风险，但这并不能阻碍"犯罪人格"理论对未成年人人格矫治的启发。甚言之，此处所指的"犯罪人格"可以被广义地解读为一种反社会的人格。

何谓犯罪人格？陈士涵认为，作为一个行为者在与环境互相作用的过程中形成的独特的身心组织，这个身心组织在适应社会环境时，在动机、态度、兴趣、价值观、思维方式、情感表达、行为方式、道德感、生理等方面严重脱离普通人，具有明显的反社会倾向。② 陈兴良教授认为，犯罪人格也被称为犯罪个性，是严重的反社会人格，是在生物和社会因素制约下稳定的心理结构，对犯罪行为具有源发性。③ 也有学者认为，犯罪人格也称犯罪个性，是一种严重的反社会人格。④

刑事实证学派在关注行为背后的行为人时提出了"危险人格"，搭建起了行为人与矫治理论之间的桥梁。⑤ 龙勃罗梭提出了

---

① 参见张文、刘艳红、甘怡群：《人格刑法导论》，法律出版社 2005 年版，第 86 页。
② 参见陈士涵：《人格改造论》，学林出版社 2012 年版，第 127 页。
③ 参见陈兴良：《刑法的人性基础》，中国方正出版社 1996 年版，第 330 页。
④ 参见罗大华：《法治心理学词典》，群众出版社 1989 年版，第 81 页。
⑤ 参见韩啸：《意大利实证学派罪犯矫正理论研究》，中国法制出版社 2019 年版，第 45 页。

"生来犯罪人论"，他认为犯罪人是出生在文明时代的野蛮人，他们的生物特征决定了其从出生之时已经具备原始野蛮人的心理、行为特征。这些人实施的行为必然不符合文明社会的传统、习惯以及规范。① 菲利认为，个体实施行为是人格与环境交互之后的结果，是环境驱使他们实施此种作为。一个人要形成缺陷人格，必须永久或暂时地具有一种身体特殊性和道德状态，并生活在某种环境之下。② 教育刑论的代表人物李斯特认为，人实施犯罪行为的根本原因在于人格缺陷和不良社会环境，对犯罪人执行刑罚的过程必须像治病一样除去病根，使缺陷人格经过矫治成为良好的人格。③

可见，触法行为是具备犯罪人格的犯罪人将这种犯罪人格表征于外，并采取积极行动付诸实施的行为样态。由于触法行为所具有的社会属性以及社会环境决定性，行为也必然要与犯罪人的人格放在一起探讨。④ 在专门矫治教育中，不良人格（犯罪人格）作为衡量和评判触法未成年人的理论前提，对其所实施的行为进行价值评价，以及配置相应的矫治处遇措施，存在一个合理、科学、整体和系统的逻辑关系。

此外，犯罪人格与常人的人格既有对立的一面，又存在同一性。即犯罪人格既包括一般人格，也包括自身特有的人格特征。就大多数触法未成年人而言，其人格的一些方面比普通人具有更为深刻的缺陷，有些方面与普通人无异。因此，人格是具有二重性的矛盾体，这也揭示了专门矫治教育过程是一种辩证的否定而非单纯的否定："将新旧事物实现联系，新事物诞生且生长于旧事物的母腹

---

① 参见［意］切萨雷·龙勃罗梭:《犯罪人论》，黄风译，中国法制出版社 2000 年版，第 3 页。

② 参见周光权:《刑法学的向度》，中国政法大学出版社 2004 年版，第 47 页。

③ 参见陈士涵:《人格改造论》，学林出版社 2012 年版，第 126 页。

④ 参见韩啸:《意大利实证学派罪犯矫正理论研究》，中国法制出版社 2019 年版，第 203-204 页。

中；新事物取其精华去其糟粕，吸取、保留与更新旧事物中的积极要素作为生存和发展的基础。作为发展环节和联系环节之统一的辩证否定，用黑格尔的话说就是'扬弃'，既克服又保留。保留是发展的历史延续与发展中的连续性。克服是发展中连续性的中断，是发展中的非连续性。辩证的否定就是连续性和非连续性的对立统一，是包含着肯定因素的否定。"①

（三）未成年人可塑性人格

通过上述对人格理论以及犯罪人格理论的介绍，我们了解到人格是在与社会交互过程中逐渐形成的一个复杂的概念，犯罪人格是在形成过程中受到不良因素的影响，出现人格瑕疵（见图5）。专门矫治教育语境下讨论的人格矫治，既包含了人格的一般性特征，即未成年人人格具有不稳定性、可塑性强、过渡性的临时性特征，同时也具有犯罪人格的不良人格特征。

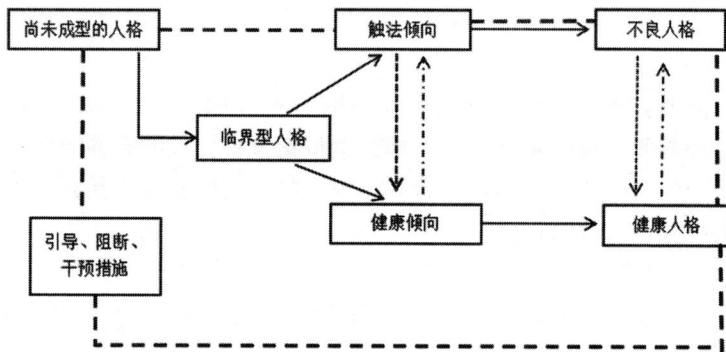

图5　未成年人人格"可塑性"与"可矫治性"的关系

根据埃里克森的人格发展阶段理论，人格发展可以分为八个阶段，其中前四个阶段为儿童阶段（0-12周岁），第五个阶段为少

① 李秀林等主编：《辩证唯物主义和历史唯物主义原理》，中国人民大学出版社1984年版，第153页。

年阶段（12-18 周岁）。研究表明，男孩 13 周岁、女孩 11 周岁进入青春期后，正式开始形成社会自我的历程，在这个过程中心理上会呈现出自我认知与社会环境不断适应与整合矛盾的"自我统合"状态。于是，在此阶段防止内部心理状态与外部环境出现不稳定和不协调的"统治危机"成为主要任务。① 处于这一阶段的未成年人具有心理上的不稳定性，人格特质方面处于过渡期，具有临时性的特征，更加有利于矫治教育的贯彻落实。应当说一个人可塑性越大，其人格可改造的可能性也越大。因此，触法未成年人的可塑性在违法群体中是最大的，人格得到改造的可能性也最大。② 正如林崇德教授所言，未成年人人格中的气质具有可塑性，可以根据教育和社会的要求，依据未成年人的气质类型特征，发展和培养积极的一面，克服消极的一面，使各类气质类型的未成年人成为品学兼优的人才。③

未成年人可塑性人格特征主要表现在以下几个方面：一是不稳定性。青春期的未成年人正处于自我意识不断发展的年龄，在情感上开始意识到作为一个独立个体从原始家庭分离出来后，改变原来单纯从属关系结构的痛苦。觉醒的个体意识对社会评价和社会荣誉不断地关注和认识，随着自尊心不断增强、思维能力不断提升，原本就处于建立初期的人生观和价值观如在外部不良环境影响下很容易因为意志薄弱、辨别能力差等原因走上违法犯罪的道路。二是过渡性。未成年阶段是人的一生一个重要的组成部分，具有承上启下的作用，连接了儿童阶段与成年阶段，是意识觉醒、人格开始独立以及人生观、价值观逐渐形成的一个阶段。在这个人生的转折点，

---

① 参见张桂荣、宋立卿：《违法犯罪未成年人矫治制度研究》，群众出版社 2007 年版，第 62 页。

② 参加陈士涵：《人格改造论》，学林出版社 2012 年版，第 225 页。

③ 参见林崇德：《品德发展心理学》，上海教育出版社 1990 年版，第 254-255 页。

未成年人心理与生理各个方面都面临着重大的转变，心理学研究表明，14-18 周岁的未成年人正处于"心理断乳期"，是人格形成不断完善的过程，也是从家庭走上社会的历程，直至 18 周岁以后，人格才逐渐趋于稳定，从角色混乱逐渐向寻求同舟共济的伙伴建立亲密关系进行转变。三是可塑造性强。作为从家庭附属关系脱离形成独立个体的社会化过程，未成年阶段的人格形成极为关键。[1] 同时，研究未成年人的触法情况，通过归纳总结，可以发现未成年人具有以下心理特征：一是社会责任感淡薄；二是依赖性与独立性相互冲突；三是好奇心强烈与辨别能力低下之间存在冲突；四是强烈的情绪与理智控制较弱之间的冲突；五是理想与现实之间的冲突。[2]

鉴于未成年人可塑性人格的可塑性、不稳定性与过渡性特征，应当制定个别化矫治教育方案，对消极的人格特质采取教育挽救方针，实现人格矫治，尤其要将生命的价值观教育作为人格矫治的第一位。低龄未成年人实施故意杀人、故意伤害致人死亡的案件频发，背后折射出的是未成年人将自己的生命和他人的生命置之度外。黑格尔认为，青春是生命最美好的时间，但这些具有青春活力的未成年人却不知生命的价值，生命观教育在人格矫治中具有重要意义。当然，未成年人的可塑性人格也为生命观教育提供了有利条件，通过教育使其认识和重视生命的价值，以热爱生命为出发点，引导其对人生价值和意义的思考。

三、可塑性人格矫治范式下个别化处遇机制的展开

实现对未成年人可塑性人格的矫治，实施个别化处遇措施是最

---

[1] 参见张桂荣、宋立卿：《违法犯罪未成年人矫治制度研究》，群众出版社 2007 年版，第 62 页。

[2] 参见瞿丰、陆才俊等：《未成年人犯罪研究》，中国人民公安大学出版社 2016 年版，第 16 页。

行之有效也是最基本的。这是触法未成年人的成长经历、行为习惯、个性心理和文化素养等形成差异性人格所提出的必然要求，矫治期间每个触法未成年人都会反映出不同的行为习惯以及心理特征，出现不同的表现方式。根据这些具有差异性的心理特征以及表现方式，制定不同的矫治方案，投入到不同的矫治功能区，做到有的放矢，科学矫治。

将个别化原则运用到矫治中，同时将个案矫治贯穿于触法未成年人身份的全流程在很多国家已经运用于实践中，如日本为达到个别化矫治的目的，实行了周密的分类调查制度，实行不同类型犯罪的不同处遇，从而提高了矫治的科学性。在对触法未成年人给予科学处遇、人道处遇的同时，还应当坚持触法未成年人自食其力的理念。我国也在很大程度上注重个案矫治在实践中的运用，在入所教育、调查分类、个案制定、个案实施、再社会化过程中的教育、社会适应性评估和重新犯罪危险性评估等各个环节始终落实个别化调查与矫治。当下，在可塑性人格矫治范式下，实现个别化专门矫治教育，需要从以下几个方面进行完善。

一是完善个体调查评估机制，通过测验调查、查阅档案和面谈沟通等一系列调查活动，充分掌握未成年人的触法原因、人身危险性、矫治需求等有助于矫治教育的相关内容，为制定个别化矫治方案提供有力依据，为分押、分类和分教做好充分的前提准备。触法未成年人人格形成与其过往经历有关，因此应从触法未成年人的人生经历等诸多因素对其进行考察，以及从其自身的生理条件包括身体状态、年龄、家庭背景、成长环境、家庭关系、家庭收入等一系列因素，寻找真正诱发实施触法行为的因素，找到其早期社会化过程中相关的"阻断"因素，从这些症结出发提出有利于人格矫治和再社会化的方案。①

---

① 参见戴相英主编：《未成年人犯罪与矫止研究》，浙江大学出版社2012年版，第133页。

二是完善个别化矫治方案制定机制。矫治个别化是指受矫治者根据不同的人格特征、成长经历等不同因素而产生不同的矫治需求，根据对触法未成年人的个体调查评估结果，对触法未成年人因人进行矫治方案的制定，最大限度地实现矫治教育所追求的价值目标。[①] 通过具有针对性的个别化的矫治教育措施，将人格危险的发展阻断在人生早期，对防控再犯具有重大意义。完整的矫治方案应当包括触法原因的诊断、矫治内容、矫治要求、对矫治技术的选择、对矫治效果的评价与检测等内容。结合阶段性计划与整个矫治方案，构成完整的"矫治链"，综合并充分地运用管理、教育、劳动和心理咨询等矫治手段。未成年人非刑罚化的认定根基是人格的考察，未成年人处于青春期阶段的特殊性影响了未成年人触法行为的发生。学者的研究表明，个体人格的差异性，如冲动、低智商、低社会认知等因素都会影响犯罪的发生。[②] 未成年人触法行为的发生在通常情况下是一个渐变的过程，即未成年人触法并不是一个偶然性或者突发性行为，而是在触法行为发生之前就经历了一个不被轻易察觉的积累过程。换言之，这是一个持续的使未成年人形成反社会人格的过程，这种人格过渡性和不稳定性特征要求对其不应采取严厉的刑事处罚，而应该因材施教制定个别化的矫治方案。

三是完善个别化矫治方案落实机制。将方案有效地落实是个别化矫治的重要一步。在个别化矫治过程中，科学性和客观性兼备的矫治方案适用不同的矫治对象，在不同的矫治期间和阶段选择与其相适应的矫治方法和内容。同时，注重矫治质量评估结果，适时调整和修正矫治技术项目。个别化矫治应落脚于较强的科学性、系统性，具体落实可先以顽危罪犯、弱智罪犯、违规罪犯、异常罪犯为

① 参见樊凤林主编：《刑罚通论》，中国政法大学出版社 1994 年版，第501 页。

② ［英］麦克·马奎尔、保罗·罗克等：《牛津犯罪学指南》，刘仁文、李瑞生等译，中国人民公安大学出版社 2012 年版，第 464 页。

重点逐渐深化、稳步推进，建立个案矫治案例库，开展优质的矫治个案评比活动，推动个别化矫治水平不断提升。①

个别化处遇机制在专门矫治教育中具有重要意义。矫治教育的目标不可能简单地维系在某个因素之上，更不可能是固定的心理、情感、思维、习惯和思想意识，而是应该从个案的角度进行审时度势的判断。无论是犯罪还是罪犯都具有一定的普遍性，但是个体犯罪尤其是触法未成年人总是呈现出独具意义的人格化问题。应该说个体的复杂性必然导致个体犯罪是千变万化的。虽然矫治教育的起点是对理论的正确选择，但是在实践中最终的落脚点还是解决个体问题。在个体层面上，对接的专门矫治教育的核心内容不仅仅包含了触法的表层以及深层的因素，换言之，这些导致未成年人触法的导火索因素并不具有必然性，还包含了一些偶然性的因素，如偶犯和过失犯。因此，对矫治教育的重点内容既要从犯因性因素进行比较，也要考虑触法未成年人之后适应社会的要素与自身内在发展要素的有效对接，进一步对矫治教育的手段、载体和方法进行相应的权衡调整。

第二节　"可塑性人格+触法行为—评价—处遇措施"相适应原则

根据刑法第 17 条第 5 款规定，"因不满十六周岁不予刑事处罚"而进行专门矫治教育的未成年人，从刑法立法角度来看，未成年人因辨别能力和控制能力不稳定，不具有刑事责任，不处于"罪责刑"相对性评价体系中。但专门矫治教育作为一项刑法制度，其设置本质上已经体现了刑法对触法未成年人的评价，以及要求该群体需要承担相应的责任。本书提出"可塑性人格+触法行

---

① 戴相英主编：《未成年人犯罪与矫正研究》，浙江大学出版社 2012 年版，第 134 页。

为—评价—处遇措施"相适应原则指导专门矫治教育建构全过程，旨在刑罚体系之外建立一个能够实现人权保障与社会防卫双重目标的特殊处遇体系。

"可塑性人格+触法行为—评价—处遇措施"三元素组成了一个相对稳定的系统，在这个系统中三元素拥有相对确定的外延与内涵，并在此前提下达到"相适应"的关系。

一、"可塑性人格+触法行为"二元评价机制形成机理

"可塑性人格+触法行为"二元评价机制符合我国刑法发展思潮，是对张文教授所主张的"以客观行为为前提，以犯罪人格主观性质的事物为补充，形成客观的危险社会行为+主观犯罪人格这种二元的定罪量刑机制"[1]的借鉴，即在评价未成年人所实施行为的过程中充分考察其不良人格以及触法行为，通过价值评价之后，适用相匹配的处遇措施。

龙勃罗梭对个体生物性与病理性的犯罪原因展开深入考证，并在此基础上提出了与刑事古典学派的报应、威慑观点截然不同的防卫与矫正相结合的刑罚观念。龙勃罗梭认为，预防犯罪的发生不应仅靠威慑，还应当通过剥夺罪犯的再犯能力，并对其进行社会学、生物学等综合性的矫正，以达到社会公共秩序免受罪犯侵害的目的。

菲利将研究目光投向了导致犯罪更为深层的社会原因上，并提出了社会防卫的全新理念。菲利为了认清犯罪的原因，从"犯罪的原始成因"入手，进行"数据的整理与分析"。他认为，对犯罪人进行科学合理的分类，这种分类的标准应当既有社会学意义，又兼具刑事法律理论的要求。依据不同类型的罪犯，再进一步深刻剖析每种类型罪犯从事犯罪的根本原因，并依据这些情况迥异的犯罪

---

① 张文、刘艳红、甘怡群：《人格刑法导论》，法律出版社 2005 年版，第 67 页。

原因采取不同的刑罚制裁措施。

加罗法洛的理论更加侧重如何改革刑事司法的运行机制，试图将"犯罪人的危险性"理念引入刑事司法流程中，认为矫正犯罪是矫正危险犯罪人格，恢复犯罪人的善良本质，消除犯罪人的人身危险性与再犯可能性，最终达到行之有效的社会防卫，搭建起犯罪人与罪犯矫正理念之间的桥梁。以"危险人格"作为衡量与评价犯罪人的理论前提，对罪犯进行审判、定罪量刑以及配置相应的矫正处遇制度，如果"危险"范围和程度较轻，那么就适用较轻的处遇措施。

李斯特在关注犯罪人与犯罪原因的理论研究上，认为无论研究路径如何变化，都是一方面关注犯罪人个体，另一方面关注社会现象的变化。同时，他还提出"整体刑法学"理论，将犯罪现象作为一个社会——病理学现象，它是由一定数量的犯罪人个体的犯罪行为所组成，并大力发展"特殊预防"性质的犯罪矫正措施。

大塚仁教授作为人格刑法思想集大成者，认为定罪依然实行的是单一的行为中心论，人格在此处的作用仅是作为犯罪构成要件的说明，符合犯罪构成的行为是体现行为人人格的行为。换言之，大塚仁的人格刑法如同新派一样，揭示了行为背后所隐藏的东西——人格，并没有让隐藏在行为之后的行为人浮现出来，发挥其在定罪方面的功能。[1] 大塚仁教授的人格刑法学较为保守、含蓄，而张文、刘艳红教授的人格刑法学相对较为激进、张扬。[2]

张义、刘艳红教授的人格刑法理论虽然没有否认大塚仁教授的人格刑法思想，但是革新了大塚仁教授并非将人格与行为并列定罪的独立要件的观点，把行为刑法和行为人刑法结合起来继续发展。

---

① 陈兴良：《人格刑法学：以犯罪论体系为视角的分析》，载《法学论坛》2009 年第 6 期，第 23 页。

② 陈兴良：《人格刑法学：以犯罪论体系为视角的分析》，载《法学论坛》2009 年第 6 期，第 23 页。

具体表现为，以客观行为为前提，以犯罪人格这一主观性质的事物为补充，形成客观的"犯罪人格+危害社会行为"二元定罪量刑机制。①

本书从张文教授的人格刑法理论视角寻找专门矫治教育原则的生成逻辑，人格刑法引领我们从不同的视角理解犯罪学、刑法学、社会学和生物学、人类学理论，通过搭建桥梁的方式将各个学科汇集在一起，共同为专门矫治教育原则的创新提供指引：以未成年人为本位所采取的人格刑法理论是张文、刘艳红教授所提倡的符合我国刑法发展方向的理论，采取"犯罪人格+危害社会行为"的二元机制，根据未成年人人格与行为特征，形成"可塑性人格+触法行为"二元评价机制，即对触法未成年人进行价值评价过程中，行为人与行为同时作为评价的要素，并根据评价适用相匹配的处遇措施。

"可塑性人格+触法行为"二元评价体系突出了未成年人人格与行为的特殊性。因此，在专门矫治教育理念建构中要明确未成年人司法与未成年人刑事司法之间的区别。没有人是真正的天生犯罪者，人们之所以会选择犯罪，是由于在成长过程中出现社会化缺陷，这种缺陷是由错误的社会化和不完全的社会化所造成的。② 社会化作为生物性的人获得各种社会属性，是从生物人向社会人转化的过程，本质是在特定物质生活条件下，通过与周围宏观和微观的环境实现学习和作用，获得适应社会生存所需的技能、知识、规范、准则、价值观念以及行为方式等。同时，处于不同年龄段的未成年人的主观能动性也存在差异。研究表明，儿童和少年以不自觉的、被动的和潜移默化的社会化方式为主，人们在青年以后的时期

① 参见张文、刘艳红、甘怡群：《人格刑法导论》，法律出版社 2005 年版，第 67 页。

② 参见罗大华主编：《犯罪心理学》，中国政法大学出版社 1997 年版，第 112 页。

就以有意识和自觉的方式占据主导地位。① 根据未成年人成长规律，应当在评价中将未成年人的特殊性因素充分考虑在内。

二、触法未成年人"评价"价值体系的特殊性

按照大陆法系三阶层理论体系，在构成要件该当性层面，刑法当然可以评价 16 周岁或 12 周岁以下未成年人的行为。但按照目前刑法规定，11 周岁的未成年人即便实施了杀人行为，也因没有"犯罪能力"或因刑事政策原因不处罚，这就出现了责任能力的真空地带，而用政策学解释会冲散教义学的体系性。显然，11 周岁的未成年人的行为要受到刑法评价并承担法律责任——专门矫治教育，因为他具有"行为能力"。② 换言之，未成年人与成年人的行为能力可能无异，只是受刑能力低下或没有：即便未成年人具备刑罚正当性所必需的认识能力和社会控制能力，其身心的不成熟特征理应被作为一种罪责减轻情节。③ 因此，触法未成年人作为刑法评价主体，由于受刑能力低，在责任形式上采取矫治教育处遇措施。本书认为，触法未成年人应当接受何种"评价"，应当从触法未成年人的特殊性进行探讨。

（一）行为人与行为二元化"评价"体系

专门矫治教育制度中的"评价"应当形成行为人与行为二元化评价体系。根据张文教授主张的人格刑法理论，应当在定罪量刑行刑各个环节加入人格因素，在刑法中凸显"行为人"的根据与表现。"预防性的措施，对未成年人远比成年人具有明显的减少犯

---

① 参见高汉声主编：《犯罪心理学》，南京大学出版社 1993 年版，第 94 页。

② 参见高艳东：《未成年人责任年龄降低论：刑事责任能力两分说》，载《西南政法大学学报》2020 年第 4 期，第 52 页。

③ 参见［美］富兰克林·E. 齐姆林：《美国少年司法》，高维俭译，中国人民公安大学出版社 2010 年版，第 65 页。

罪效果。但是，我们必须用对已经犯了罪或者可能犯罪的未成年人的心理和生理治疗来替代符合刑法典要求的责任分级。"[1] 根据菲利的观点，对于触法未成年人的预防与矫治，并不是基于刑法规范的责任分级，而是未成年人自身特有的生理与心理差异性，即在"评价"过程中，将行为与行为人作为共同的评价因素。具体体现在以下几个方面：一是与触法的严重性相称。同时与行为情节、行为性质以及社会危害性相称，与动机和目的以及影响未成年人触法行为的各种社会不良因素相称。二是与触法未成年人的年龄相称，与触法未成年人品行优劣、悔改表现以及触法未成年人的生活环境相称。三是与社会的需求相称。无论是我国的传统法律文化还是现代的宪法、刑法、刑事诉讼法、预防未成年人犯罪法以及未成年人保护法，都秉持着未成年人福利主义刑事政策，但从社会防卫角度出发，我国的法律同时也规定了要保卫我国社会主义制度，保护国家、集体以及公民的合法权益不受侵害，保障社会主义建设事业能够顺利进行。这就要求对未成年人采取双向保护基本思路和价值取向。在"评价"中将屡次实施触法行为等具有严重社会危害性因素考虑在内。

（二）"评价"与触法未成年人意志自由、控制能力、辨别能力相匹配

专门矫治教育制度中的"评价"尺度应当与触法未成年人意志自由的程度相匹配，与其控制能力、辨别能力相匹配。未成年人成长是主观能动性逐步提高、意志自由度逐步增大的过程。法律是社会化的产物，通过规定一定的行为规范引导国民选择自己的行为。人们之所以会触犯法律，可能是因为受到成长环境、社会因素、生活经历等客观条件的影响。在刑法层面，这些因素应当由自己负责制约。从保护刑法法益目的的角度出发，这些客观性或主观

---

[1] ［意］恩里科·菲利：《犯罪社会学》，郭建安译，中国人民公安大学出版社 2004 年版，第 319 页。

性的制约因素都不能成为否定个体意志自由的因素。但是，这是针对一个具有完全辨别能力和控制能力的"理性"成年人而言，而未成年人的主观能动性需要经历一个从有到无的过程，这是触法未成年人"评价"特殊性与复杂性的原因之一，在考察"评价"因素过程中，需要考虑更多的变量。

（三）将道义作为"评价"价值体系组成之一

我国刑法建立在以"道德·行政"为堤坝的基础上。这是中国传统文化重礼治轻法治的思想反映。新中国成立后，道德观念被注入社会主义思想。① 因此，专门矫治教育制度的"评价"依据应将道德作为重要考量因素。日本刑法学家小野清一郎的刑法思想的最大特色在于将法的本质理解为道义，他将犯罪理解为违反国家道义、国民道义的行为。他认为，违反法律是违反道义的行为，"法是行为人伦事理的伦理，是国家政治实践中的伦理的自觉形态"。"法的本质为道义"②。日本刑法学家不破武夫认为，称道义者，为社会生活中人们应当遵循的道理，可谓是从国民的信念中产生的生活条理。③ 应当说将伦理道德判断引入刑法学之中，并非否定刑法百余年发展的成就，而是将刑法学的正当性判断建立在伦理道德秩序之上。④ 将人格引入专门矫治教育制度，有助于搭建法律与道德的桥梁，使道德的评价填补法律责难的空白，从而通过道德维护社会安全秩序。鉴于此，在专门矫治教育制度框架之下，使处遇措施

---

① 储槐植：《刑事一体化与关系刑法论》，北京大学出版社 1997 年版，第 297 页。

② ［日］团藤重光：《小野清一郎先生之人与学问》，载《法学家》1986 年第 6 期，第 63 页。

③ 参见冯军：《刑事责任理论评述》，载《法学家》1993 年第 4 期，第 46 页。

④ 参见时延安：《刑法的伦理道德基础》，载《中国刑事法杂志》2019年第 3 期，第 45 页。

成为维护伦理道德的方式不可谓不当，主要原因如下：

首先，将道义的伦理道德规范作为"评价"价值体系重要组成之一，能够很好地解决未成年人成长过程中存在的社会化与规范制约性之间博弈的问题。未成年人身心发展要经历一个较长的时间跨度，因此未成年人社会化过程与责任能力之间并非线性的关系，虽然在专门矫治教育过程中对触法未成年人的评价应当考虑年龄因素，但并非年龄的增长必然导致责任能力逐步增强。更有甚之，由于未成年人成长规律的特征性，处于青春期的未成年人受到文化教育、成长环境等因素影响，自我意识觉醒呈现井喷式状态。处于该阶段的未成年人具有一定的规范意识，但辨别和控制能力都不稳定，导致规范控制处于弱势地位。因此，在漫长和复杂的社会化过程中，规范制约性与社会化始终存在一个博弈关系。法律规范往往非常明确，适用状态是一一对应的关系，理解法律规范需要一定的知识储备，达到相当的认知水平。而伦理道德的适用空间更具弹性，一条被认可的伦理道德规范可能会被适用于多个法律规范。在很多情况下，一条道德规范也可以被转化为政治规范、宗教规范等。虽然道德规范与法律规范之间存在许多连结点与共性，但是显然基于社会文化基础与普遍价值观，未成年人对道德规范更早也更容易具有规范意识，这就形成了规范制约性与社会化博弈之间的缓冲地带。

其次，任何制度都是在借鉴历史与现实经验背景下建立起来的，法律必须和社会生活、文化观念相适应。我国深受传统法律文化影响，即使现代司法制度建设具有西方不同国家法律文化东拼西凑的身影，但在表层制度之下，真正血脉相承的运作逻辑仍旧遵循着我国法律文化和政治文化。[1] 尤其是作为国家与家庭未来与希望的未成年人，如果对其行为的评价脱离伦理道德因素，既不符合社

---

[1] 沈颖尹：《关于〈刑法〉第十七条的审思与完善——以〈刑法修正案（十一）〉为视角》，载《北方法学》2021 年第 3 期，第 152 页。

会的期待，也会在处遇措施适用中因缺乏道德思维矫治而出现漏洞。因此，建议对"故意杀害直系血亲尊亲属者"等严重违背伦理道德以及屡次实施触法行为具有顽固道德瑕疵的未成年人施以更为严厉的处遇措施，这不仅能够保障社会安全，也与我国传统法律文化思维相契合。

（四）"评价"应兼顾刑法理论与刑事政策

专门矫治教育制度中的"评价"应当兼顾刑法理论与刑事政策。按照刑法教义学的罪刑均衡要求，刑法成为一种该当性的话语：触法行为所导致损害是衡量其严重程度以及应受惩罚的量的重要标准；但是按照未成年人刑事政策，世界各国倡导对其进行特殊性保护。这就导致在针对触法未成年人的处置上各界长期存在争议：对这些犯罪圈以外的触法未成年人，选择进行特殊性保护而牺牲部分社会防卫，让社区、学校接纳可能潜在的风险。导致这种争议的原因在于触法未成年人不具有刑法意义上的责任。因此，对触法未成年人的"评价"不能仅从刑法理论中寻找根据，而应当从更宽广、灵活性更强的刑事政策中找到合理的依据。从法律学科发展史角度来看，法律与道德属于两个不同的范畴但又密切联系的概念，两者既不能被完全混同，也不能彻底分开。虽然根据纯粹的刑法教义学的主张，将伦理道德引入刑法规范之中是无法接受的，但有的学者已经对刑法教义学总是试图在一个相对封闭的体系中寻找解决问题的方式提出质疑。[1] 此外，在未成年人福利主义与社会防卫价值选择过程中，刑法教义学与刑事政策本身就存在逻辑上的差异，刑事政策一再强调未成年人福利主义，已经对刑法教义学产生了冲击。因此，在兼顾社会防卫与未成年人福利主义双向保护价值选择需求下，在"评价"中融合刑法教义学与刑事政策存在正当性与必要性。

---

[1]　参见时延安：《刑法的伦理道德基础》，载《中国刑事法杂志》2019年第 3 期，第 45 页。

三、处遇措施与"评价"相适应

触法未成年人在不同的年龄段是主观能动性不断提升、逐渐克服人类社会共同制约性因素的过程。由于触法未成年人控制和辨别能力随着年龄不断提升,是一个逐渐摆脱本能控制和接受社会培养的过程。换言之,即便是未达到刑事责任年龄的触法未成年人,如果其认知水平与行为能力足以被视作一种"理性的存在",那么从对理性人的尊重角度出发,对触法未成年人的处遇措施必须是他应得的制约,即触法未成年人是基于自己的意志自由选择了触法行为,处遇措施作为对其行为的清算具有正当性。应当说处遇措施与"评价"相适应,体现了专门矫治教育制度分别针对不同的触法未成年人设置了轻重有别的处遇幅度和区别对待的原则,能够灵活地应对实践中复杂的问题。

第一,两者相适体现了宽严相济的刑事政策。宽严相济使专门矫治教育的威慑教育作用得以发挥,达到提高矫治效率与降低再犯的目标。在专门矫治教育中的具体体现为根据综合评估报告,对具有顽固不良人格或人格缺陷较为突出的未成年人施以更为严厉的处遇措施,如机构化矫治教育,根据具体情况适当延长矫治期限。刑法直截了当地确定某一时间作为个人获得一系列成人权利和责任的成年年龄,这种做法可以被理解为一种粗略的法律规定。运用一条法律规定指明未成年与成年的界限,确实提高了可操作性,却也忽略了个体成熟发育的差异性,忽视了可能担当的种种职责所需要的成熟程度会有所不同。① 在专门矫治教育中,突破僵化的逻辑同样重要,处遇措施与"评价"相适应正是根据具体的综合性评估报告对个体成熟发育差异性进行鉴别的具体体现。

第二,两者相适应有助于保障触法未成年人的基本人权。虽然

① 参见[美]玛格丽特·K.罗森海姆、富兰克林·E.齐姆林等主编:《少年司法的一个世纪》,高维俭译,商务印书馆2008年版,第133页。

专门矫治教育始终贯彻"教育为主，惩罚为辅"的方针，对触法未成年人贯彻特殊保护理念，但该制度在一定意义上具有强制性与干预性，尤其是机构化矫治教育，实则对未成年人的人身自由进行长期或短期的限制。处遇措施与"评价"相适应，能够从触法未成年人实际情况出发，制定具有针对性的个别化处遇方案，杜绝"一罚了之，一关了之"的情况发生，如对实施故意伤害行为的 10 周岁王某进行"评价"，将其控制能力、辨别能力作为"评价"过程中的考量因素，对其实施半机构化的处遇措施，并增加具有针对性的心理辅导、文化课程等。

概言之，通过对触法未成年人的行为进行综合性"评价"，制定个别化矫治方案，适用具有针对性的处遇措施是公平公正、保障未成年人基本人权、宽严相济政策的具体体现。

第三节　双向保护原则：责任与福利的价值博弈

虽然我国未成年人犯罪相关立法历史悠久，甚至与整个刑事立法基本同步，但未成年人立法始终处于附属性立法地位，即比照成年人犯罪从轻、减轻或者免除处罚。现代刑事司法追求的两人目标——打击犯罪与保障人权，打击犯罪是社会防卫，保障人权是保护未成年人的权益。未成年人实施触法行为的社会危害性有时比成年人更甚。因此，在专门矫治教育制度框架下进行价值选择，应当同时兼顾社会防卫与未成年人福利主义，既通过矫治措施实现降低再犯率、保障社会安全的目标，又始终将未成年人福利主义的刑事政策以及"宜教不宜罚"的基本观点贯穿于整个制度建构中。

一、双向保护的困境：责任主义与福利主义的逻辑差异

面对未成年人这一特殊群体，学界长期存在两种声音：坚持刑法教义学罪刑均衡原则或是贯彻未成年人福利主义理念。按照刑法教义学罪刑均衡理论，触法行为所导致的损害是衡量其严重程度以

及应受惩罚的量的重要标准；但按照未成年人刑事政策，世界各国倡导的未成年人福利主义强调对未成年人进行特殊性保护。

（一）刑法教义学的罪刑均衡：以社会防卫为目标的责任主义

按照罪刑均衡原则要求，刑法必须对既成行为的严重程度进行评价，从而得出责任刑的大小。但对于不负刑事责任的未成年人而言，这种考察似乎失去了意义，这是基于预防刑的考虑。与责任刑相比较，预防刑遵循"向后看"的刑罚理念，量刑与否、严重与否都取决于行为人的再犯可能性和人身危险性。正是基于预防的目的，立法者认为未达到刑事责任年龄的未成年人在辨别能力和控制能力方面都存在缺陷，对刑罚的"痛"无法具有理性和正确的意识，从刑罚必要性角度出发，这样的"痛"显然是徒劳的。

但现实却事与愿违，随着时代的发展，未成年人的成熟年龄不断提前，也更早地具有刑事责任能力，如今一个 8 周岁的未成年人的认知水平可能相当于 20 年前一个 12 周岁未成年人的认知水平，这也是此次《刑法修正案（十一）》将最低刑事责任年龄降低至 12 周岁的原因。现实中，未成年人实施的触法行为具有很高的社会危害性，如四川 13 岁未成年人为抢一部手机，向 23 岁女教师泼汽油导致特重度烧伤。马汶·沃尔夫冈也曾提出"6%定律"，即"如果不能很好地管控曾经触法的未成年人，他们成年之后即便只有 6%的人再次犯罪，也可能犯下所在社区 50%以上的重罪，国家和社会将会付出沉重代价"。①

从未成年人生理发展特征角度来看，我国刑法对这一特殊群体仍"减免刑事法律责任"，即行为人即便具备了应受谴责以及承担刑罚的基本能力，但由于触法未成年人身心不成熟，对其免除或减轻刑罚仍然得以正当化。从社会防卫角度出发，对这些具有"行

---

① 张寒玉、张亚力、杨迪：《重罪未成年人重返社会问题研究——以云南司法实务为视角》，载《青少年犯罪问题》2018 年第 3 期，第 94 页。

为能力"或"犯罪能力"的未成年人不予法律上的评价而"一放了之",与现代刑事司法追求的保障社会安全和维护社会秩序目标相悖。缺乏责任观念,了解法律知识但缺乏法律意识,让未成年人在不良影响因素作用下实施触法行为。在一定意义上,人格矫治的过程就是使未成年人形成责任意识的过程。只有形成责任意识,未成年人才能具有健康人格,确立"人生的价值在于责任"的人生信念,"人生的内在价值本质上是一种人格价值,在特定的社会关系中,人格就表现为具有一定权利和义务的主体的资格,同时也是责任主体。因此,责任意识就集中地体现着一个人的人格"。[1]

对触法未成年人教育矫治和罚当其罪是在处理触法未成年人时相互平衡的两个方面,其中,罚当其罪体现了罪责相适应的原则,反映了刑法的报应性特征。虽然未成年人在任何情况下都不应以与成年人相同的方式为其行为承担责任或承担相同的后果,但未成年人如果触犯了法律,仍应为其触法行为受到法律评价。[2] 正如李斯特认为,再社会化应加强他们意志力、责任感方面的提升,激发他们积极的社会素质。对行为人进行道德影响,尊重和保护他们的自尊心,提升其道德水平才能加快再社会化的步伐。[3]

同时,处遇措施的设置难以避免从社会舆论监督中获得生成逻辑。虽然低龄未成年人恶性刑事案件在实然层面并不具有普遍性,是个别的极端案例,社会各界对未成年人始终秉持福利主义理念。但这一被国家、社会和家庭寄予厚望的群体却出其不意地实施社会危害性巨大的犯罪行为,强烈的反冲力挑衅着公众愤怒的神经。加

---

① 罗国杰主编:《论理学》,人民出版社 1990 年版,第 329 页。

② Webster, C. M., Sprott, J. B. and Doob, A. N. (2019). The Will to Change: Lessons from Canada's Successful Decarceration of Youth. *Law & Society Review*, 53 (4), p.1098.

③ 参见 [德] 佛兰茨·冯·李斯特:《德国刑法教科书》,徐久生译,法律出版社 2000 年版,第 431 页。

之传统媒介与自媒体的兴起扩大了舆论监督的手段与主体，以人民主权理论为法理基础的舆论在一定程度上起到了控制社会道德风向标的作用，① 如果对触法未成年人不加以强制性干预而"一放了之"，可能会导致缺乏法律知识的社会公众对法律产生疑问，存在司法公信力遭受质疑的风险，也会导致触法未成年人与社会之间存在裂隙，从而再次实施触法行为。概言之，责任主义要求应当增强触法未成年人的责任意识，通过严厉的矫治处遇措施，适当加大刑法干预程度以强化其规范意识，实现保障社会安全的目标。

（二）刑事政策学的共识：贯彻未成年人福利主义刑事政策

刑法教义学主张罪刑均衡，与之相反，刑事政策学要求对未成年人应当始终贯彻福利主义理念，秉持"同一片蓝天之下，所有的孩子都是祖国的未来与花朵"。即便是面对已经存在触法行为的未成年人，也应当对这一特殊群体"特别关照"。从触法群体的生物性角度来看，未成年人身心不成熟事由在刑事政策上具有价值，国际社会形成对未成年人"特殊性保护"理念，也成为其免除或减轻刑事责任的"特权"。

未成年人实施触法行为往往具有行为能力，然而免除或减轻刑事责任的理念在逻辑上主张即便未成年人超过了行为能力的最低限，并因而导致适格于构成犯罪的裁决，该具备责任能力的未成年人的有责性及其应受惩罚性也在刑法上被无视。② 2006 年最高人民法院发布的《关于审理未成年人刑事案件具体应用法律若干问题

---

① 沈颖尹：《关于〈刑法〉第十七条的审思与完善——以〈刑法修正案（十一）〉为视角》，载《北方法学》2021 年第 3 期，第 152 页。

② 参见［美］富兰克林·E. 齐姆林：《美国少年司法》，高维俭译，中国人民公安大学出版社 2010 年版，第 77 页。

的解释》第 11 条、① 第 16 条,② 以及 2013 年最高人民检察院发布
的《人民检察院办理未成年人刑事案件的规定》第 2 条③都在法律
层面明确对未成年人的处遇始终贯彻福利主义的理念。

受到实证主义犯罪学的影响,产生了未成年人是一个无辜的群
体的理念。以龙勃罗梭为代表的实证主义犯罪学派认为,人们实施
犯罪行为,一是由其自由意志所支配;二是受到客观环境影响不得
已而为之。因此,刑罚的目的包括使罪犯脱离原本的不良环境,在
良好的环境中进行改造。这种立场的变更为未成年人福利主义的刑
事司法政策流行及矫治模式的推广提供了深厚的理论基础。④ 社会
改革者米里亚姆·范沃特斯为未成年人作为一个无辜的群体提供了
理论依据:"一个达到适当年龄的未成年人,尽管处于少年法庭管
辖权下,但仍被政府的臂膀环抱。政府如同一位贤明之父,对未成
年人负有保护的责任,为其提供庇护。它有权让未成年人免遭因成
人疏于照顾和堕落给未成年人带来的伤害以及严苛的普通法。"⑤

---

① 《关于审理未成年人刑事案件具体应用法律若干问题的解释》第 11
条规定,对触法未成年人适用刑罚,应当充分考虑是否有利于未成年罪犯的
教育和矫正。

② 《关于审理未成年人刑事案件具体应用法律若干问题的解释》第 16
条规定,对确实不致再危害社会的触法未成年人,如初次犯罪、积极退赃或
者赔偿被害人经济损失、具备监护和帮教条件的,可以由之前的缓刑酌情转
化为宣告缓刑。

③ 《人民检察院办理未成年人刑事案件的规定》第 2 条规定,在办理未
成年人刑事案件时,应当实行感化、教育、挽救等方式,始终坚持教育为主、
惩罚为辅和特殊保护的原则。在严格遵守法律规定的前提下,按照最有利于
未成年人和适合未成年人身心发展特点的方式进行,充分保障未成年人合法
权益。

④ 参见段君尚:《未成年人刑事案件审查逮捕程序研究》,中国人民大
学 2016 年硕士论文,第 10 页。

⑤ 参见 [美] 玛格丽特·K. 罗森海姆、富兰克林·E. 齐姆林等主编:
《少年司法的一个世纪》,高维俭译,商务印书馆 2008 年版,第 145 页。

"未成年人无辜"的提倡者认为，未成年人实施触法行为与成年人犯罪的原因有着很大的差异，未成年人本身是无辜的，他们的社会心理不成熟、判断能力低下、自我控制能力不足等原因都能够成为其触法行为不受刑罚处罚的重要因素。因此，应当对触法未成年人"宽大处理"，这也是导致"一放了之"发生的根本性原因。但一味的宽容实则是公众责任缺失的另一体现：这些存在人格缺陷的未成年人往往处于家庭、社会、学校的边缘地带，放任自流或轻缓的处遇不但不能推动社会同一性进程，甚至起到诱发犯罪的作用，因为过于轻缓的处遇会导致未成年人不能感受到社会对其行为的否定性评价，事实上这种评价应当是严肃且严厉的。[①]

未成年人福利主义与社会防卫价值选择之间极端地偏向一方，或导致社会存在潜在风险，或导致触法未成年不能认识到行为的过错从而无法激发其改过自新的内在驱动力。起初对触法未成年人的保护作为未成年人司法的唯一追求目标，在如今的实践过程中屡屡遭受质疑，理论界也试图在未成年人保护和社会防卫之间寻找一条新的路径达成平衡。随着学界对青春期研究的深入和触法未成年人造成社会危害性程度的加深，触法未成年人也由之前不需要为自己的行为承担责任向需要承担一定的责任逐渐转变，未成年人刑事政策也从单纯的福利主义向同时兼顾社会防卫转变。

二、双向保护的定位：社会防卫与福利主义的均衡

面对未成年人福利主义与社会防卫的不同价值选择，本书主张专门矫治教育应当遵循双向保护原则，坚持宽严相济政策与"轻轻重重"理念。之前《联合国少年司法最低限度标准规则》（《北京规则》）就已经提出"既保护未成年人的健康幸福成长，同时

---

① 参见王志远、杜延玺：《我国违法未成年人刑事政策检讨——"教育"与"惩罚"之间的良性协调》，载《中国青年研究》2016年第2期，第38页。

也要维护社会的安宁秩序"的双向保护原则。双向保护原则明确
要求，未成年人处遇措施设计既要兼顾社会、国家以及个人的利
益，同时也要兼顾触法未成年人的个人利益。双向保护原则是
"重重轻轻"理念的根源与基础，这意味着专门矫治教育处遇的价
值取向在一定程度上必须兼顾福利主义与责任主义。

（一）福利主义与责任主义对立统一的关系

福利主义与责任主义之间并非剑拔弩张与非黑即白的对立关
系，责任主义始终应当贯穿于以福利主义为主轴的未成年人司法和
一般刑事司法中。换言之，应当在我国刑事司法一元化框架下，完
善我国本土化未成年人刑事司法作为专门矫治教育指导理念，即将
福利主义与责任主义两者的逻辑进行整合，确立双向保护原则。这
不仅能够解决我国目前未成年人刑事司法政策不明确、未成年人司
法机制缺失导致的理论与实践脱节问题，也可以在不具备独立的未
成年人司法体系情况下，探究福利主义与责任主义的整合逻辑模
式，为解决专门矫治教育机能难题提供理论路径，为我国在一元刑
事司法体系下纳入少年司法完整机制提供逻辑上的可行依据。[①]

在福利主义与责任主义逻辑融合过程中应始终贯彻"特殊保
护"的理念，在"特殊保护"理念的指导和要求之下，"优先保
护"进一步确立了在处理未成年人案件时面对不同的处分类型、
程序选择以及同一类型不同等级的处分方式等选择时的指导思想，
是对"特殊保护"在"度"上所做的限制。[②] 换言之，在专门矫
治教育制度建构中，针对不同年龄段的未成年人具有不同主观恶
性、社会危害性的触法行为，要始终以未成年人为本位，尊重与保
护未成年个体，以此作为制度建构的起点与落脚点。

---

① 参见李川：《观护责任论视野下我国少年司法机制的反思与形塑》，
载《甘肃政法学院学报》2018 年第 6 期，第 24 页。

② 参见狄小华主编：《中国特色少年司法制度研究》，北京大学出版社
2017 年版，第 165 页。

刑事实证学派社会防卫论的兴起产生了超越刑罚的保安处分制度。在未成年人的观念中，未成年人与成年人存在本质上的差异，也应当受到特殊的保护以及获得独立的社会地位。在形式层面，未成年人观念是刑事实证学派理论的产物，但刑事实证学派又立足社会防卫，将社会利益放在第一位，这与将未成年人置于社会防卫的对象以及提倡的主流未成年人刑事政策相悖。正是在这种背景之下，儿童最大利益原则形成与发展并受到全世界的推崇，1989 年联合国通过的《儿童权利公约》成为被最为广泛接受和签字国最多的国际公约。可见，针对未成年人这一特殊群体，国际社会形成了应当给予特殊性保护的普遍认可与支持。

在法律规范、理论制度以及实践过程中如何进行社会防卫与未成年人福利主义之间的价值选择，同时体现尊重未成年人成长规律，将"最大利益"这一具有笼统性与模糊性的概念进行具体化，在很大程度上依赖制度设计者的价值体系。[①] 换言之，在专门矫治教育制度设计过程中要实现对未成年人的特殊性保护，首先应当明确制度的整体价值排序和取向，在矫治教育措施设计过程中应当体现出以下几点：一是矫治教育措施应当摒弃报应主义的旧思想，在处遇措施设计以及适用过程中始终贯彻对未成年人的教育理念，以人性的宽容感化和处置触法未成年人。二是确立未成年人权益有限原则，在处遇措施设计过程中，如发生社会利益与未成年人利益存在冲突的情况，不能完全为了社会利益而放弃未成年人利益，如针对具有严重社会危害性的未成年人，不能因为其对社会安全造成潜在的危害性而选择不考虑其成长环境、成长规律等客观性因素对其进行惩罚，而是应当根据其个人情况设计具有针对性的矫治教育方案，通过恢复性司法、认知矫治和行为偏差纠正等一系列措施，使其回归社会正轨。三是应当奉行实质意义上的挽救、感化和教育原

---

① 参见王雪梅：《儿童权利保护的"最大利益原则"研究（上）》，载《环球法律评论》2002 年第 4 期，第 493 页。

则，明确专门矫治教育制度应当担负起教育矫治的职责。四是在处遇措施的设计和实施过程中都应当尊重未成年人的人格独立性，以触法未成年人的角度，对其行为进行评价，在奉行一般社会价值观念的基础上，充分考虑未成年人的人格和行为的特殊性。

（二）责任主义中的公众责任

预防犯罪与未成年人保护关注度逐步提升，公众开始对纯粹的福利模式产生质疑，在尊重未成年人个体差异以及成长规律的基础上，对刑事司法理念的变迁与现代社会重新审视，期望从责任主义层面达到彻底矫治触法未成年人与预防犯罪的双重目标，同时能够遵循我国一以贯之的宽宥恤刑价值定位，对未成年人的矫治与刑罚以保护与教育为根本，摒弃"报应主义"。因此，公众责任的介入架起责任主义与福利主义之间的桥梁。

在未成年人司法萌芽与发展过程中，公众责任与未成年人福利主义共同支撑起与未成年人保护相生相伴的另一种重要理念。在公众责任理念发展过程中，自始至终存在两种互动与博弈，一种是民间力量、私人机构、政府责任三者之间的互动；另一种是父母亲权与国家亲权两者之间的博弈。① 国家亲权理论起源于美国殖民地时期，学者将该理论的基本内涵概括为三个方面：一是未成年是既有依赖性又充满危险性的一段时期，其间监管是生存的基本需要。二是家庭在未成年人监管中起到首要作用，但在未成年人教育中国家占据着重要地位，并且当家庭不能提供充足的养育、道德训导或监管时，国家应当进行强有力的干预。三是当未成年人处在危险境地时，政府有权决定何为未成年人的最佳利益。② 应当说公众责任的扩大是国家亲权与父母亲权综合考量利弊之后的取舍。这在普通教

---

① 参见牛传勇：《少年司法论：传统土壤与近代萌生》，人民出版社2017年版，第131页。

② ［美］富兰克林·E. 齐姆林：《美国少年司法》，高维俭译，中国人民公安大学出版社2010年版，第4页。

育中亦有所体现，如公立学校的设立与义务教育法的实施大幅度减少了家庭对未成年人的教育权；将未成年人送往庇护所等矫治机构也同样形成了对父母亲权的剥夺。

概言之，双向保护原则贯穿于专门矫治教育体系中，针对触法未成年人是适用严厉的矫治方式还是更倾向于福利主义的矫治方式，并不能单纯以协调惩罚与保护之间的关系进行权衡，而是应当将实现个人矫治与再社会化作为唯一的目标。如果一味实施严厉的矫治方式，可能会造成难以实现个别预防的效果，尤其是强调适用机构内矫治方式，存在深度感染或者交叉感染的风险；但如果一味强调福利主义而忽视适当的严厉手段在矫治中的作用，同样会造成触法未成年人难以从过去的行为中吸取教训而又重新犯罪的风险。

第四节　本章论要

离开了正确的理论指导，实践过程中不仅会阻碍重重甚至会出现与预期目标南辕北辙的效果，理论具有为实践指明道路和保驾护航的作用。当然，理论和制度的最终落脚点依旧是实体，没有一个理念先进、运转高效、目标明确和行之有效的实体，所有的理念都如同空中楼阁。长达几十年的收容教养制度在实践层面的适用中存在非规范化和非司法化的问题，甚至存在变相惩罚化的弊病，导致在具体适用过程中效果不佳和困难重重。如果只是规范层面的漏洞，那么通过简单的司法化改革和立法规范就可以对收容教养制度加以完善，也就不必大动干戈将"收容教养"变更为"专门矫治教育"。显然，除了改善制度规范层面的匮乏问题，应当作出更深层次的矫治逻辑和教育理念的转变和更新。

本章以未成年人为本位，以社会防卫为导向，专门矫治教育除了当然的遵循未成年人特殊保护原则、比例原则、最佳利益原则、司法化原则、教育改造原则等,① 还应当遵循可塑性人格矫治理念、"可塑性人格+触法行为—评价—处遇措施"相适应原则、双向保护原则。可塑性人格是未成年人特有的过渡性、不稳定性、可塑造性强的人格特征,在人格刑法理论指导下,专门矫治教育制度建构中凸显"未成年人"的主体地位,并对其可塑性人格进行矫治;"可塑性人格+触法行为—评价—处遇措施"相适应原则是专门矫治教育公平公正、保障人权、注重效率的前提条件,三者之间关系的均衡也为解决福利主义与责任主义之间的逻辑关系差异难题提供了理论依据和实践范式;双向保护原则以回归作为目标:未成年人在社会化过程中比成年人更具有被动性,这也导致其更易形成错误或不完整的社会化。加之实施触法行为后,他们更难以与社会相融合。双向保护原则在"重重轻轻"的天平上找到平衡点,宽松或严厉的处遇措施都是为了使触法未成年实现人格矫治,重返社会。

① 吴燕、顾玮琛、黄冬生:《我国收容教养制度的重构》,载《预防青少年犯罪研究》2016年第4期,第76页。

第三章 专门矫治教育制度的
问题检视及完善路径

专门矫治教育刚刚登上法律舞台，为了能够避免其重复之前针对未成年人处遇的弊病，重蹈收容教养制度的覆辙，应对之前出现的法律不健全、不成体系，矫治工作形式大于成效，帮扶工作过于简单粗放等一系列问题进行剖析，以期在专门矫治教育制度建构与体系完善过程中加以改进。专门矫治教育制度完善主要依据两个方面：一是触法未成年人的社会化需求；二是整个体系必须与客观条件相衔接。任何制度的构建都必须与地区和国家的经济发展水平相适应，都应在刑事政策的调控之下，既要立足未成年人身心发展的特征性，又要考虑到体系构建的创新性。同时，还要受制于当前科学技术的发展水平。总之，矫治的最终目标是"矫治人格"，是为了实现对未成年人更好的保护，是为了未成年人的再社会化。本章在对现存问题进行检视的基础上，提出建构分级分类处遇机制、完善运行机制两条路径，并在接下来的两章中重点展开讨论。

第一节 专门矫治教育的问题检视

专门矫治教育制度诞生于《刑法修正案（十一）》以及预防未成年人犯罪法，但两部法律中对该制度只作了原则性规定，本书将从缺乏相应的法律体系、研究供给不足、人格意识匮乏三个方面进行问题的检视。

一、法律适用困境：法律体系之缺

我国针对未成年人矫治的规定散见于多部法律法规之中，如《未成年犯管教所管理规定》《社区矫正实施办法》《预防未成年人犯罪法》，上层建筑没有形成统一规定为实践带来了困难。综观针对未成年人矫治教育的立法路径，是蜿蜒曲折与不断前行的过程，是一个对立法诉求越来越急迫的过程。2020 年发布的《刑法修正案（十一）》将"专门矫治教育"写入法律，但对该制度只作了原则性的指导性规定，尚未对程序运行、操作执行等具体内容进行详细规定，无法界定从事专门矫治教育各部门的权力和职责。具体执行的人员更是没有可以借鉴和学习的法规资料。专门矫治教育制度与刑法原则性规范之间存在实然层面的逻辑裂隙。在实践过程中，法律法规无法完全指导专门矫治教育实施的有效性，在重重桎梏中也无法实现未成年人的特殊保护。无论是未成年人刑事政策还是立法，我国在未成年人司法和矫治领域都有待完善，了解国际、部分国家以及我国港澳台地区的立法动态，有助于深入检视我国目前存在的问题。

（一）国际刑事司法准则

第二次世界大战之后，世界各国未成年人犯罪人数急剧增加，逐渐演变成一个世界性难题。作为重点关注人群，在 1955 年召开的第一届预防犯罪与罪犯待遇大会通过的决议之一就是预防未成年人犯罪；1976 年生效的《公民权利和政治权利国际公约》同样对未成年人刑事司法问题作出相关规定；1980 年在联合国召开的第六届预防犯罪与罪犯待遇大会上制定了《联合国少年司法最低限度标准规则》，为未成年司法与立法提供了标准；1984 年召开的第七届预防犯罪与罪犯待遇大会上通过了《联合国少年司法最低限度标准规则》，对触法未成年人程序处理方面进行保障；1989 年联合国又通过《儿童权利公约》，对未成年人的自由、权利给予保障与关注；1990 年在第八届预防犯罪与罪犯待遇大会上通过了《联合国保护被剥夺自由少年规则》，"旨在制定符合基本人权与自由的，为联合国所接受保护以各种形式被剥夺自由少年的最低限度标准，目的在于避免一切拘留形式的有害影响，并促进社会融合"。①

随后，1990 年通过的《联合国预防少年犯罪准则》对未成年人违法犯罪的预防政策、系统研究等进行了一般性的概括。一系列国际刑事司法准则的颁布对我国完善未成年人矫治制度具有重要的指导作用，在我国目前已经制定的未成年人相关法律法规中，渗透了大量国际司法制度和国际公约的理念思想及其精神内核。在司法实践中，也在积极探索挽救未成年人的矫治教育司法制度，如为了更好地贯彻落实"极大限度限制对未成年人适用监禁刑"，我国人民法院及检察院不断探索适用于未成年人的暂缓起诉制度、暂缓判决制度，同时逐渐扩大触法未成年人社区矫治的适用范围。②

（二）域外矫治教育立法概览

域外矫治教育关于矫治教育的立法主要有五种类型：一是专门处理未成年人违法犯罪的法律，如英国的《青少年法》、日本的《少年法》等；二是关于保护青少年的法律；三是综合性的未成年人法律。这类法律既包含了未成年人保护问题的规定，也包含了未成年人犯罪处理和矫治教育方面的内容，如新加坡的《儿童与少年法》、斯里兰卡的《儿童与少年法令》等；四是国家关于未成年人的政策以及规定未成年人权利义务的法律；五是未成年人福利性法律，如日本的《少年院法》、罗马尼亚的《关于将青少年犯收容于再教育中心实行教育的措施》、美国的《青少年犯教养法》等。这些法律规范中都规定了未成年人矫治教育的条件、程序、措施、

---

① 参见张桂荣、宋立卿：《违法犯罪未成年人矫治制度研究》，群众出版社 2007 年版，第 173 页。

② 参见张桂荣、宋立卿：《违法犯罪未成年人矫治制度研究》，群众出版社 2007 年版，第 173 页。

期限等相关内容。①

1. 日本。日本在法律体系、刑罚制度的建构与发展过程中先后借鉴我国唐代律例与西方近现代各法系，1881 年日本仿效德国的《图式监狱则》是日本近代矫正制度改革的真正起点。② 1922年日本制定了独立的《少年法》，为少年保护制度带来了变革，当时很多学者认识到在审判中对未成年人素质鉴别的必要性与重要性。《少年法》第 31 条第 1 款规定："提交审判所审判的未成年人，在考虑审判时，应调查事件相关情况及本人的品质、操行、环境、经历、身心状况、教育程度等内容。"第 31 条第 2 款规定："对身心状况要尽可能地让医师诊断。"

日本《少年警察活动规则》是一部对警察在涉及少年事件时开展各项活动进行详细规定的法律。少年警察进行的"街头辅导""少年商谈"等活动是"最为直接有效地发现和纠正少年不良行为的做法"。③

2. 美国。1899 年，美国伊利诺伊州少年法庭的设立以及芝加哥少年法庭的问世，宣告了少年司法制度新时代的到来，少年矫正制度也正式开始形成。美国对未成年人矫治教育进行了专门性的立法，如《青少年犯教养法》，美国伊利诺伊州的《援助女孩工艺劳作学校法》《建立伊利诺伊州教养院法》《州犯法少女教育所法》等，对未成年人矫治教育的程序、条件、措施、期限等作了明确规定。④

---

① 参见张桂荣、宋立卿：《违法犯罪未成年人矫治制度研究》，群众出版社 2007 年版，第 247 页。

② 参见潘华仿主编：《外国监狱史》，社会科学文献出版社 1995 年版，第 375 页。

③ 参见吴海航：《日本少年事件相关制度研究：兼与中国的制度比较》，中国政法大学出版社 2011 年版，第 164 页。

④ 参见张桂荣、宋立卿：《违法犯罪未成年人矫治制度研究》，群众出版社 2007 年版，第 249 页。

3. 英国。英国 1963 年制定的《青少年法》规定，少年教养院作为英国矫治未成年人的重要机构，收容对象包括各个类型的未成年人，包括了无法管教或辍学而需要照管和监护的人、已交安置人或地方当局进行监督但难以管教的未成年人等。此外，依据英国法律，送往少年教养院的未成年人必须由法院决定，未成年人的年龄必须在 10 周岁以上。[①]

英国法律对少年教养人员的释放作出明确规定。英国的教养期限为不固定期，但没有得到内务大臣的同意，任何人不能在前 6 个月内释放。矫治最长期限为 3 年。当主管人员认为一个未成年人经过充分的训练，可以返回社会时，可以批准释放。释放后，教养院管理人员有权对其继续监督 2 年。[②] 如果该未成年人在此期间又触犯了法律，教养院管理人员有权将其召回继续矫治。

（三）我国矫治教育立法概览

1. 我国内地矫治教育立法概览。新中国成立以后，国家进一步关注未成年人这一特殊群体，逐渐开始制定一系列专门针对未成年人的法律法规。1954 年，中央人民政府政务院通过的《劳动改造条例》对劳动改造的基本方针、指导思想以及劳动矫治的机构性质、职权范围作了详细的规定。其中第 3 条第 3 款规定："对少年犯应当设置少年犯管教所进行教育改造。"同时，该条例还规定了少年管教所的管理教育、人员、收容对象等内容。此次专门性规定从根本上确立了未成年人作为一个独立于成年人的特殊群体，具有专门的劳动矫治场所与相匹配的人员、制度。

《劳动改造条例》颁布之后，未成年人作为区别于成年人的特殊群体被对待，这也标志着专门针对未成年人的矫治制度得以确

---

① 参见张桂荣、宋立卿：《违法犯罪未成年人矫治制度研究》，群众出版社 2007 年版，第 249 页。

② 参见张桂荣、宋立卿：《违法犯罪未成年人矫治制度研究》，群众出版社 2007 年版，第 270 页。

立。当时，对未成年人进行矫治教育的机构主要为少年犯管教所。在该条例颁布后两年多的时间中，全国大约有 15 个省市成立了少年犯管教所，但由于人员配备、管理模式、规章制度等方面都未形成行之有效的体系，导致实际工作阻碍重重。面对实践中暴露出的一系列问题，1957 年教育部、公安部发布了《关于建立少年犯管教所的联合通知》，指出对少年犯应该坚持"教育矫治为主，劳动为辅"的方针，对少年犯管教所的建设应参照一般中小学的设施标准，建立如图书阅览室、运动操场、习艺场所等必要的设施场地。1957 年教育部、公安部又颁布了《〈关于建立少年犯管教所的联合通知〉的几点补充意见》，文件的出台进一步合理化和规范化了矫治工作。

"文化大革命"对少年犯管教所造成了不小的冲击，当时无数少管所被撤销或者砸乱。直到十一届三中全会之后，矫治工作才得以恢复与发展。1979 年党中央提出了对违法未成年人应实行教育、挽救和矫治的方针。1981 年召开的全国第八次劳改工作会议形成的《第八次全国劳动工作会议纪要》中明确指出，对待未成年人犯罪问题，应像医生对待病人、教师对待犯错的孩子一样尽心地教育、感化和挽救。在矫治期间，组织未成年人学习文化、技术、科学和政治等学科，最大限度地关心他们的吃穿住行，为其创造良好的环境。

1985 年，司法部召开全国第二次少年管教工作会议，对新情况和新形势作出了正确预判，制定与新的法治环境相匹配的制度。1986 年司法部制定的《少年管教所暂行管理办法（试行）》再次推动矫治教育工作的正向发展，对未成年人学习、劳动的形式等内容制定了正确有效的方针。为 1991 年未成年人保护法的出台奠定了基础。

未成年人保护法自 1991 年开始实施并于 2006 年、2020 年两次修订，预防未成年人犯罪法自 1999 年开始实施并于 2020 年进行修订，两部法律的颁布实施与修订完善对预防未成年人违法犯罪与矫治教育触法未成年人具有重要意义。目前，我国尚未形成专门的少年司法，更没有专门的未成年人矫治教育法。刑法、未成年人保护法以及预防未成年人犯罪法对少年司法以及矫治教育都只作了原则性的规定。但 2020 年修订的未成年人保护法明确了未成年人权利、突出政府责任、要求提高家庭教育能力、落实困难群体的教育权、重申素质教育的重要性、要求增强校园安全、强调政府的责任、确保工读学校办学条件、鼓励政府民间组织共同参与，修订后的未成年人保护法从司法、社会、家庭和学校方面强调对未成年人进行保护。

2016 年，西南政法大学召开了特殊群体权利保护与犯罪预防论坛，主题为"未成年人严重不良行为矫治机制研究"。虽然当时在立法上还未设立专门矫治教育制度，但从该论坛的探讨研究方向可以看出，社会各界都在不断重视未成年人矫治工作，这是由我国校园暴力犯罪呈现上升趋势、低龄未成年人恶性案件频发所决定的。有学者认为，我国目前未成年人矫治体系理念相对落后，应当以未成年人为核心对相关制度进行完善，加快矫治立法、完善行政审批和制定矫治大纲，确保矫治工作的及时性与有效性。[①]

2. 我国港澳台地区矫治教育立法概览。我国香港、澳门和台湾地区对矫治触法未成年人很早就已经立法，综观我国这三个地区的立法，矫治工作始终坚持"教育为主，惩罚为辅"的总方针。

（1）香港地区。早在 1973 年，为了探索解决未成年人犯罪问题的途径，我国香港地区已经制定并颁布了《未成年人犯条例》。1955 年制定了《青少年犯拘留规则》，同年制定了《指定青少年犯

---

① 《有必要重构未成年人严重不良行为矫治机制》，https://www.spp.gov.cn/llyj/201612/t20161208_175170.shtml，最后访问时间：2021 年 12 月 15 日。

羁押地点》等青少年相关法规。[①] 从立法模式上看，香港虽然没有统一的关于未成年人犯罪问题的成文法典，未成年人保护、教育制度和犯罪相关的规定散见于《感化院条例》《未成年人犯条例》《保护儿童和少年条例》《教导所条例》等有关的法律法规中。这些零散的法律法规都在很大程度上反映出香港所推行的"社会为本，辅导为主"的未成年人犯罪政策，强调尽可能地避免未成年人进入刑事司法程序，尤其反对未成年人监禁刑，尽可能地采取宽容的态度处理轻微犯罪的未成年人，并提倡通过矫治辅导和改过自新的方式，为未成年人提供必要的复归社会和适应社会的成长发展机会，从根源上实现未成年人特殊性保护与预防未成年人犯罪的目标。

（2）澳门地区。1999 年 10 月，我国澳门地区就已经核准法令《未成年人司法管辖范围内之教育制度及社会保护制度》。从立法角度来看，澳门关于青少年犯罪的刑事政策体现在其刑事法典中，如《澳门刑法典》第 18 条规定，不满 16 周岁，不归责。同时还规定了行为人犯罪时不满 18 周岁的属于刑罚特别减轻事由。此外，与形式意义上的犯罪理论相呼应，未满 16 周岁的未成年人即便实施了触犯法律的行为也不能被称之为"罪犯"，而应被称为"犯事者"，与"触法未成年人"相似，其目的是降低未成年人"罪犯"标签的烙印，鼓励他们悔过自新、重返社会。[②] 为了防治未成年人违法犯罪，澳门建立了比较完善的法律体系，2007 年通过并颁布了《违法青少年教育监管制度》，有 5 章共 120 条，分别是：一般规定（第 1-14 条）；教育监管措施的内容（第 15-30 条）；司法程序（第 31-71 条）；司法介入的教育监管措施的执行（第 72-114

---

① 参见瞿丰、陆才俊：《未成年人犯罪研究》，中国人民公安大学出版社 2016 年版，第 80 页。

② 参见张利兆主编：《未成年人犯罪刑事政策研究》，中国检察出版社 2006 年版，第 75 页。

条);最后及过渡规定(第 115-120 条)。通过整体章节结构可以发现,这部法律既体现了对违法未成年人的司法保护,同时也为防止其再犯设置了全面性的矫治教育措施,并根据年龄段的差别适用不同的法律制度,较好地反映未成年人违法犯罪的特殊性。[1] 其中,值得重点研究、关注与借鉴的是以保护未成年人为核心,设计了司法程序与非司法程序两套处理模式,并规定了八种教育监管措施,分别为警方警戒、司法训诫、复和、遵守行为守则、社会服务令、感化令、入住短期宿舍、收容。各项措施也设有跟进期限,最短为 20 小时"社会服务令",最长是 5 年"收容"期。[2] 可见,上述八种措施具有区分度与针对性,既有恢复性司法的理念,也有以融入社区为本的监管方式,同时兼顾了教育、治疗与矫治等方式。

(3)台湾地区。受到"敬老、恤幼、睦家"中华传统文化与"儿童福利的关怀是文明社会和福利国家的重要发展性指标"观念的影响,我国台湾地区早期对未成年人实行的是福利保护制度,先后制定并颁布了"少年福利法""社会救助法"等多部保护未成年人成长的相关法律。与未成年人的早期福利保护政策相承接,我国台湾地区形成了相对完善的未成年人司法保护与矫正制度。[3] 台湾地区"刑法"早于 1930 年就采取了保安处分二元制的立法模式,将保安处分规定为感化教育处分、禁戒处分、监护处分、强制工作处分、保护管束处分、强制治疗处分和驱逐出境处分七种。[4] 1971

① 参见赵琳琳:《澳门违法青少年教育监管制度述评》,载《青少年犯罪问题》2016 年第 5 期,第 50 页。
② 参见刘奕君:《我国大陆地区未成年人司法转处措施的多样化初探——基于对澳门地区未成年人刑事司法制度的思考》,载《四川警察学院学报》2018 年第 8 期,第 102 页。
③ 参见瞿丰、陆才俊:《未成年人犯罪研究》,中国人民公安大学出版社 2016 年版,第 84-85 页。
④ 孟凡君、吴晓霏:《保安处分之人身危险性评定标准初探》,载《辽宁行政学院学报》2009 年第 11 期,第 49 页。

年颁布实施的"少年事件处理法"确立了"以保护处分为原则，以刑事处分为例外"以及"宽严相济"的立法精神，并对未成年人的感化教育作了专门且详尽的规定。总之，我国台湾地区对未成年人的保护政策主要体现在以下几个方面：一是在立法上将未成年人事件区分为少年保护事件与少年刑事案件，并根据不同分类施以不同惩罚、改造、挽救措施。二是受理案件后，法院对未成年人的品行、家庭等进行详细的调查；设立专门的少年法庭审理虞犯少年；不公开审理等。与未成年人司法程序衔接的是严密的对触法行为或不良行为的未成年人进行感化矫正制度，这也体现了我国台湾地区"与未成年人犯罪有关的任何需要关注的环节都不会遗漏"的刑事政策价值取向。①

（四）我国目前立法的检视

专门矫治教育之所以执行难，根本原因在于缺乏实施细则和相关法律法规作为指导。目前我国尚未制定专门的少年法和刑事法律，也没有形成配套的刑事诉讼规则或实施细则。采用的是以成年人为本位的同质刑罚观，其思维逻辑定式是将包括未成年人触法在内的所有犯罪行为放置在同一刑罚框架进行评价。这就导致"未成年人"只是作为免除、从轻或减轻处罚的一个法定情节。② 当实体性和程序性问题都缺乏行之有效、具有针对性的处遇机制情形时，具体比照刑法从轻、减轻或免除处罚的"小成人"刑事司法，内部已经暴露出多层矛盾，适用于未成年人一般刑事犯罪尚显捉襟见肘，更何况刑事责任评价体系之外的触法未成年人，③ 更不具有

①　参见瞿丰、陆才俊：《未成年人犯罪研究》，中国人民公安大学出版社 2016 年版，第 87 页。

②　参见戴相英主编：《未成年人犯罪与矫正研究》，浙江大学出版社 2012 年版，第 115 页。

③　沈颖艹：《关于〈刑法〉第十七条的审思与完善——以〈刑法修正案（十一）〉为视角》，载《北方法学》2021 年第 3 期，第 152 页。

指导性价值。

首先，缺乏配套的法律规制，点面割裂。《俄罗斯联邦刑法典》第十四章"未成年人刑事责任与刑罚的特点"就未成年人刑事处遇措施、特殊量刑等问题专门作出详细规定，而我国现行刑法中未成年人处遇的相关法律规范寥寥可数。[①] 我国专门矫治教育相关的法律法规散见于多部法律法规中，如《刑法》《预防未成年人犯罪法》《未成年犯管教所管理规定》《社区矫正实施办法》等，缺乏统一的顶层设计，直接导致处遇措施缺乏系统性，缺乏适用的标准和条件，在适用方面无从下手，可操作性不强。

其次，缺乏明确的裁决主体，权责不明。专门矫治教育作为一项系统性工程，不仅仅要求机构的权责分明，而且涉及多个管理部门、社会组织和团体。目前没有一个独立的管理机构统筹专门矫治教育工作，甚至存在各项工作依附成年矫正管理机构的情况，这与专门矫治教育独立化的理念相悖。再观美国有少年法院，日本有家庭裁判所，而我国对专门矫治教育机构的设置尚未明确，导致处遇措施的裁决主体、责任主体十分模糊。

最后，"两法"修订不完善之弊。在新时代需求下，专门矫治教育登上刑法舞台，是我国刑法发展、法治环境以及未成年人刑事政策的需要。翘首以盼之下，此次刑法与预防未成年人犯罪法的修订却只是做了原则性的修改，并未对专门矫治教育制定详细的实施办法。2020 年修订的预防未成年人犯罪法提出了"提前及分级干预"的预防未成年人犯罪的社会工作服务体系，初步构建了触法未成年人分级干预体系，这奠定了实践探索与进一步研究的基础。但按照何种标准分级分类，以及体系性和科学性方面依然存在争议，适用相关干预措施的具体办法也因模糊性而有待明确与细化，主要包括：（1）预防未成年人犯罪法规定的专门矫治教育"闭环

---

① 沈颖尹：《关于〈刑法〉第十七条的审思与完善——以〈刑法修正案（十一）〉为视角》，载《北方法学》2021 年第 3 期，第 152 页。

管理"，具体如何开展。（2）专门教育指导委员会在实践中由哪些部门或机构组成，如何发挥个案评估作用。（3）在"教育行政部门会同公安机关决定"的程序中，两个部门之间职责如何分配，如何能够更好地适用干预措施。[①]（4）根据预防未成年人犯罪法相关规定，将未成年人送入专门学校需经专门教育指导委员会评估并同意，经教育矫正之后需经原机关决定是否转回普通学校就读。但在实践中，无论是送入或转出，都未设定明确标准，甚至多地未设立专门教育指导委员会，导致现行配套设施乏力的问题。（5）触法未成年人是否实施了这一行为、情节是否轻微、是否有必要适用专门矫治教育等，应当由司法机关遵循严格的司法程序作出，不宜由教育行政机关、公安机关在缺乏相应的程序规范，以及其他权力主体制约下作出，这不仅带来权力滥用的隐患，而且难以保障未成年人的合法权益。[②]（6）预防未成年人犯罪法有关专门学校的规定缺乏进一步的细化，如专门矫治教育如果仅仅是指将触法未成年人送入专门学校，显然在分级分类处遇中没有形成完整的体系，存在缺失。[③] 因此，本书认为专门矫治教育的处遇措施应当更为多样化，不仅包含专门学校这一机构化处遇措施，触法行为导致的否定性法律评价，应当采取继续扩大层级的方式由各适格主体承担，形成完整的矫治责任主体层级体系。

[①] 参见何挺：《进一步细化落实触法未成年人分级干预体系》，载《团结》2021 年第 2 期，第 36 页。

[②] 参见安琪：《我国未成年人分级处遇机制的评述及完善审思》，载《青年工作与政策研究》2021 年第 5 期，第 74 页。

[③] 参见林琳：《我国罪错未成年人司法处遇制度的问题及完善路径》，载《北京科技大学学报》（社会科学版）2021 年第 4 期，第 453 页。

（五）域外及我国港澳台地区立法对专门矫治教育制度建构的启示

对于实施了违法层面的犯罪行为，因未达到刑事责任年龄而刑事责任被阻却的未成年人，司法机关在"一罚了之"和"一放了之"两个极端之间左右为难。① 面对日益增加的未成年人触法现状，每个国家都基于自己的文化传统、法律传统以及国情，结合先进的科学知识，不断发展和完善矫治制度，部分国家及我国港澳台地区的未成年人矫治教育制度和理念值得我国在建构专门矫治教育制度中借鉴。

总之，在明确"可塑性人格+触法行为—评价—处遇措施"贯穿于整个专门矫治教育中，深化革新传统的矫治措施方式，从经验式、强制式和粗放式的传统处遇机制向兼具科学性、互动性和规范性的处遇机制转换，通过科学、个性和民主的矫治措施改善在矫治期间的整体处遇，进而提高最终的矫治效果。建构专门矫治教育制度应主要注重以下几点：

1. 设定明确的目标任务。部分国家及我国港澳台地区的未成年人矫治制度各不相同，但关于未成年人矫治立法的理论依据和基本精神基本相同，即尊重未成年人主体性地位，将未成年人与成年人矫治进行区分。调整教育、管理和技术劳动、培训等矫治的具体结构，将原本处于边缘化的教育矫治向主导地位牵引，构建以教育为矫治的主要途径的格局。重中之重是要调整触法未成年人在整个处遇机制中的地位，由原来的被动矫治的客体地位向自主矫治的主体地位转变，这不仅是建构主义教育理念的必然选择，也是在矫治过程中尊重触法未成年人的必然路径。

一是将"尊重"未成年人作为制度建构的核心。对未成年人的特殊性与特征性采取宽宥的态度，既要尊重其不成熟以及天性，

---

① 参见温雅璐：《收容教养制度的发展困境及司法化重构》，载《青少年犯罪问题》2020年第1期，第26页。

也要尊重自身作为矫治工作者所肩负的责任。专门矫治教育还具有主观能动性，无论是通过矫治、咨询促使未成年人面对自我问题，还是通过心理测试间接推测心理，都需要其积极主动地配合，这也进一步要求矫治者和矫治主体之间必须建立起良好的行为连接、意志连接、认知连接、情感连接。

二是将民主与开放作为有效对接的正确途径。无论是课程的安排还是心理辅导，都应给触法未成年人提供必要的自我支配空间和时间，调动其主观能动性，实现自我约束、自我矫治，互相制约、互相监督和互相帮助。同时，在专门矫治教育过程中充分保障未成年人权利，主要包括触法未成年人有获告其所享有的权利、矫治教育专门机构依职权在当事人要求之下应听取其陈述、触法未成年人有不回应有关其行为和性格或者人格事宜的权利、触法未成年人有不回应任何实体向其归责的事实或就该事实所做声明的内容而提出问题的权利。

三是完善复归社会后的帮扶。专门矫治教育最终的目标是使触法未成年人复归社会，因此矫治后的帮扶工作必须落实。目前，矫治教育后帮扶工作人员只是提供一般的支持和援助，而不是针对导致风险的具体问题；帮扶工作人员较少关注与触法行为直接相关的风险因素的规划，如药物滥用治疗和愤怒管理等；监测个案工作模式不适当，尤其是面对处于家庭社区的未成年人遇到问题和诱惑的。面对一系列问题，需要更正式的方法进行持续的需求和进度评估，包括药物测试、第三方报告或特定技能测试。① 政府的监督同样适用于专门矫治教育结束之后，在对专门矫治教育运行的监督过程中，审查触法未成年人经过专门矫治教育是否具有良好改善，主

---

① Altschuler, D. M. （1998）. *Intermediate Sanctions and Community Treatment for Serious and Violent Juvenile Offenders（From Serious and Violent Juvenile Offenders: Risk Factors and Successful Interventions*, P 367-385, 1998, *Rolf Loeber, David P. Farrington*, eds. - *See NCJ*-171234）. United States, p. 373.

要通过对特定的后续时期进行监督观察，在此期间没有再次犯罪的未成年人的比例，在矫治干预前后再次犯罪的发生率和频率，以及矫治干预前后犯罪的严重程度。[1]

2. 设置严明规范的组织管理和系统。部分国家及我国港澳台地区的少年司法制度较为完善，大多数国家制定了系统的少年法，也拥有权责分明的矫治管理机构。一个完善而有效的矫治体系必须具备完善的矫治机构组织、完善的运作网络以及专业素养很强的矫治教育工作人员。矫治教育决策、落实和执行三个层面的工作标准必须做到岗位职责分明，[2] 各个层面的执行过程高效畅通。

良好的矫治组织运行网络，首要的应该是制度的完备性，其次是流程清晰具有可执行性，在操作过程中达到作业规范的标准，才能建立起兼具正当性和有效性的处遇机制和矫治教育最终质量的评估体系。专门矫治教育机构内部部门职能分工明确，具有保障运行与维护未成年人合法权益的重要意义。如果国家职能部门之间存在分工不明确等问题，势必会导致责权分散，也就无法对矫治力量加以整合，影响最终的矫治效果。

目前的法律法规并没有对矫治的部门和具体职能进行分工，预防未成年人犯罪法第45条虽然对机构分工作出规定："公安机关、司法行政部门负责未成年人的矫治工作，教育行政部门承担未成年人的教育工作。"但也只是作了笼统的规定。2001年中央综治委基于现实的呼吁成立了青少年违法犯罪专项领导小组。之后各省市及地区相继成立了青少年违法犯罪专项机构，以整合各个部门的力量

① Guerra, N. G. (1998). *Serious and Violent Juvenile Offenders: Gaps in Knowledge and Research Priorities (From Serious and Violent Juvenile Offenders: Risk Factors and Successful Interventions, P 389-404, 1998, Rolf Loeber, David P. Farrington, eds. - See NCJ-171234). United States, p. 349.

② 参见戴相英主编：《未成年人犯罪与矫正研究》，浙江大学出版社2012年版，第131页。

和职责,但专项机构仍未能发挥整合、协同、统筹和分工的职能,也未能形成有效的信息资源共享平台、合理分工模式和科学的工作衔接机制。因此,应建立一个统筹和专业兼具的专门矫治教育机构,对各个部门的力量和资源进行有效整合,以应对目前存在的矫治专业性不足以及人力、物力不够的困境。

3. 具备强大的系统协同功能。部分国家及我国港澳台地区尽可能地对未成年人适用非机构化的矫治方式,更多地以社会为基础进行矫治。专业和科学的矫治工作离不开社会支持体系,应尽可能地进行资源整合,如在矫治工作中积极挖掘传统文化的资源,将不同民族和地域文化资源引入矫治工作。将社会优秀专业力量引入专门矫治教育工作中,在矫治过程中引入心理咨询师、矫治社工和专业医生等,通过这些专业人员与矫治部门的通力合作,不断提升矫治教育的专业性和科学性。

此外,在专门矫治教育开展之前应当进行充分且科学的调查,以及矫治具体实施情况、矫治后情况的跟踪反馈,如果仅依靠国家力量单向度的矫治模式已然无法满足现实需求,也无法达到矫治的最佳效果。因此,每一个步骤都需要社会力量的支持:建立全方位和多层次的社会帮教体系,加强社会帮教的实效性和针对性;在再犯危险性评估反馈机制基础上,加强对复归社会未成年人的跟踪辅导;拓宽矫治教育的平台和机构,采用与社会职业学校联合办学的方式,提高职业技术培训水平;依托相关部门出具证书,通过举办矫治机构内的复归就业招聘会,建构归正人员的就业信息网络、向劳动力市场推荐等渠道,开辟归正人员复归社会就业市场化的创新路径;① 如为了使触法未成年人在复归社会之后能够更好地融入社会,一般在矫治过程中都会对其进行技术教育,使其能够获得一技之长。技术教育应该紧密与社会需求相互联结,能够满足触法未成

---

① 参见戴相英主编:《未成年人犯罪与矫正研究》,浙江大学出版社2012年版,第140页。

年人在复归社会之后尽快地利用在学习过程中掌握的技能寻求谋生道路。因此，对于技术教育应该提出更深层次的要求，根据年龄段、性别等特征，推行"分类型、分阶段、分层次"培训模式，开设多层次多项目技能培训，[①] 根据触法未成年人的特长爱好、文化层次、就业意向等选择学习项目，尽可能做好与复归社会就业对接的准备。国家引导社会资本自身规范化发展，同时引导社会资本投入矫治机制，不断促进国家矫治力量和社会矫治力量之间的协作配合，通过整合内外部资源，构成一脉相连的处遇机制。

二、理论研究困境：研究薄弱之弊

在理论研究层面，由于触法未成年人作为刑事犯罪中一个特殊群体，长期以来对其的研究在很大程度上依附成年人犯罪研究，导致理论研究层面尚显薄弱。例如，收容教养制度在研究成果的数量上并不乐观，中国知网数据显示，截至目前以"收容教养"为题目的文章仅有 200 篇（见图 6）左右。在著作方面，更是寥寥无几，与收容教养制度相关的研究大多散见于各大未成年人刑事政策、司法制度、社区矫正等著作中，单独的著作十分罕见。关于"专门矫治教育"的理论性文章更是处于匮乏状态，在中国知网以"专门矫治教育"为关键词进行搜索，相关文献只有 71 篇（见图 7），专门针对新制度进行研究的只有 20 余篇。

① 参见戴相英主编：《未成年人犯罪与矫正研究》，浙江大学出版社 2012 年版，第 132 页。

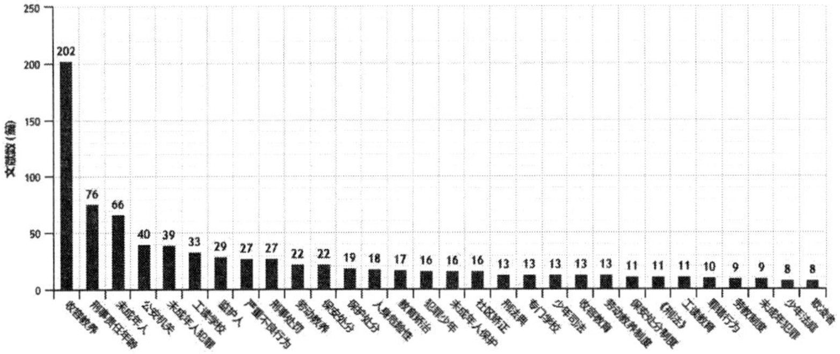

图 6　"收容教养"相关文献数据统计

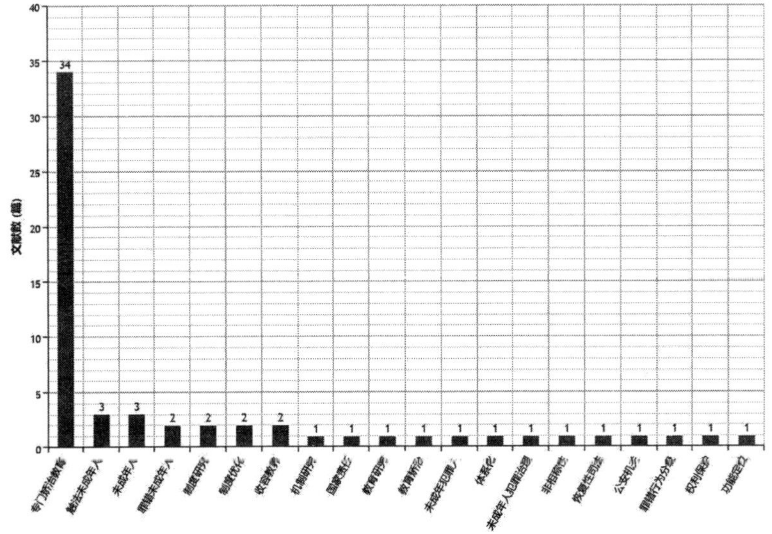

图 7　"专门矫治教育"相关文献数据统计

　　理论研究数量的单薄主要折射出三个层面的问题：一是关于专门矫治教育制度的性质与定位等最为基础的理论性问题尚未达成一致意见；二是对专门矫治教育的程序性及实体性问题的设计不明

确，甚至可谓粗糙，这与实践过程中对触法未成年人日益增长的矫治教育需求相违背；三是在具体执行过程中，既缺乏对专门矫治教育制度实施情况全面且科学的实证研究，又缺乏对之前就存在的矫治制度法律实践的教训与经验的总结，这就导致没有足够的理论经验作为构建新制度的积累与基础。

三、人权保障困境：制度设计之失

人格刑法理论以行为人为本的思想始终要求对人权进行充分保障，一些国家对人格刑法相当重视，"意大利刑法理论认为，刑事立法和理论重心逐渐向行为人转移，这是刑法发展的必然选择"。[①]反观我国面对触法未成年人背后千丝万缕的复杂因素往往不加以调查评估，对人格的研究也才刚刚起步，在立法中尚未有明确的规定，必然导致陷入人权保障的困境。人格意识匮乏导致触法未成年人的人权保障处于困境，主要原因有以下几个。

（一）我国尚未制定统一的少年法

未成年人具有与成年人不同的身心特征，人格形成的因素也有所差异，未成年人的人格形成一般受到家庭和学校环境的影响。未成年人在实施触法行为过程中，行为特征也与其生理、心理、年龄特征密切相关。因此，在研究未成年人触法案件中，应充分考察未成年人个体人格，制定与成年人相区别的法律法规。很多国家针对未成年人违法犯罪进行专门性立法，如印度制定了《儿童法》，德国制定了《少年法院法》，日本制定了《儿童福利法》《少年审判规则》《少年法院法》。而我国尚未形成一部专属于未成年人的少年法或刑事法典，未成年人司法制度也类似于成年人司法制度的附属品，不具有独立性。针对触法未成年人的处遇措施散见于刑法、预防未成年人犯罪法、未成年人保护法中，其他与未成年人犯罪相

---

① 陈忠林：《意大利刑法纲要》，中国人民大学出版社 1999 年版，第243 页。

关的法律也较为零散，不成体系。

目前，我国对未成年人刑事案件处理仍旧适用成年人刑法体系，仅仅利用司法解释将形似成年人犯罪，但具有简单动机或较轻后果的未成年人犯罪解释成量刑较低的其他罪名，以此适用较少刑罚的不利后果，实则具有褫夺立法权之嫌，甚至违背了罪刑法定的刑法基本原则。① 例如，最高人民法院《关于审理未成年人刑事案件具体应用法律若干问题的解释》第 7 条和第 8 条将未成年人强行索取少量财务的"类抢劫"行为认定为抢劫罪，可能面临 3 年以上有期徒刑刑罚。② 而事实上以成年人为立法角度产生的许多制度并不符合未成年人的特殊人格，仅仅在刑期上相对于成年人有所降低，对触法未成年人刑事案件的处理也缺乏整体性的价值，仍旧停留在"惩罚为主"的刑事处罚层面，没有很好地发挥未成年人刑事政策长期以来所主张的"以教代刑"的思想理念。

刑法中与矫治相关联的制度在触法未成年人领域的适用并不乐观，尽管一些法律制度都体现了我国对未成年人采取特殊的司法保护，如审理未成年人案件采取专人办案的制度、未成年人案件不公开审理等。但如假释制度、缓刑制度等具有矫治作用的非监禁制度的设计初衷是针对成年人的，因此在适用上设置了严格的条件，也

---

① 杨新慧：《刑事新派理论与少年法》，知识产权出版社 2019 年版，第 170 页。

② 最高人民法院《关于审理未成年人刑事案件具体应用法律若干问题的解释》第 7 条规定："已满十四周岁不满十六周岁的人使用轻微暴力或者威胁，强行索要其他未成年人随身携带的生活、学习用品或者钱财数量不大，且未造成被害人轻微伤以上或者不敢正常到校学习、生活等危害后果的，不认为是犯罪。已满十六周岁不满十八周岁的人具有前款规定情形的，一般也不认为是犯罪。"第 8 条规定："已满十六周岁不满十八周岁的人出于以大欺小、以强凌弱或者寻求精神刺激，随意殴打其他未成年人、多次对其他未成年人强拿硬要或者任意损毁公私财物，扰乱学校及其他公共场所秩序，情节严重的，以寻衅滋事罪定罪处罚。"

未区分成年人与未成年人，导致同一规定同时适用于成年人与未成年人，只是在司法解释中规定了对未成年人适用这些制度应该从宽，但如何从宽、从宽到何种程度并没有明确的规定。这不仅不利于"重教育，轻惩罚"的福利主义理念的贯彻落实，也不利于未成年人的人权保障。

（二）缺乏相应的管理与实施部门

最高人民检察院发布的《未成年人检察工作白皮书（2014-2019）》数据显示，未成年人犯罪数量处于连续多年持续下降后回升的状态，其中强奸、聚众斗殴、寻衅滋事暴力型犯罪人数呈现上升的趋势。[①] 这也表明未成年人触法问题不容小觑。目前，矫治教育工作的具体实施缺乏统筹规划的专门机构，实践中对触法未成年人矫治教育工作仍旧依附成年人犯罪管理机构，这就必然导致以成年人为主的教育和管理制度与未成年人矫治教育之间存在无法弥合的裂隙，致使对未成年人人格特征无法进行特殊关照。

（三）与未成年人身心发展规律相悖

目前，我国对触法未成年人的矫治仍以封闭式和监禁式为主，这不仅不利于未成年人复归社会，且与联合国有关未成年人最大限度避免监禁的司法制度相悖。专门矫治教育未形成体系，也必然导致矫治工作更偏向成人化，如未成年人在认识能力上具有年龄特征，是由具体形象思维向抽象思维过渡的阶段，处于该阶段的未成年人如果接受的是空洞的说教和高深莫测的理论，很难从思想根源上说服其矫正不良行为。

（四）矫治资源整合度欠佳

若要实现个别化专门矫治教育制度，必须对未成年人进行全面

---

① 《未成年人检察工作白皮书（2014-2019）》，https://www.spp.gov.cn/xwfbh/wsfbt/202006/t20200601_463698.shtml#1，最后访问时间：2021年6月1日。

了解，要有一支专业性的团队进行密切调查和跟踪反馈，对专业人员的大量需求就需要社会力量的支持。因此，将社会资本引入专门矫治教育体系是现实的合理性和必然性需求：只有整合社会和国家的资源，才能构建具有层次性和实效性的专门矫治教育体系。目前，一些矫治组织人员存在没有报酬、未设置考核监督、没有经费、没有正规的指导等问题，加之社会矫治人员本身具有不固定性，造成了与未成年人在思想交流的沟通上不具有连贯性。[①] 在实践中，在矫治的哪个环节引入社会资本、具体如何引入，以及引入后如何分工合作等一系列问题都尚待解决。

第二节　专门矫治教育的完善路径

通过对专门矫治教育目前存在问题的分析，明确专门矫治教育的适用与性质。在此基础上，为了解决上述问题，本书通过建构处遇机制和完善运行机制两条路径，实现专门矫治教育体系化建构，以期改善在实际操作中成效甚微的现状。

一、路径一：形成分级分类处遇机制

专门矫治教育应当按照未成年人所处年龄段、性别、心理特征、健康情况、行为原因、行为类型、情节、悔罪表现等情况，制定具有针对性的专门矫治教育方案，结合人身危险性评估和社会调查报告，对未成年人危险程度进行分级分类管理，结合不同类型的处遇措施，实现分层分级分类的专门化矫治教育、个别化矫治教育。矫治教育方案根据未成年人的表现等具体情况随时作出相应调整，实现矫治教育责任制。

---

① 袁林主编：《未成年人严重不良行为矫治机制研究》，法律出版社2017 年版，第 216 页。

（一）分级分类处遇的概念及外延

何谓处遇？根据日本刑法学家森下忠的考证，"处遇"是 treatment、traitement、behandlung 等词的译词，包含了处理、对待人、治疗等含义，处遇概念是矫正思想发展的产物。矫正理论认为，实施触法行为的行为人是因为他们的人格存在一定缺陷或者在社会化的过程中因某些缺陷而实施了触法行为。因此，他们是社会中的"病人"。① 处遇包含以下意蕴：一是与矫正相关联，与人格相关联；二是处遇是一个系统，是一系列矫正方法的总和；三是处遇是一种可见的、可操作的矫正工具。对同一未成年人实施不同的处遇，对其人格影响、方向和程度也有所不同。同时，处遇还涉及非刑罚处遇方式。虽然学界对非刑罚处理方法尚未形成统一的界定，但普遍认为非刑罚处罚方式以"人"为适用对象，② 没有刑罚性质，这与专门矫治教育将人格作为矫治对象理念相契合。概言之，处遇是矫正措施，是菲利所说的"治疗方案"。③

实证法学派认为，矫正的基础不应该仅仅是尊重社会的基本道德良知，更应该致力于设计一系列处遇措施。目前，我国分级分类干预矫治仍旧参照成年人的模式进行，显然不符合专门性的要求，未形成适合未成年人身心发展属性的科学分类与干预体系。因此，基于我国未成年人福利主义理念，应当准确把握未成年人的犯罪成因与规律，在专门矫治教育制度模式中建构触法未成年人的科学化分类机制，并针对个人独特的犯因性因素开展个别化的干预矫治。其实，早在 1955 年联合国第一届预防犯罪及犯罪待遇大会就已经

① ［日］森下忠：《犯罪者处遇》，白绿铉等译，中国纺织出版社 1994年版，第 5 页。

② 参见高铭暄、马克昌主编：《刑法学（第七版）》，北京大学出版社 2016 年版，第 243 页。

③ 翟中东：《刑法中的人格问题研究》，中国法制出版社 2003 年版，第 217-218 页。

提出要针对不同的罪犯按照年龄、性别、犯罪原因、犯罪记录和刑罚种类等不同因素进行分别关押。到目前为止，对罪犯进行分类关押已经是各国监狱系统的基本原则，西方国家还进一步发展了人身危险性调查制度、罪犯人格调查制度，包括对罪犯的生长环境、身心健康和家庭背景等进行调查。我国也在 1994 年的监狱法中提出在兼顾罪犯社会危险性的基础上，采取"横向分级，纵向分类，分类处遇，分级施教"的原则，对罪犯实行分管、分押和分教。有研究也表明，暴力和其他反社会行为（如盗窃、贩毒等）需要进行多成分干预，进行分级分类的矫治教育，以及针对与未成年人暴力和其他问题行为相关的显著风险因素的干预，可能在解决未成年人行为问题方面特别有用和有效。[1]

加强分级矫治教育是响应党的十八大、十九大部署的司法制度改革任务，2019 年最高人民检察院下发的《2018-2022 年检察改革工作规划》就未成年人犯罪问题作出部署，[2] 要求通过对未成年人处遇措施实行分级分类，最终实现一体化和整体化的目标。司法机关在设计分级分类处遇机制的内容时，首先应当明确细化制度的分级性这一性质定位，这也最终决定了制度涵盖具体内容的选择范围和保护力度。

建构专门矫治教育制度的分级分类制度，对不同情况的触法未成年人适用不同的教育矫治方案，达到矫治教育的全面性和精准性。其中，分级处遇是指按照人身危险性、年龄和行为性质等相关因素的差异性对触法未成年人进行人格调查评估，划分为不同等

---

① Salas-Wright, C. P. , Nelson, E. J. , Vaughn, M. G. , et al. （2017）. Trends in Fighting and Violence Among Adolescents in the United States, 2002-2014. *American Journal of Public Health*, 107（6）, p. 981.

② 《2018-2022 年检察改革工作规划》具体规定，要完善未成年人检察工作机制，探索建立触法未成年人分级处遇和保护处分机制，不断研究探索构建未成年人家庭教育、临界预防、保护处分和分级处遇制度。

级，为下一步制定专门矫治教育方案起到辅助与指导作用；分类处遇是系统性地梳理专门矫治教育的各项措施，如认知矫治、询证矫治、机构化矫治、半机构化矫治、非机构化矫治等一系列内容。鉴于之前工读学校以及收容教养的失败经验，专门矫治教育在处遇措施方面应该从中吸取经验与教训，通过与时俱进的方式不断提升处遇措施的功能性和针对性，从而大幅度提升矫治教育的最终效率。与适用标准分级体系构建关注触法未成年人本身不同，处遇措施分类体系建构关注的焦点是通过外部矫治教育模式宏观和微观环境的提供，使未成年人能够改变原来不良的心理状况和错误的行为习惯。因此，相对于适用标准注重内部对触法未成年人进行分级区别，处遇措施分类更加强调外部的类别划分。

人格矫治的系统性、多层性以及丰富性要求尽可能结合触法未成年人的各个年龄段，通过科学和创新的方式，对不同人格设置不同的矫治教育方案，实施不同类别的矫治教育措施，并进行分层管理。触法未成年人具有不同的性质类型，包括初犯、偶犯以及常习犯等不同类型的犯罪，导致未成年人发生触法行为的原因更是错综复杂，如果一味强调矫治教育的表层效率，使其快速达到复归社会的目标，而忽视之后适应社会的能力、再犯情况和人格矫治这些重要因素，显然不符合未成年人刑事政策，与专门矫治教育制度最初设立的目标也南辕北辙。此次预防未成年人犯罪法修订草案明确实施分级干预制度，再次表明国家在挽救教育层面的决心。

一般在 8-10 周岁之前未成年人的自我控制能力已经基本定型，12-19 周岁后期的整个年龄段触犯法律的可能性最大，因此，专门矫治教育未成年人集中在 12-16 周岁的年龄段（见图 8）。[①]除了按照不同年龄段安排住宿、培训和活动，建议增设切实且有针对性的个性化与多元化课程，特别注重心理健康教育。另外，应重

---

① [美] 乔治·B. 沃尔德等：《理论犯罪学》，方鹏译，中国政法大学出版社 2005 年版，第 368 页。

视社会人格调查报告在分级矫治过程中的作用，通过分析未成年人的成长环境、主观恶性程度、犯罪前后的表现、家庭、心理等因素，为危险性与犯罪性质相近的未成年人制定有助于回归社会的个性化配套矫治课程，并提供专业指导咨询。[①]

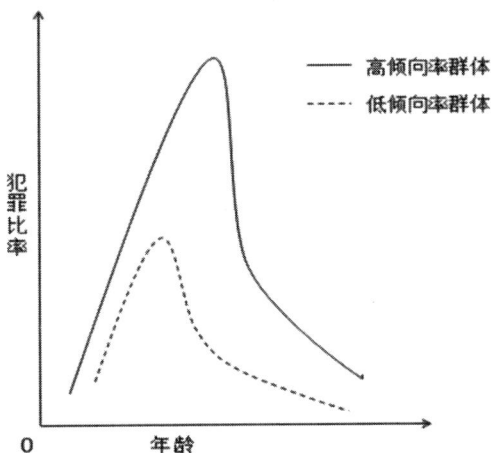

图 8　年龄、触法倾向和触法行为之间的假定关系

（二）分级分类处遇模式

专门矫治教育制度模式设计是建构分级分类处遇机制的基础与依据，因此应借鉴域外成功经验，结合我国未成年人成长环境与特征，实现模式建构。以下是对专门矫治教育分级分类处遇模式构建的细化。

1. 分类制矫治模式。分类制度被广泛运用到各国矫治制度当中，当然在专门矫治教育机制建构中也应引入这一重要模式。分类制是实现针对性矫治和处遇的前提。分类制在学界的研究稍显落

后，在概念上缺乏统一性。有学者认为，分类制的概念为予以分别监禁的矫治制度。① 有的学者将分类制的概念界定为"按不同的标准对犯人进行分类监禁的行刑制度。"② 还有的学者将分类制界定为"根据一定标准将犯人分为若干类别，实行分别处遇的矫治制度"。③ 1950 年在荷兰召开了第十二届国际刑法和刑务会议，对分类制的认识进行了统一，通过了关于分类概念的决议。该决议首次梳理了分类的概念，认为"分类"这一用语在欧洲语言中意味着首先根据年龄、性别、前科、精神状态等因素，将不同类型的犯人分别集中关押在特殊的矫正机构，随后再在各个矫正机构内将犯人细分成不同的小组；美国各州在行刑理论与实践中所指的"分类"主要是犯人的诊断评价、指导和待遇的专门用语。现在的分类制度也适用于教育分类、调查分类和精神分类等。

分类制的使用始于 19 世纪中期的美国，由于教育刑思想的兴起，开始注重对罪犯进行个别化教育。换言之，分类制矫治模式是建立在个别化矫治之上的，分类制的特点就在于将特质大致相同的触法未成年人集中在一起进行矫治，创造有利于矫治这种特质的处遇条件，一方面能够实现教育个别化；另一方面能提高矫治的专业化和专门化水平，有利于集中优势力量，整体提高矫治效率。如日本践行的分类处遇制度，首先要进行为期 60 天的分类调查，在明确收容分类的级别之后，再被移送到不同类别的刑务所，被分配到不同的刑务所之后，再根据分类调查中确定的处遇方案和处遇分类决定给予罪犯不同的待遇。日本对分类工作给予了较高的重视，共

① 丁道源在《矫正学大词典》中指出分类制度为"对罪犯的姓名、性别、刑期、罪质、年龄、罪数、职业、身份、性情等资料加以斟酌，而进行分别予以监禁的矫治制度"。

② 中国劳改会编：《中国劳改学大辞典》，社会科学文献出版社 1993 年版，第 559 页。

③ 杨春洗等主编：《刑事法学大辞典》，南京大学出版社 1990 年版，第 339 页。

设置了九个分类中心，负责对新入监的犯人进行分类调查工作。[①]
日本对罪犯进行分类矫治的方式值得我国借鉴，分类矫治不应仅停
留在对触法未成年人这一整体类别的个性化判断上，而应从更深层
次的个案角度科学认识触法未成年人，以此作为标准进行分类。

2. 处遇矫治模式。通过不同的处遇措施，在矫治过程中对触
法未成年人给予不同的待遇，激励未成年人完成人格矫治目标。设
置专门矫治教育处遇模式，可以从两个方面展开：一是外部的改
良，即根据未成年人人格调查报告，对矫治机构和矫治方式进行不
同的分类和改进，目的在于通过外部矫治处遇方式的区别化提升矫
治的有效性。这种分类具有一定的被动性，未能从根源上驱动未成
年人接受矫治教育的信心与积极性，只是在形式上实现对不同类别
的未成年人进行分类管理。二是将消极的矫治转变为积极的矫治，
利用矫治的宝贵时间与空间主动开展工作，在矫治制度上进行合理
改进，集中革新矫治的处遇激励，如差别性处遇、累进制处遇、开
放性处遇、分级性处遇，最终达到鼓励和刺激未成年人改过自新的
目的，这也被称为处遇矫治主义。在专门矫治教育制度建构中应当
注重开放式处遇的激励能量，将处遇作为一种激励未成年人的有力
手段，其中累进制处遇模式发挥了重要作用。

3. 累进制矫治模式。累进制矫治模式是指将矫治分为数个阶
段，按照触法未成年人的矫治成绩，渐次改进其待遇，最终达成改
过自新的目标的模式。累进制处遇模式是教育刑思想的产物，其认
为矫治场所不应只是进行收容的消极场所，而应立足改造触法未成
年人的不良人格，通过建构主义等积极的矫治方式，将矫治过程
"有价值化"。累进制矫治提取了管理科学中激励触法未成年人能
量发挥的模式，使其始终处于一个正向努力的过程，铺就其矫治自
新的道路。

---

① 参见李朝霞主编：《国外矫正制度》，中国政法大学出版社 2020 年
版，第 315 页。

1792 年亚瑟·菲利普在新南威尔士推行了假释票制度，殖民统治者强烈反对这种无组织的假释制度。伴随着对假释制度的完善，累进制应运而生。为了解决假释制度滥用的问题，菲利普将假释制度改为刑期为四个阶段的近似累进制的模式：第一级，将新流犯置于惩罚场，使其服重度劳役；第二级，将第一级罪犯中保持善良的人重新编入开垦队，生活较第一级自由，在监管下从事垦殖；第三级，对上一级中保持善良的人，让其从事自由殖民者之业，但是还需要监督；第四级，对第三级善良之人保持行状善良持续一定期间的，发给"释放票"，命其居住在特定区域，定期报告生活情形等条件下免予残余刑期的执行。① 累进制模式与假释和分级制密不可分，在最初设置累进制模式时，分级制是作为累进制的基础和前提设立的，而累进制的结果和目标则指向假释制度。虽然累进制的设立并非专门针对未成年人，但累进制和分级制在罪犯处遇中适用的逻辑能够被专门矫治教育制度吸纳并适用。

之后，累进制在各国逐渐推广，如 1993 年日本就颁布了《行刑累进处遇令》，规定累进制作为日本监狱的基本行刑矫治制度。在其基本内容中，将处遇分为四个等级，每一级都佩戴相应的标志。根据级别的划分，新入所的罪犯经过分类调查之后，首先进入第四级，然后根据罪犯在所内的改善表现逐渐累进，原则上应是逐级累进，不得越级。处于第四级的罪犯只准会见其直系亲属和监护人；第三级以上才可以会见"不影响教化"的其他人，并且第三级和第四级实行强制工种劳动；到了第二级，罪犯每天可以自愿进行 2 小时收入归自己的劳动；第一级可以进入开放性处所从事无戒护下的劳动，并且可以实行有效的自治制度。② 如何进行累进考

---

① 参见李朝霞主编：《国外矫正制度》，中国政法大学出版社 2020 年版，第 110 页。

② 参见李朝霞主编：《国外矫正制度》，中国政法大学出版社 2020 年版，第 315 页。

核，以及累进考核的具体项目，也是累进制必须进行专业化设定的内容。日本累进制考核的内容包括以下几个方面：一是劳动成绩以及劳动态度；二是思想观念的改进；三是日常的表现。在考核时间方面，执行刑期未满 8 个月的每 2 个月进行 1 次考核，之后每 6 个月进行 1 次考核。再由刑务官员把考核结果记入《行刑成绩考察表》中，并将该表格提交给刑务官会议审核，再决定是否升降级。每当罪犯要升入新的一级时，都要写誓约书。

将累进制适用于专门矫治教育制度中，首先要明确累进制的核心理念，即对处遇进行有条件的改善，从而达到鼓励罪犯重新走上正轨的目标。累进制的做法是将矫治的全过程分为若干等级或阶段，各个等级或者阶段对应不同的矫治内容。触法未成年人从低级的矫治开始，随着改善程度的不断提高，慢慢向高级矫治累进。累进制不仅能够提高触法未成年人的自律能力，同时也能够激发自我矫治的积极性。累进制和分类制在矫治中的运用实则也是矫治工作的必然选择：通过建立激励待遇模式、梯级奖励模式，进行科学、文明、依法管理的演进和深化，为矫治工作秩序的建立提供理论基础，也为激励触法未成年人提供不懈的动力和源泉；[1] 通过对其进行信息筛选和分类鉴定，为矫治工作者在主客观方面科学有效地制定个别化矫治方案提供依据，也为分类关押提供基础。实行累进制和分类制这一动态化的分类管理模式实质是从科学行刑的角度出发，使矫治的资源能够获得更好的利用与发挥，为矫治制度的稳定与安全运行提供保障，为个别化矫治奠定基础。

二、路径二：完善全面、开放、公正与有效的运行机制

规范起到指导性和统领性的作用，而矫治的真正意义在于实体的运行，运行机制直接影响专门矫治教育的效果。本书通过完善专

---

① 参见孔玲：《论分类制和累进制》，复旦大学 2008 年硕士学位论文，第 4 页。

门矫治支持型矫治系统，实行全面矫治；完善专门矫治教育社会支持机制，实行开放矫治；实现专门矫治教育程序司法化，实行公正矫治；完善专门矫治教育执行机制，实行有效矫治。

（一）分层次、多层级完善运行机制

提高矫治决策落实和执行能力，建立专业化的组织管理系统，组织管理系统是矫治工作协调、高效和科学运转的前提及保障。依照矫治的现实需求①，制定符合触法未成年人年度教学的长远规划，以科目形式将文化、技术、思想和文体活动等教学内容确定下来，按照课程进行科学合理的教授。其中，应当突出德育的作用，以社会主义核心矫治为导向，以法律和道德为教育主线，加强触法未成年人在矫治过程中的意识教育、悔过自新教育和优秀传统文化教育等一系列能够提高其悔过自新和再社会化的教育内容。同时，将网络等新型科学技术运用到矫治过程中，利用互联网开展远程教育，拓宽触法未成年人接受教育的有效渠道。此外，利用网络建立全国性的矫治信息公布专栏，搭建全国矫治数据共享平台。概言之，触法未成年人游离于刑罚之外，给社会治安防控、犯罪预防带来挑战，专门矫治教育运行机制应当探索建构符合我国国情、区域实际的干预体系。

一是综合性干预体系。专门矫治教育整体运作框架包括：（1）根植于家庭——触法未成年人的家庭无论是结构问题或是教育监管能力欠缺，通过和谐家庭、家长学校等方式加强家庭教育，或通过"拟制亲情"教育让未成年人感受到关爱，建立自尊与自信。监护人怠于履行相应职责的，专门矫治教育机构应当督促和教育其履行义务。监护人拒不履行相关职责，违反家庭教育促进法的，通知相关部门依法作出处理。（2）补足在社区——如通过组建专业化社工团队，对半机构化、非机构化矫治教育以及已经结束

① 参见戴相英主编：《未成年人犯罪与矫正研究》，浙江大学出版社2012年版，第132页。

矫治的未成年人进行定期的评估与信息跟进。(3)落实于社会——专门矫治教育需要社会的支持和法治的坚持,该项制度的落实牵涉到教育、司法、福利、卫生等不同部门,需要民间团体的参与和辅助。将制度落实到实处,专业的人员是基础,不只是社会工作人员专业体制的充实,与未成年人服务相关的其他专业体制也要相继实现,专门矫治教育的专职工作人员应通过层层选拔定岗定编,充足的人员协调分工,群策群力,人力无穷,物力不竭①。(4)由亲及疏——构建家庭、社会、政府与学校共同矫治格局,在整个专门矫治教育制度落实过程中都应当承担起肩负的责任。(5)规范标准——保护措施、经费筹措、人员编制、责任申报、机构规章都需明确制定。

　　二是科学性干预体系。无论是工读学校、收容教养、社会矫正等一系列具有矫治意义的制度,都在很大程度上依赖实践,理论虽然起到高屋建瓴的指导作用,对制度的前期建构和后期完善都具有重要意义,但归根结底,制度的科学性、合理性、可操作性都需要落地生根发芽,一项完备的制度必然经得起实践的考验。如加拿大就通过专家介入的方式,提炼总结出针对不同类型罪犯的矫治计划,这些矫治计划经过多年的实践和完善,都逐步进入成熟的状态。此外,矫治机构通过与大学科研机构合作,提炼出矫治工作所应重点关注的影响矫治效果的六大特征以指导实践工作:(1)犯罪的态度。(2)犯罪的前科。(3)同辈群体。(4)家庭居住环境、受教育情况。(5)瘾癖。这些研究成果对于矫治工作都发挥了重要的作用。专门矫治教育必须理论结合实践,通过长期的应用理论研究掌握未成年人越轨的规律,对矫治过程中未成年人的重点需求着重研究,形成一套能够适用于各个地区的专业性理论与模式。(6)从惩罚到教育,对未成年人而言矫治的儆戒效果不是刑

---

　　① 参见蔡汉贤、李明政:《社会福利新论》,松慧出版社 2004 年版,第 225-226 页。

罚的严酷，不是有形的恐惧，而是教训、责任感、价值观、法治观和道德观念的灌输与养成，对未成年人的矫治不是向其展示惩罚的威慑，而是教育其辨认出规范本身。

三是专业性干预体系。专门矫治教育制度是一项科学的制度，这不仅要求制度体系的建构应该严格贯彻落实科学的方法和程序，严格按照科学规律运行，全方位纳入规范化的科学管理之中，并且要求对矫治实行专业化建设：专业化的矫治主体评估和矫治人才标准、具体操作规程和矫治技术标准、矫治课程开发、矫治效果评定和矫治管理协同等系统的内容。之前的收容教养制度就缺乏科学性和系统性的理论指导，具有明显的经验性特征，没有充分考虑个体差异性和不同的条件需求，这也是导致收容教养制度虽然存在几十年之久却一直处于形式主义泛滥的尴尬境地的原因。在全新的时代更应该利用科学技术提高对矫治教育软硬件的建设，充分运用管理、教育、心理等学科的科学理论技术，加强专业矫治体系的建构。将科学元素注入挽救帮助、分类矫治、个别化矫治以及最后的矫治效果评价中，唯有运用当前先进的科学技术和先进理论，方能保障矫治方式方法的正当性及矫治成果的有效性。

四是系统性干预体系。专门矫治教育分级分类处遇机制在实践中若要发挥矫正越轨行为和预防再犯的效能，需要前期的社会调查评估、多元化矫治措施、司法化矫治程序、规范化矫治机构、有效的帮扶引导等联合发挥功效。澳大利亚学者杰森·佩恩（Jason Payne）等通过调查发现，触法未成年人首次越轨后，经过 6 个月超过 5%的触法未成年人再次实施越轨行为，经过 12 个月这一比例已经上升至 12%，而在 24 个月内，有 22%的人再次实施越轨行为。再次越轨的平均时间为 2439 天，即 6 至 7 年。[①] 换言之，影响

① Payne, J. and Weatherburn, D. (2015). Juvenile Reoffending: a ten-year retrospective cohort analysis. *Australian Journal of Social Issues*, 50 (4), p. 360.

未成年人再次实施越轨行为的因素具有复杂性与长期性，运行机制的建构应将各个因素有机结合，即无论是单独因素还是整体因素，都应当进行独立的研究，然后研究这些因素的综合效应。①

五是统筹性干预体系。分工明确具有保障运行与维护未成年人合法权益的重要意义。专门矫治教育制度需要多个部门发挥自身的优势，如果国家职能部门之间存在分工不明确等问题，势必会导致责权分散，无法实现矫治力量的整合。预防未成年人犯罪法第45条虽然对矫治行政机构作出"公安机关、司法行政部门负责未成年人的矫治工作，教育行政部门承担未成年人的教育工作"的规定，但也只是笼统性的规范。因此，建立一个统筹性和专业性兼具的专门矫治教育机构，对各个部门的力量和资源进行有效整合，以此应对目前矫治专业性不足、人力和物力欠缺的问题。2001年中央综治委成立了青少年违法犯罪专项领导小组，正是基于现实的呼吁，之后各省市及地区相继成立了青少年违法犯罪专项机构，建构专门矫治教育应以此作为借鉴，设立专门机构发挥整合、协同、统筹和分工的职能，形成有效信息资源共享平台、合理分工模式和科学工作衔接机制。

（二）多模式完善运行机制

为了有效完善专门矫治教育运行机制，应建立矫治教育自治模式与协商互动模式，两种模式的适用与运行机制完善相辅相成，互相作用，形成内在自省与外在审视互动模式。只有在良好的运行机制下自治与协商互动模式才能发挥效能，两种模式也能够推动整个运行机制的良性循环。

1. 自治模式。自治模式是在矫治教育工作人员指导之下，让未成年人根据自己的生活习惯管理自己的日常事务，自行维持矫治

---

① Webster, C. M., Sprott, J. B. and Doob, A. N.（2019）. The Will to Change：Lessons from Canada's Successful Decarceration of Youth. *Law & Society Review*, 53（4）, p. 1095.

的秩序，并且能够在此过程中充分发挥未成年人的互相监督、督促与主观能动性，使其自我成长和自我束缚的管理结构。

自治模式源于美国的少年教养院，1913 年美国纽约州奥本监狱狱长莫特·奥斯本在监狱内创立自治同盟，开始实行自治制度。在他所设立的自治同盟中，监狱被视为一个小社会，每个罪犯都是这个社会的公民，并且依照孟德斯鸠的"三权分立"学说，将监狱中的所有罪犯组成一个自治团体，设立最高的权力机关自治委员会，负责处理日常事务的理事会和负责处罚罪犯违反监规纪律的裁判机构，各机构由罪犯选举产生的人员担任领导，对监狱内的罪犯进行卫生、教育、纪律和劳动等内部事务的管理。

自治模式适用于专门矫治教育制度体系建构主要具有以下几方面优点：一是有利于未成年人复归社会。完全与社会隔离的管理制度显然对未成年人复归社会造成不良影响，况且矫治机构内部的生活与外部社会生活及学习生活存在截然不同的环境差异。尤其是封闭性的机构化矫治环境，非常不利于未成年人适应与复归社会，而自治模式中自主参与的形式与社会环境相兼容，对其复归社会大有裨益。二是有助于培养未成年人的自尊心。自治模式能够激发未成年人步入正轨的内在驱动力，将矫治未成年人的任务交给他们自己，进行自我管理和自我命运的掌控，防止未成年人自暴自弃，克服非自治制度下未成年人的被动状态和对立情绪。三是有利于机构内秩序的稳定和纪律的遵守。自治模式把违反纪律的未成年人的处罚权交给了未成年人自治组织，发扬了未成年人的民主，在接受惩处越轨行为之时不会轻易产生抵触情绪。四是有利于未成年人养成相互帮助的习惯。触法未成年人都是出于利己而实施越轨行为，自治制度能够使未成年人养成集体生活的习惯，并且明确自己在集体中的权利义务、所处的位置，能够增强其集体意识和责任感，以树立集体观念为着眼点，尽可能地消除以自我为中心的错误观念。①

奥斯本的矫治报告显示，自治制度对减少再犯作出了不少贡献，在自治制度实施之后，对罪犯的自由范围进行放宽，但是逃跑的犯人却呈现逐渐减少的状态，甚至劳动收入还增加 1 倍以上，累犯率也降低到 15% 以下，这项制度在实践中非常成功。自从美国实施自治制度之后，也逐渐被欧亚国家借鉴和效仿，之后采取自治制度的有德国的汉堡监狱和日本的久留米、冈崎等少年监狱。成功的经验同样值得我国借鉴，自治制度适用于专门矫治中，不仅符合未成年人成长规律，而且能够解决未成年人面对强制性机构化矫治产生叛逆心理的难题，通过引导性管理让其在充足的空间中实现自我矫治。

2. 协商互动模式。建构主义理念的教育方式要求矫治者和矫治主体之间不是片状浅表性的单线发展思维逻辑，而应该是一个良性互动的模式，这既是矫治开展的基本方式，也是矫治最终能够达到兼具正当性和有效性的重要手段。协商模式主要包含以下几个方面的内容。

一是矫治方案的协商。这要求矫治方案在拟制过程中，不仅仅考虑作为矫治主体一方的需求和目标，而是将矫治者和矫治主体同时考虑到方案的制定中，两者一起面对矫治的需求，有针对性地制定相关措施、树立正确目标，对矫治计划进行详尽的探讨，并帮助未成年人树立在矫治中获得成长和改过自新的信心。并且应增加矫治者和矫治主体之间沟通交流的机会，了解各方需求，及时对矫治方案作出有效调整。矫治者在整个活动中应担当起服务的提供者、教育者、调控者、支持者等角色，让未成年人按照整个方案自觉接受矫治。通过这种了解互相需求的方式进行及时的沟通交流，最终达到合作共赢的目标。

---

① 参见李朝霞主编：《国外矫正制度》，中国政法大学出版社 2020 年版，第 35 页。

二是个体和群体人际关系的互动。通过对未成年人的人格调查发现，很多未成年人之所以走上违法犯罪的道路，往往是因为未成年人年幼时期是在缺失照顾和保护的环境下成长，缺乏亲情系统的支持，导致无法处理好与师长、家人和朋友之间的关系。因此，在矫治过程中，除了技能培训等有助于其之后社会生活的教学，也应当注重对其心理进行疏导。此外，加强对未成年人全日制文化课的教学，注重把中华优秀传统文化纳入矫治教育的范围之中，对如何处理好人际关系给予足够和必要的规训，在潜移默化中提升道德素养。

研究关注一个群体间的互相作用行为关系，对正当有效的矫治起到积极作用，将犯罪这种病毒交叉感染的机会控制在最小限度，最终形成非正式群体的良性互动且浓厚的自我矫治氛围和风气。[1]未成年人在矫治过程中经历了一段或长或短的相处时间，在此过程中，性格、爱好和兴趣相似的未成年人会逐渐形成小群体。在矫治过程中，利用好分化后的群体，进行正确和积极的引导，使之成为积极自我矫治的群体。还可以形成互相监督的模式，有目的、有计划和有梯次秩序地帮助他们建立良好的小团体，有利于他们向成长和自我革新的方向发展。同时，依照建构主义理念，将不同群体的未成年人组织在一起建立互相监督的学习小组，增强内部学习动力，扬长避短，不断促进同伴之间的学习关系，帮助他们形成正确的社会认识，增强道德情境体验，从根源上改变他们的道德思维方式。

此外，在人格矫治过程中，改变触法未成年人原本存在缺陷的意识形态，运用丰富的、发展的和充分的文化动力要素，建构一个内容健康、充实的精神世界，从而拥有健康人格。我国是一个具有深厚文化传统的国家，因此应该在矫治过程中加强中华民族优秀传

---

① 参见戴相英：《未成年犯罪与矫正研究》，浙江大学出版社 2012 年版，第 135 页。

统文化的教育。习近平总书记多次在讲话中指出优秀传统文化在施教层面的重要作用。① 古往今来，优秀的中华传统文化在造就和培养民族性格和教育个人成长方面都发挥了巨大的作用。在社会主义新时代，虽然我国的社会结构发生了翻天覆地的变化，但是传统文化犹如灯塔一般始终照亮着一代又一代读书育人的道路。因此，将中华民族的优秀传统文化贯穿到教育中，使触法未成年人知耻明德、内省明辨、修身明礼、立志自强，将传统文化潜移默化地持续濡染到思维逻辑中，最终达到德育的目标，激发其改变的动力。

第三节 本章论要

《刑法修正案（十一）》正式将专门矫治教育制度写入刑法之中，即目前规定专门矫治教育制度最高位阶的基本法律是刑法，涉及触法未成年人矫治教育的法律规范包含了刑法、刑事诉讼法、监狱法、未成年人保护法、预防未成年人犯罪法以及最高人民检察院、最高人民法院、司法部、公安部联合发布的《关于办理少年

---

① 在 2019 年全国学校思想政治理论课程教师座谈会上，习近平总书记指出："中华民族几千年来形成了博大精深的优秀传统文化，我们党带领人民在建设、革命、改革中锻造的革命文化和社会主义先进文化，为思政课建设提供了深厚的力量。"之后，在庆祝改革开放 40 周年的讲话中，习近平总书记也提出："40 年来，我们始终坚持发展社会主义先进文化，加强社会主义精神文明的建设，培育和践行社会主义核心价值观，传承和弘扬中华优秀传统文化，坚持以科学理论引路指向，以正确舆论凝心聚力，以先进文化塑造灵魂，以优秀的作品鼓舞斗志，集体主义、爱国主义、社会主义精神广为弘扬，楷模和英雄模范不断的涌现，文化艺术日益繁荣，网信事业快速发展，全民族理想信念和文化自信不断的增强，国家文化软实力和中华文化影响力大幅度的提升。我们要加强文化领域制度建设，举旗帜、聚民心、育新人、兴文化、展形象，积极培育和践行社会主义核心价值观，推动中华民族优秀传统文化创造性转化、创新性发展，传承革命文化、发展先进文化，努力创造光耀时代、光耀世界的中华文化。"

刑事案件建立互相配套工作体系的通知》，最高人民检察院发布的《人民检察院办理未成年人刑事案件的规定》，最高人民法院发布的《关于审理未成年人刑事案件的若干规定》和《关于审理未成年人刑事案件具体应用法律若干问题的解释》，公安部颁布的《公安机关办理未成年人违法犯罪案件的规定》以及司法部发布的《未成年犯管教所管理规定》等。①

虽然矫治制度早就适用于未成年人违法犯罪中，但因为对该制度只作了概括性的规定，规范过于宏观和原则，也尚未形成完整的体系，涵盖的内容不够全面，上述规范性文件对矫治教育的性质、适用条件和适用程序等相关内容存在语焉不详的问题。在实践中主要以不同部门所颁布的规范性文件作为依据，造成了执行的混乱。规范性文件发布主体不一，位阶和性质差异也很大，导致在具体执行和适用过程中陷入内容相互矛盾、错综复杂、效力冲突的困境。在执法方面，法律执行主体不明确，职责分工不清，综合治理困难重重，难以形成"齐抓共管"的局面。而我国的触法未成年人干预机制已经与犯罪低龄化的紧迫形势之间形成了难以弥合的张力，之前收容教养因制度设置不合理性、地域间发展不平衡、覆盖范围不广等问题，在司法实践中犹如虚设。② 这也是导致收容教养制度走下刑法舞台的原因，如何使专门矫治教育不步收容教养的后尘，独辟蹊径在矫治教育触法未成年人领域起到重要作用，首要的是应该完善相关制度。

目前，专门矫治教育还缺乏一个整合的、一致认可的科学架构，缺乏一个明确的科学架构必然无法将专门矫治教育中的理论、研究主题、研究方法和新兴研究方法等内容有机结合在一起。因

---

① 参见张桂荣、宋立卿：《违法犯罪未成年人矫治制度研究》，群众出版社 2007 年版，第 175 页。

② 参见高冰：《未达刑事责任年龄未成年人刑事保护处分制度的构建》，载《人民检察》2016 年第 14 期，第 53 页。

此，对专门矫治教育的形塑极为重要，科学合理的架构为之后的研究打下基础。人格矫治的挑战性在于导致未成年人实施触法行为的原因具有复杂性，在接受专门矫治教育过程中，不同年龄段、不同心理、不同世界观、不同行为动机的未成年人所展现的状态也有所不同。掌握触法未成年人的行为特征以及人格缺陷特征，有助于全面地对其进行价值评价，根据价值评价，决定适用何种处遇措施。运行机制是检验理论是否科学的最佳方式，因此专门矫治教育应当建构合理、科学、完整的运行体系，充分考察未成年人个体特殊性。为了更好地进行分类分级矫治，在执行层面建立运行矫治一体化的管理模式，以实行个案矫治的目标为起点，落实合理化分层和分组，综合运用文化教育、技能培训、思维训练及认知矫治等一系列手段，运用软件平台、互联网等与时俱进的科学技术，对个案矫治全过程进行实时记录。①

---

① 参见戴相英主编：《未成年人犯罪与矫正研究》，浙江大学出版社2012年版，第132页。

第四章 专门矫治教育制度的处遇机制及其建构

"可塑性人格+触法行为—评价—处遇措施"相适应原则要求触法未成年人适用的处遇措施应当与"评价"相适应。本章从触法未成年人人格、行为社会危害性、所处年龄段（基于辨别能力和控制能力考量）等方面展开分析，运用实证科学的知识和技术，如人格测评、人身危险性评估表、社会人格调查表，对触法未成年人人格进行科学的个别调查，同时将屡次实施触法行为、行为严重违背社会伦理作为价值评估要素之一。根据综合报告，实施具有针对性的处遇措施，形成一个严格规范、科学实用、功能性强的分级分类专门矫治教育处遇机制，使触法未成年人的处遇科学化与个别化。分级分类矫治是教育刑论、刑罚个别化的要求，也是刑法实质正义的诉求。

第一节 "可塑性人格+触法行为"：价值评价核心要素

菲利是第一个提出刑罚个体化和人格矫治理论的学者，他认为犯罪行为是研究犯罪者的必要条件之一，同样的犯罪从人类学和社会学的角度来说，因为犯罪的原因不同，需要对各种人格的犯罪者采取不同的治疗方案，因此适用刑罚应该以犯罪者的人格为根据，矫正犯罪者应该以矫治人格为目标。[①] 同时，他反对将刑罚作为应对犯罪的灵丹妙药的观点，主张在犯罪起因的实证研究中寻找社会防卫的手段，实现预防犯罪的目标。在菲利的提倡之下，一场处遇个别化的改革热潮正式拉开。申言之，真正实现人格矫治在于以"行为人"为核心，以及综合矫治范式的确立。在此基础上，根据不同的人格和触法原因，实施个别化的专门矫治教育方案以实现人格矫治目标。

一、未成年人不良人格的特征

本书第二章对未成年人可塑性人格的理论谱系做了一定的阐释，本章的未成年人不良人格特征是在专门矫治教育制度框架范围内进行的探讨。

（一）未成年人不良人格的基本特征

当未成年人实施超出人们想象的具有严重社会危害性的行为时，人们会不自觉地在认识论层面反映出"触法未成年人与其他未成年人有什么不同""具有哪些特征的未成年人会实施触法行为"。除了心理学家仍在努力测量他们在智力、体型、生理等方面在某些特征上的不同，社会学、犯罪学和刑法学家们也在努力测量具有哪些社会化特征的未成年人更有可能实施触法行为。他们寻找的维度包括家庭、教育、群体、文化、性别等。还有对未成年人个体纵向的研究，通过研究未成年人的生长历程，寻找成长历程中的发展性因素。但无论是强调"触法未成年人与其他未成年人有何不同"还是"具有哪些特征的未成年人会实施触法行为"，都是将目光集中在了"触法未成年人本身"。

如思维偏激程度较强的触法未成年人在专门矫治教育过程中出现对矫治教育抵触的情绪，不承认应当为自己的行为承担责任，不

---

① 参见张文、刘艳红、甘怡群：《人格刑法导论》，法律出版社 2005 年版，第 126 页。

相信法律的公允与政策的合理，甚至对矫治教育工作者产生厌恶对立的情绪。在情感上不良人格明显的触法未成年人也会表现出情感冷漠、意志双重性和偏执人格特征：一是情感冷漠，主要形成于早期家庭的不幸经历，缺乏关爱或家庭破碎都会导致未成年人情感冷漠，认为人心叵测、法律不公正、社会冷酷等，也由此激发其对社会的愤懑情绪，对矫治教育活动存在极端的反感情绪，往往在激情状态下实施极为残酷的如自杀等反矫治行为。二是意志双重性，具体表现为在矫治过程中出现意志薄弱和抗拒矫治的特征，触法未成年人往往对自身能否通过矫治改恶从善缺乏信心，尤其是低龄未成年人心智尚未成熟，却已经萌生了很强的自尊心，在矫治过程中暂时遇到微小的困难都难以克服。但在抵抗矫治过程中却又表现出绝对的自负和惊人的勇气与毅力，甚至为躲避矫治不惜自伤自残。三是偏执人格特征，这在触法未成年人身上得到极致的体现，如具有破坏性的特殊能力结构以及具有兴趣爱好偏狭等，性格上残忍、野蛮、自私、懒惰、莽撞等都是偏执型人格的主要体现。

在专门矫治教育处遇机制建构过程中，要充分根据该年龄段触法未成年人的人格特征，设计符合该年龄段的矫治教育具体措施。按照"需求—动机—行为"的原理，通过正确的引导形成正常回归社会心理的转化机制。随着未成年人年龄的增长，辨别能力和控制能力不断提升，具有更为明确的动机对行为进行指导与支配，人生观、世界观、价值观的强化教育，认知能力和法制意识的提升能够定向地推进与发动某些行为，或者能够对某些消极行为实现中止和消除。

（二）未成年人不良人格的形成原因

在专门矫治教育落实过程中，应综合评估未成年人的特殊人格，采取不同的矫治干预方案。之前我国的司法矫治体系并未对个别需求提供个性化的矫治方案，这在很大程度上限制了矫治的效果，也导致了交叉感染和深度感染的发生。因此，建构科学的分级分类处遇机制势在必行，不仅通过心理、生理等方面研究人格的差异性，而且要从个体纵向研究着手，包括未成年人人格发展背景、与周围环境互动等因素（见图9）。

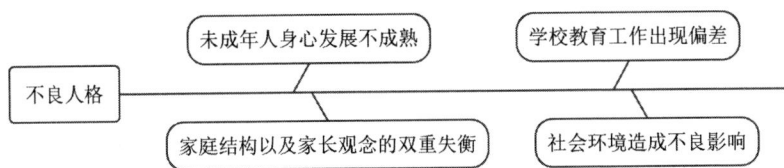

```
                  ┌─────────────────────┐   ┌─────────────────────┐
                  │ 未成年人身心发展不成熟 │   │ 学校教育工作出现偏差 │
                  └─────────────────────┘   └─────────────────────┘
┌──────────┐
│ 不良人格 │
└──────────┘
                  ┌─────────────────────────┐ ┌─────────────────────┐
                  │ 家庭结构以及家长观念的双重失衡 │ │ 社会环境造成不良影响 │
                  └─────────────────────────┘ └─────────────────────┘
```

图 9　未成年人不良人格形成因素

首先，犯罪人格之犯因差异性理论认为，未成年人触法行为是个体与环境互相作用的产物，由于未成年人所处的环境以及成长背景存在差异性，导致相互之间存在犯因性的差异，而矫治就是为了缩小这些差异的犯因性。这些犯因性包括了一切与未成年人触法心理形成以及触法行为实施有关的因素，包含了个人因素、环境因素以及互动因素。在理论层面，任何未成年人实施触法行为都是这三个因素共同作用的结果，如未成年人不良人格往往表现为需要层次低下、理性黯淡、意志薄弱、道德义务感缺乏等。专门矫治教育就是要缩小与消除触法的犯因性缺陷与差异。因此，专门矫治教育的首要任务就是要找到守法行为和触法行为之间的差异。但诚如前述，人格具有系统性、层次性，此种差异的消除并非是千篇一律的，而是根据其原本个性进行具有针对性的矫治，以期实现纠正不良人格的目标。

其次，犯罪人格之犯罪习性分类理论认为，最初对惯习犯的定义聚焦在个人对触法行为的熟练程度、投入程度、崇拜热情和身份认证等构成要素上。① 但是后来人们认识到惯习犯又可以分为不同的种类，并可以从交互背景的视角将不良社交、法治意识、社会负面评价、自我触法意识和触法行为一起作为其触法习性的定义要

---

① 参见吴宗宪：《监狱学导论》，法律出版社 2012 年版，第 485 页。

素。之后便出现了常业犯的概念，与以往的概念存在差异性，常业犯认为初犯年龄、特长等仅是触法行为习性的形成条件或是过程，不宜作为触法行为习性的定义要素，但行为危害程度和持续的时间及频率应当被纳入触法行为习性的认定之中，被视为不良人格顽固性的考察因素。

（三）未成年人不良人格的矫治教育

在对未成年人进行人格评估过程中，应当注重各个年龄段的生理及心理特征，适用相对应的评估方式。矫治教育应当符合未成年人的心理规律，不断强化其矫治动机，引导合理需求，重视未成年人复归社会的心理建设与技能提高，培养其积极的人生态度，发挥积极的人生态度对行为方式及对象选择性的调节功能，促进其社会适应机制的建立，从而矫治不良回归心理，转化为健康的社会化行为。①

专门矫治教育对未成年人的矫治不可能实现统一模式、千人一面、统一格式的再社会化。相反，专门矫治教育实现对不良人格的改造，是以承认与尊重每一个未成年人独特的、个性的存在价值为前提的。人格矫治的目标并非对未成年人独有个性的消磨，导致趋于一致，而是通过修正不良人格以实现人格矫治，发展个性，体现其生命的独特价值。个性的发展是马克思主义关于人类学说的重要组成部分，马克思和恩格斯指出，每个人的自由发展是一切人的自由发展的条件。

法国思想家米歇尔·福柯在《规训与惩罚》中指出，矫治教育是面向未来的机制，其目的在于矫治偏差性的价值观念，引导行为人走向正确的轨道。因此，在矫治过程中，始终伴随着教育措施和矫治手段，强度、性质乃至具体的实施办法都应根据个体差异因人而异。福柯认为，矫治教育应遵循七项原则：一是再社会化原

---

① 参见马立骥主编：《罪犯心理与矫正》，中国政法大学出版社 2020 年版，第 137 页。

则，即矫治的目的是使触法未成年人能够认识到自己行为的错误，引导其树立正确的人生观和价值观，使之重回有序的社会生活之中。二是分类原则，根据触法未成年人的个体差异性，包括年龄、性别、触法原因、触法行为等因素，将触法未成年人进行分类化管理和矫治。三是调节原则，根据触法未成年人在矫治教育过程中的表现进行具体调节，退步或者进步、态度和考核成绩等皆是调节分级过程中需要考量的因素。四是工作权利与义务原则，在矫治和再社会化过程中，加强触法未成年人的工作劳动能力，不仅可以防止出现未成年人在矫治期间无所事事的情况，而且能够使其学会一门技术，为复归社会打下基础。五是教育原则，专门矫治教育应注重对未成年人思想和价值观念的洗礼与扭转。未成年人的思想是可以铭刻的介质，美国学者罗尔斯在论述"反思平衡"（reflective equilibrium）理论中指出，"理性的最高标准是普遍且广义的反思平衡。"① "反思平衡"是一种方法也是一种状态，未成年人通过接受教育不断修正原初的确信，达到与公共标准的融贯性。六是专门监督原则，在矫治机构中设置专业的医疗和社会方面的心理服务人员，为触法未成年人提供专业化的心理指导。同时，专门的监管人员也应具备最为基本的专业素养和道德品质，能够胜任作为教育者的监管职务。七是辅助制度原则，根据该项原则要求，为了触法未成年人能够透彻地实现再社会化，在结束矫治之后仍应为其提供专业化的辅导与帮助。②

---

① John Rawls, Reply to Habemas （1995）, The Journal of Philosophy , p. 141.

② 参见 ［法］米歇尔·福柯：《规训与惩罚》，刘北成等译，生活·读书·新知三联书店 2019 年版，第 142、303 页。

二、未成年人触法行为的特征

与成年人犯罪相比，未成年人犯罪构成具有固有的特性，应依照未成年人主体特殊性，建立独立的构罪标准体系，完善处遇机制、个别化对待具体运用准则、独立的评价标准，构建符合未成年人刑事司法制度内在运行逻辑的矫治体系，实现人格矫治。① 未成年人实施触法行为原因的复杂性也决定了人格矫治的艰巨性，面对触法行为背后错综复杂的因素，人格矫治如何能够在最大限度上取得成效，需要对触法未成年人的行为特征进行了解与分析。

（一）未成年人触法行为分析

人格具有内外统一的特征，个体的人格与行为之间是密不可分的关系，如日本学者不破武夫所言，行为人所表现出的行为，即系该行为人人格之显现。② 未成年人的不良人格是其所特有的反社会性倾向身心组织，表征于外为具有社会危害性的行为。我国的特殊类型矫治理论集中在行为人"犯罪人格"出现的相应变化，个体与家庭、社会、经济、环境等诸多因素相互作用为矫治工作带来了新的挑战。

未成年人实施触法行为与成年人犯罪行为之间存在何种不同。实践证明，相对于成年人犯罪，未成年人触法在客体、客观方面、主体和主观方面都有所不同，这也导致在专门矫治教育过程中要实现个别化矫治与人格矫治，就要对未成年人的触法行为进行分析。

---

① 沈颖尹：《关于〈刑法〉第十七条的审思与完善——以〈刑法修正案（十一）〉为视角》，载《北方法学》2021年第3期，第152页。
② 参见洪福增：《刑事责任之理论》，刑事法杂志社1988年版，第44页。

　　未成年人实施侵害行为的客体相对集中，范围较为狭隘，而成年人犯罪的客体较为宽泛。我国未成年人实施触法行为的客体的特征集中体现为财产型和暴力型犯罪（见图10、图11）。与其年龄紧密关联，未成年人因为知识匮乏等因素往往追求马斯洛需要结构（见图12）中低级需要的满足，而需求层次的提升是人格动力深化的主导，对整个人格矫治具有决定意义。换言之，越是低需要层次的行为，人格矫治就越困难，人格矫治的可能性和艰难程度主要取决于未成年人需要层次提升的可能性和艰难程度。其中，越低的需要层次代表了普遍存在的人格缺陷，越高的需要层次越是容易改变和难以巩固。[①] 虽然未成年人知识结构尚不完整，生理和心理不稳定等特征导致其处于低需要层次领域，但正是因为未成年人人格可塑造性强、过渡性、不稳定性的特征，为"反思—修改—平衡—校准"的"反思平衡"机制有效运行，认识、接受新的观念体系提供了空间。

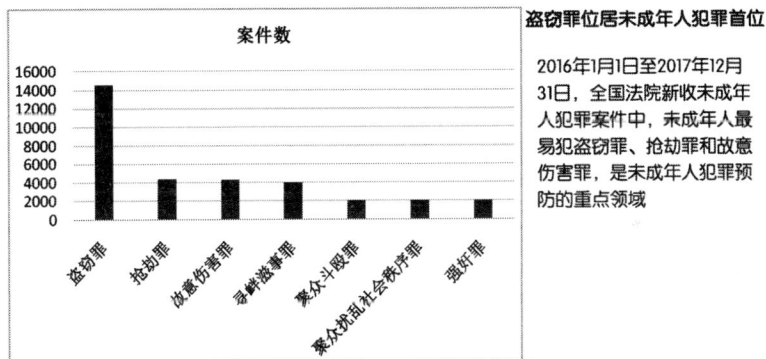

盗窃罪位居未成年人犯罪首位

2016年1月1日至2017年12月31日，全国法院新收未成年人犯罪案件中，未成年人最易犯盗窃罪、抢劫罪和故意伤害罪，是未成年人犯罪预防的重点领域

图 10　集中在财产型犯罪

---

① 参见陈士涵：《人格改造论》，学林出版社 2012 年版，第 271 页。

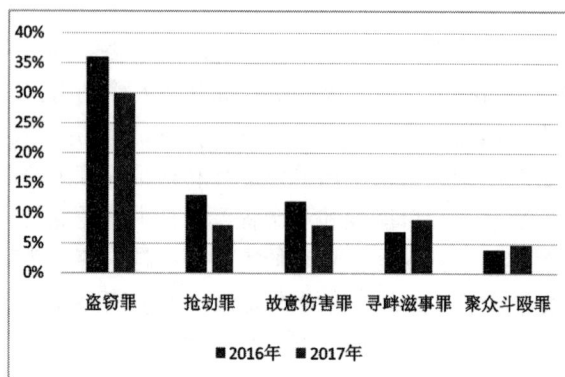

未成年人犯寻衅滋事罪、聚众斗殴罪案件有所上升

2017年全国法院新收未成年人涉盗窃罪、抢劫罪、故意伤害罪的案件占比较2016年有所下降，但未成年人涉寻衅滋事罪、聚众斗殴罪案件占比较2016年有所上升，值得关注

图 11 集中在暴力型犯罪

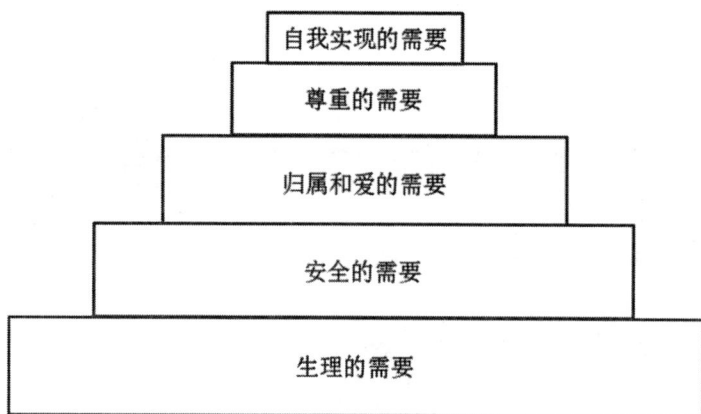

图 12 马斯洛的需要层次图

　　未成年人实施财产型犯罪的主要动机有三个：一是在需要结构中低级需要占据主要位置，这主要是缺乏良好的教育，未形成高层次的需求，没有理想和抱负，对社会缺乏责任感所致；二是由于基本的需要不能得到满足，往往是因为家庭贫困或家庭结构破裂，无法得到基本的物质保障；三是为了追求某种特殊的需求，如"为了盗窃而盗窃"，属于人格上的偏执行为，具有这一特征的未成年人更多表现为惯犯，矫治难度较大（见图13）。暴力型犯罪的类型与犯罪动机就更加宽泛，包括了报复型犯罪心理、性犯罪心理等，主要是与他们经验和智力不足，但体力和精力旺盛，具有强烈的攻击性特质有关，[1] 甚至具有暴力倾向的未成年人动辄就持凶器置人于死地（见图14）。[2]

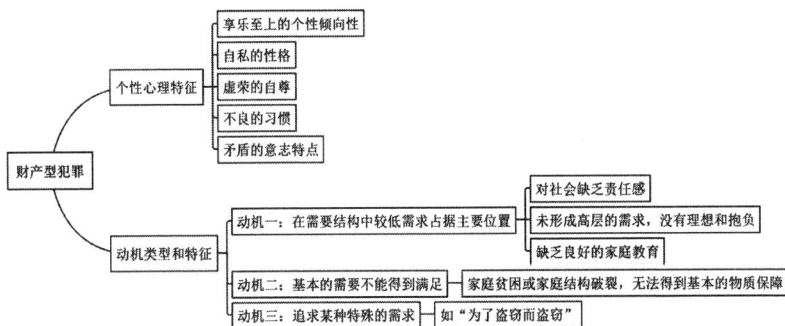

图 13　财产型犯罪特征

<hr/>

　　① 参见陈仲庚、张雨新：《人格心理学》，辽宁人民出版社1986年版，第54页。
　　② 参见李玫瑾主编：《犯罪心理学》，中国人民公安大学出版社2011年版，第134-136页。

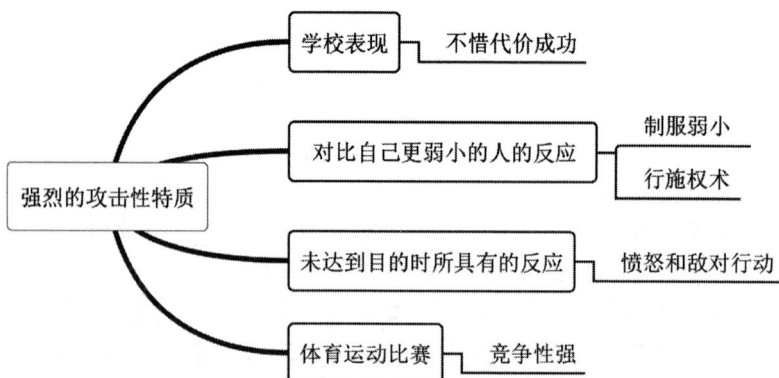

图 14 具有强烈攻击性特质的人对不同情境可能作出的反应

　　在客观方面，未成年人的特殊性表现在两个方面：一是未成年人主观上的不确定性决定了客观行为表现的多样性和复杂性；二是未成年人行为动机和目的结构的复杂性决定了未成年人客观行为表现的复杂性，如低龄未成年人杀人分尸的行为，残暴性的背后是不计后果、失去理智的冲动和对严重社会危害缺乏清晰的认知。从行为方式上看，主要表现为模仿行为多、暴力方式多、合伙作案多、行为变化多，是由于未成年人心理和生理不稳定所致，其不良人格具有很强的可矫治性。主体方面表现为女性比例上升、低龄化和团体化（见图 15）；主观方面表现为故意心理不同，目的、动机不同。未成年人实施触法行为的主观故意具有不确定性，即不确定故意。行为人往往对故意的具体内容和发展趋势不明确，有的未成年人明知自己的行为会发生社会危害后果，在认识内容、认识程度上也具有不确定性，可见未成年人在实施危害社会行为"明知"内容上具有年龄的特征。实施行为的动机也通常具有随意性的特征，往往是作为"非理性人"不会考虑过多的"代价"及"收益"，他们往往具有冲动性和盲目性，常常不考虑行为所带来的后果。换言之，未成年人实施触法行为的动机（见图 16）在更多时候体现出了"无知"和"肆意"的一面，更接近于原始自我欲望的满足，缺乏理性的思考。

图 15　触法未成年人主体特征与实施行为方式特征

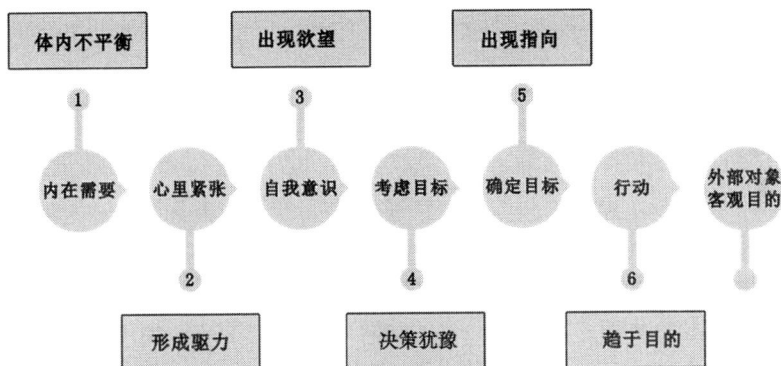

图 16　动机发生流程

　　主体不同，实施行为的心理、目的、动机（见图 17）不同，反映了不同类型的人格，对人格矫治具有重要意义。以李斯特为代表的观点认为不是所有的罪犯都是可以通过矫治实现回归正轨的目标的。持有此种观点的还包括荷兰、挪威、德国等欧洲国家的学者，他们从社会防卫和人道主义的角度出发，认为应当对罪犯进行矫治，但是对有些罪犯能够通过矫治实现最终目标持怀疑态度，并放弃对罪犯的矫治效果的追求。可见，根据刑事实证学派的观点，并非所有人格都能够通过矫治手段实现"康复"。换言之，根据顽固程度的不良人格所适用的矫治措施具有差异性，应当进行个别化矫治教育。

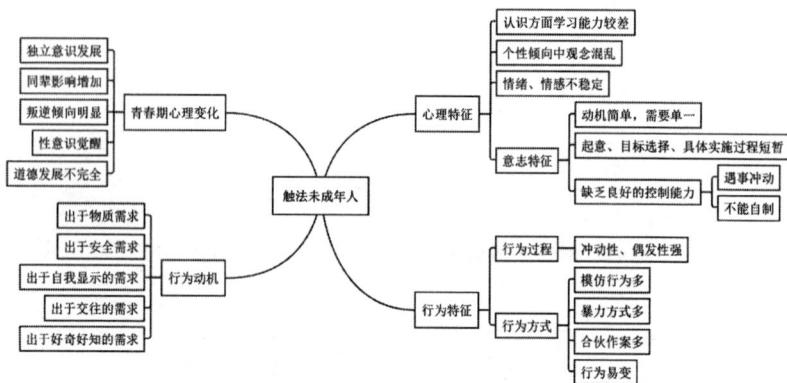

图 17　触法未成年人的特征

（二）未成年人触法行为危险等级划分

随着刑法观的不断演进，团藤重光认为，行为是环境与人格的相互作用中基于行为人主体性态度所实施的。此外，团藤重光还强调责任的基础不仅是具体的行为，而是行为人的内在人格。[①] 人格的差异最终是以个体之间的行为差异所体现出来的，未成年人的不良人格最终是以其所实施的行为所确证的，正如黑格尔所言，"一个人是什么样子，是由他的行动和他对别人所起的作用来证明"。[②] 人的行为最终是人格动力系统作用的结果。[③] 因此，对触法行为进行研究，实则是对隐藏其后的人格进行探究，对决定适用何种处遇措施起到积极作用。

---

①　参见张丽欣：《刑法人格界定问题思考》，载《人民论坛》2016 年第 1 期，第 114-115 页。

②　[德] 黑格尔等：《黑格尔通信百封》，苗力田译，上海人民出版社 1981 年版，第 201 页。

③　弗洛伊德认为，人格结构是本我、自我、超我互相作用的动力结构；陈士涵认为，人格的动力系统是由本能、需求和动机三个处于不同层次的要素构成的。

专门矫治教育分级分类处遇机制应当建立在未成年人年龄特征的基础上，充分考虑未成年人的再犯可能性和可塑性。根据评估结果，将同一年龄段，具有类似人格缺陷的未成年人进行分类矫治教育和监督管理。前述对触法行为进行了探讨，将触法行为的性质划分为暴力型、财产型、性欲型、毒品型等不同种类，并结合人格调查评估结果，以便适用相应的处遇和教育矫治措施。

不同的触法行为造成的社会危害性有所差异，社会危害性是指触法行为使某一社会关系受到一定的危害，具有表现形式丰富和复杂等一系列特征，包括危险危害、精神危害和结果危害等，还可分为未然危害和已然危害等。① 之所以要对行为的社会危害性进行严格划分，是因为专门矫治教育是在学校教育、家庭监护以及社会矫治无法实现时，国家公权力才能介入干预，即社会危害性是决定适用机构化矫治、半机构化矫治等处遇措施的重要考量因素。② 因此，应当对触法行为的性质、严重程度、方式、手段等各个因素进行客观评估。

本书将触法行为的社会危害性分为五个等级：严重程度五级包括所有的暴力型犯罪，如谋杀、强奸、绑架和纵火等；严重程度四级包括涉及严重或潜在严重伤害的罪刑，如使用武器攻击等；严重程度三级为中等严重程度，如简单的攻击、持有受管制物品意图出售等；严重程度二级包括低严重犯罪，如非法闯入、扰乱治安、持有管制物品、入店行窃、破坏公物等；严重程度一级为最低严重触法行为，如数额较小、不具有人身危险性的盗窃等（见表2）。③

---

① 参见卢琦：《中外少年司法制度研究》，中国检察出版社2008年版，第26页。

② 参见宋英辉、苑宁宁：《未成年人触法行为处置规律研究》，载《中国应用法学》2019年第2期，第50页。

③ Conduct Problems Prevention Research Group（2010）. Fast Track intervention effects on youth arrests and delinquency. *Journal of Experimental Criminology*, 6（2），p. 142.

此外，在触法行为的量化分级方面，建议以公式的方式：触法行为等级＝行为性质的危险等级认定（如根据行为的恶劣程度制定触法行为危险等级表，结合具体触法行为对照该表格确定危险级别，类似于"量刑指导意见"）×（主观过错占比＋触法行为重复率占比＋客观危害程度占比＋其他增减等级要素占比），[①] 最终认定触法行为的级别。

表 2　触法行为危险等级表

危险等级	具体实施行为列举
严重程度五级	包括所有暴力型犯罪，如谋杀、强奸、绑架和纵火等
严重程度四级	包括涉及严重或潜在严重伤害的罪刑，包括使用武器攻击等
严重程度三级	包括简单的攻击、持有受管制物品意图出售等
严重程度二级	包括低严重犯罪，如非法闯入、扰乱治安、持有管制物品等
严重程度一级	包括最低严重触法行为，如数额较小、不具有人身危险性的盗窃等

三、测量可塑性人格的具体方式

自20世纪50年代以来，刑事法领域的社会防卫理论尝试对违反法律者进行科学检测并建立"人格档案"。他们主张用科学的检测方式，了解行为人的生理特征、心理反应、个人生平、个人现状以及所处的社会环境，并专门为其建立一个"人格档案"。进行科学的个别调查，并根据评估结果，实施科学的处遇措施，实现处遇机制科学化与个别化。

① 未成年人检察专业委员会秘书处编：《检察视角下未成年人司法保护》，中国检察出版社2020年版，第18页。

运用实证科学的知识和技术，如人格测评、人身危险性评估表、社会人格调查表，充分了解触法未成年人的成长环境、人生经历、生理特征、心理反应、实施行为时的状态，并针对每一名触法未成年人建立一份专门的"人格档案"，越准确和详细的"人格档案"对其作出正确"评价"越有价值，对制定相匹配的个别化矫治方案大有裨益。

（一）人格测评方式

未成年人的不良人格是指其人格存在的缺陷是一些可能导致触法行为发生的人格障碍。人格如果不能被操作或测量就没有科学价值，对于人格障碍的测量评估与人格的测量评估相似，都是基于对象范围的不同以及实际条件的限制，人格测评的一些方式可能不是很适合人格障碍的测量。[1] 人格评估的概念较为广泛，是问题取向的综合性信息收集和解释判断的过程，是人格相关实证研究和实践应用的重要组成部分。人格评估中信息收集的方法有不同的选择，如访谈法、评定量表法、自我报告法、投射技术和行为观察等。[2] 本书先对一般人格评估方法予以简单介绍，再对国外经典人格评估工具本土化进行探讨。

根据不同的理论、操作和人员，本书通过五种人格评估取向的介绍解答"什么是人格""如何测量人格"以及"应该测量什么"的问题。高尔顿认为，人格具有物质基础，可以通过个体的行动推断出这些物质基础，就好比我们通过与智力相关的行动来推断个体的智力一样。沙利文认为，人格的界定离不开人际关系，他认为人际关系模式即人格。克雷佩林认为，人格的混乱和障碍是有物质基础的，应该根据症状群来理解人格障碍。默里认为，人格的历史过程才是人格。弗

---

[1] 参见张文、刘艳红、甘怡群：《人格刑法导论》，法律出版社 2005 年版，第 156 页。

[2] 参见谷传华等：《人格研究方法》，上海教育出版社 2021 年版，第 195 页。

洛伊德认为，人类并不是表面看到的那样，人类行为的动力来源于不为社会所接受的无意识动机，这些动机常常以伪装的方式表达出来，包括一些病理性症状。根据诸多应用背后的理论背景，可以将具体的测量程序分为以下五种（见图 18），在实践中个人格测评都会在不知不觉中使用五种范式中的一种思维或操作程序。

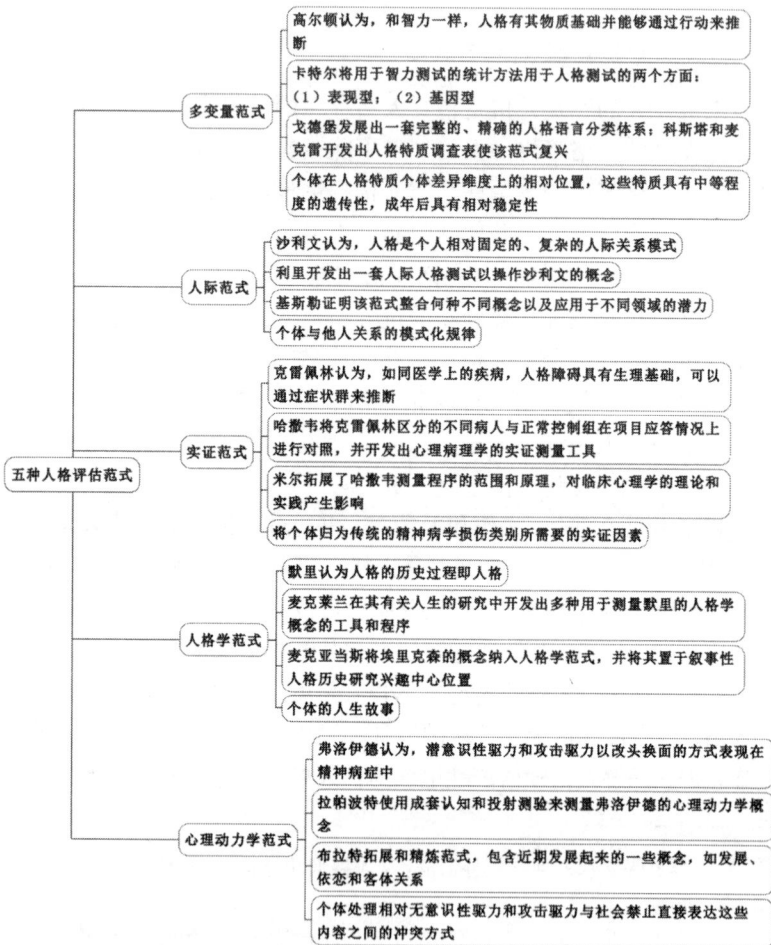

图 18　五种人格评估范式的人格界定、测量、评估内容和焦点

在实践过程中，人格评估常常会用到大量的评估工具，目前比较流行的人格评估方式包括投射测量（Projective Techniques）、自陈量表（Self‐report Questionnaire）、童话故事测试（Fairy Tale Test，FTT）。

1. 投射测量。投射测量又叫投射技术（Projective Techniques），它源自心理动力学。投射技术构建人格评估工具是根据因素分析法、逻辑建构法、实证法建构客观评估工具之外的一种方法。根据测验的目的、材料、反应方式、编制和实施过程、对结果的解释方式不同，可以将投射测量分为不同的种类，但所有的投射测量都具有应用设计好的、模棱两可的、非结构化的刺激或任务诱发个体多样化的反应，借此揭示应答者内部的真实需求和情感。

相对于人格问卷和评定量表，投射技术具有四个特征：一是刺激材料和反应任务具有非结构性，从而可以诱发更加多样性的开放式反应，个体加之测试结构则反映出或投射出个体对事物的知觉；二是测试意图具有隐蔽性，从而更少受到伪装和反应定式的影响；三是解释测验结果时注重分析个性的完整人格；四是虽然投射技术对无意识或隐含的人格特征尤为敏感，但这并不意味着投射技术一定能打开无意识之门，或全面洞察个体的内心。

刺激材料和应答过程的非结构化特性是把"双刃剑"，除了特有的优势外，还存在不利的一面，即得到的大量信息很难解读，导致投射测量的效度系数往往较低，这提示在计分和解释过程中存在主观因素的影响。但是较低的信度和效度并没有阻止投射测量的流行，这是因为人们更多关注结果解释的多样性和临床分析。投射测量旨在获取个体无意识的心理过程，因而对结果的解释受到精神分析理论的深刻影响。在精神分析理论对人格理论和研究产生很大影响的 20 世纪中叶，投射测量得到快速发展和应用。在这一时期，许多计分系统不断被开发出来，对临床心理学家和咨询师而言，他们常常从应答者的应答模式中寻找一致的和突出的特征，从而形成对应答者的总体印象。他们并不是要得到一个精确的诊断，而是要形成有关应答者人格问题的心理动力学的探索性假设。

相对于客观的人格测验，投射测量的施测和计分需要更多的专业训练，同时需要对信息更敏感。即便如此，接受过良好训练的不同使用者经常有可能对结果作出不同解释。因此，应当将结果看作一种合理推测、假设和可能性，而不能将其看作已经得到确认的事实。在解释过程中切忌信息看似合理就认为它是正确的，因为看似合理的信息可能并不能得到其他来源的信息的验证。

2. 自陈量表。自陈量表是一种有组织和有一定随意性的人格测验方法，一般是以问卷的形式出现。① 自陈式人格评估工具有卡特尔 16 种人格因素问卷、艾森克人格问卷以及 NEO-PI-R、NEO-FFI 和 IPIP-NEO 等问卷，其中 NEO-PI-R 适用于 17 周岁以上人群，对测量未成年人人格的作用不是很大。

卡特尔 16 种人格因素问卷的施测与计分相对容易，因而不需要太多专业的培训。纸笔版的测验一般耗时 35-50 分钟，网络版平均耗时 30 分钟，施测一般没有时间限制，作答指导也简单易懂，因此应答者可以自我施测。此外，既可以个体施测也可以团体施测。要求应答者达到五年级的阅读水平，常用版本适用于 16 周岁及以上的人群，卡特尔 16 种人格因素问卷未成年人版适用于 12-18 周岁的人群。各个人格因素的内部一致性信度在 0.64-0.85 之间，平均为 0.74；时隔两周的重测信度在 0.69-0.87 之间，平均为 0.80；时隔两个月的重测信任度在 0.56-0.77 之间，平均为 0.70。分数解释的一般程序为：评估被试应答结果的可能性；解释有极端分数的二级人格因素；解释有极端分数的一级人格因素；将多个因素的分数结合起来考察，即考察量表之间的交互作用。

艾森克人格问卷测量的是"三大"人格模型中的人格特质：神经质（N）、外向性（E）和精神质（P）。艾森克人格问卷既适

---

① 参见陈仲庚、甘怡群：《人格心理学概要》，时代文化出版公司 1993 年版，第 198 页。

用于个体测试，也适用于团体测试；儿童青少年版适用于 7-15 周岁的人群，成人版适用于 15 周岁以上的人群。完成整个问卷需要 10-15 分钟，对得到的原始分数参照匹配常模将分数转化为标准 T 分，并以人格剖面图的形式呈现分数。NEO-FFI 适用于 12 周岁以上群体，共有 60 个项目，完成问卷需要 10-15 分钟。IPIP-NEO 国际人格项目包括 1956 个项目，测量 280 种人格特质。开发这个项目库的目的包括人格特质分类、建构人格特质测量工具和验证量表。根据国际人格项目库编制的用于测量卡特尔 16 种人格因素问卷等人格测评工具中的人格特质的工具，相对于原有工具来说对同伴交往、创造等具体行为效标具有大小相当甚至更大的预测力。

3. 童话故事测试。以上几种评估方式对最低年龄都做了限制，童话故事测试的适用无疑让各个年龄段的未成年人都被纳入人格测试的对象。

FTT 由希腊心理学家库拉科格卢博士编制，她认为童话不仅反映道德层面的含义，并且与个体的人格发展有着密切的联系。FTT 建立在心理动力学与儿童心理学的理论基础之上。儿童对童话故事的兴趣吸引了诸多领域专家的注意。精神分析鼻祖弗洛伊德认为，童话故事反映了人类心理最原始的部分，具有的功能包括连接、转化和中介：连接主要心理过程和次要心理过程；把潜意识的幻想和冲动转化为有条不紊的叙述，把隐含的象征转化为可以通过语言表达出来的欲望；童话故事在身体与社会环境之间发挥中介作用。童话故事能间接地反映儿童采用的防御方式，因此童话故事可以作为一种投射的媒介用以评估人格，或者作为一种临床诊断工具。分析不同文化背景下的童话故事，可以发现一些共通的主题，如儿童的自我与环境危险、亲子关系、强者与弱者的关系等。在这些理论和研究的基础上，库拉科格卢博士选择了一些童话故事用来评估儿童的个性。

FTT 的评估材料由以童话故事为原型制作的图片构成，图片有 7 组，每组 3 张，共 21 张，包含 5 个童话故事人物（如小红帽、大灰狼等）和 2 个童话故事场景（小红帽、白雪公主故事场景）。图片中的人物来自一个或多个童话故事，和其他投射测量所用材料类似，儿童通过描述图片内容，投射自己的思想、情感、需求和冲突等。每组 3 张图片在图画细节上有差别，制作 3 张图片是由于未成年人在最开始测验时可能会感到焦虑，难以或不愿说出童话故事中人物的思想和情感，显得反应平淡。随着测验的深入，当后面的图片出现时，未成年人会因为轻松而作出更有意义的应答。另外，每组含有 3 张图片，为未成年人提供比较及选择的机会，有利于其作出真实反应。

FTT 作为个体测验，测验完成一般需要 45 分钟，对于胆小、容易退缩的低龄未成年人给予鼓励也会适当延长时间。施测者应掌握心理测量的相关理论和技术，具备心理动力学理论的相关知识，阅读过大量童话故事，熟悉童话故事心理分析相关研究文献。

在正式施测之前，施测者要与未成年人建立良好的关系，掌握未成年人对童话故事的熟悉程度，营造安全融洽的氛围，以降低其焦虑和防御水平从而使反应更加真实。正式施测时，按照指导手册中的标准化程序提供测验材料并提问，同时记录未成年人的言语回答以及非言语行为，提问的方式也要与未成年人的语言理解能力相匹配。

（二）人身危险性评估报告

有学者认为，刑事法视域下的未成年人危险性评估是指运用犯罪学、心理学、社会学等理论及行为科学方法，筛选出相当的因素作为预测因子，且依据这些因素与风险，厘清初犯或在押未成年人重新犯罪之间的关系，确定权重，从而推测评估对象初犯或再犯可能性大小的一种预测活动。[1] 通过评估能够为触法未成年人制定更加具有针对性的矫治方案，从而纠正触法未成年人社会线索误解、

---

[1] 参见崔海英：《人身危险性评估——以违法未成年人为样本》，法律出版社 2020 年版，第 41 页。

道德推理缺乏、责任推卸和自我辩护思维的认知扭曲。除了这些触法未成年人普遍存在的认知偏差，评估量表还应该提供个性化矫治的信息，如针对个别触法未成年人进行道德推理练习、社交技巧训练以及制订再犯预防计划。

在专门矫治教育中适用人身危险性评估主要需要明确两个方面内容：一是未成年人危险性评估在刑事司法中的功能定位，这是未成年人危险性评估在现实中能有立足之地的根本；二是探索如何进行未成年人危险性评估，这将解决人身危险性理论的瓶颈问题，即解决人身危险性评估的具体操作问题。[①]目前，域外已经开发了许多效能较高的危险性评估工具，这些专业性较强的评估工具能够界定导致犯罪的高危因素，如加拿大的未成年人服务等级与个案管理量表（YLS/CMI），把影响未成年人犯罪的影响因素分为8个维度和42项危险因子。评估人员在对这8个维度因素进行测量的基础上界定高度维度，然后针对这些高危的危险因素制定个案矫治方案，并要求跟踪管理计划执行的情况。[②]

不少国家在对触法未成年人进行矫治时，会分别进行矫治前、矫治中和矫治后的人身危险性评估。矫治前评估是为了根据其需求性因素和危险性因素制定相应的矫治方案，方便进行分类管理，根据不同的危险性评估结果制定不同级别的管理、监督和矫治方案，充分体现矫治的类型化、个别化和科学化，提高矫治教育的效果和质量；矫治进行阶段的人身危险性评估，目的在于考察未成年人需求性因素和危险性因素有无变化，所实施的矫治方案是否具有针对性和有效性；解除矫治前仍需做一次危险性评估，全面检验矫治效果，观察触法未成年人经过专门矫治教育后的人身危险性，以确定

[①]　崔海英：《人身危险性评估——以违法未成年人为样本》，法律出版社2020年版，第3页。

[②]　崔海英：《人身危险性评估——以违法未成年人为样本》，法律出版社2020年版，第63页。

是否适合复归社会。

1. 工具的选择。评估体系是否科学是人身危险性评估的核心内容，这直接决定了人身危险性评估的实际效能。近百年来，国外研究人员已经研发了五代评估工具，评估指标体系也在不断更新。第一代人身危险性评估工具是根据专业人员的经验判断的临床评估，通过非结构化的访谈，这一代的评估工具没有固定的评估指标；第二代人身危险性评估工具设定了相对详细的评估指标，用统计学的方法计算再犯罪的风险；第三代评估人身危险性工具已经能够反映人身危险性的变化倾向；到了第四代人身危险性评估工具，开始结合评估结果与矫治，风险评估的目标主要是为社区矫正提供决策依据，最常用的是 COMPAS 工具。[①] 目前在国际范围内，对于成年人的人身危险性评估工具尚有大量文献作为支撑，但是与未成年人相关的人身危险性评估工具的文献却很少。人身危险性评估工具肇始于北美，对运用到其他地区和国家仍存在很大争议，尤其是在中国刑事司法理论界和实务界均没有对建构基于北美样本的人身危险性评估工具是否可以有效适用于中国本土的实证研究。因此，只能通过分析和借鉴如英国、加拿大和美国等国家已经研发且经过实证检验的未成年人人身危险性评估工具，利用当前随着认知神经学的发展，[②] 通过脑电等生理仪器来探索触法未成年人神经人格、递质等个体差异，对症下药，以期能够获得一个符合我国国情并能够对我国未成年人司法体系作出贡献的人身危险性评估工具，实现分级分类矫治教育。

---

① 申纯：《人工智能时代人身危险性评估发展的新机遇及实际路径》，载《求索》2021 年第 6 期，第 136 页。

② 何川、马皑：《罪犯危险性评估研究综述》，载《河北北方学院学报》（社会科学版）2014 年第 2 期，第 70 页。

其一，暴力危险结构人身危险性评估。未成年人暴力危险结构人身危险性评估是 1999 年由博勒姆和巴尔特等研发的。这款评估工具具有静态风险因素和动态风险因素，其中静态风险因素是指不能被治疗或者改变的因素，是一些素质性因素或者历史性因素，包括触法、暴力历史等；与此相对应，动态风险因素是可以被改变并且随着时间推移能够转变的因素，能够通过治疗或者干预有所变化，如冲动性行为或者药物滥用等。SAVRY 将总分、因子负荷量和其他相关信息都纳入评估范围之中，最后能够获得一个有关暴力危险的总体评价（见表3）：高度、中度和低度。同时，为了测量的效度，把高、中和低分别用分数进行代替，分别为 2 分、1 分和 0 分。① 这10 项历史风险因素、环境/社会风险因素、个人风险因素分别根据行为严重程度不同进行区分，分别为高（2 分）、中（1 分）和低（0分）。其中保护性因素按照有或者无两种记分法进行记分，每一项因素都从文献中提取，这些文献涉及未成年人暴力相关变量。

表3　未成年人暴力危险结构人身危险性评估量表（SAVRY）

历史风险因素				
暴力犯罪历史	非暴力犯罪历史	早年使用暴力	过去的监督干预失败	学习成绩差
企图自杀或自伤	在家中遭受暴力	童年时被虐待	父母或照料者有犯罪史	早期照料中断
环境/社会风险因素				
同伴触法		同伴排斥	压力和不良应对方式	
父母教养方式不良		个人支持和社会支持匮乏	社区组织解体	

① 崔海英：《人身危险性评估——以违法未成年人为样本》，法律出版社2020 年版，第180 页。

续表

个人风险因素			
消极的观点	喜欢冒险和易冲动	物质使用问题	愤怒情绪管理问题
缺乏同情心和悔恨心	注意力不集中或多动症	依从性差	对学习无兴趣或不投入
保护性因素			
亲社会性参与	社会支持强大	强烈的依恋感和纽带感	
对干预和权威的积极态度	对学校事情很投入	坚韧的人格特质	

其二，未成年人服务等级与个案管理量表（Youth Level of Service/Csae Management Inventory，YLS/CMI）。此量表是 2002 年由加拿大学者霍格和安德鲁斯合作开发的，未成年人服务等级与个案管理量表的适用对象为 12-17 周岁的触法未成年人，包含了未成年人危险性评估和基于危险/需求的个案管理两大部分。作为一个标准化的评估工具，该量表用于评估未成年人的需求、危险和响应性因素，并且能够精确地测量未成年的特质和成长环境，最终形成一个适合的个案计划，以此增强个案管理的成功率。未成年人服务等级与个案管理量表共包括 8 大预测因素和 7 个构成部分（见图 19）。① 通过该量表，最终达到两个层面的目标：一是精确可靠地进行危险性评估；二是根据评估结果设计个案管理计划。设计个案管理的计划可以按照以下六个步骤进行：一是对未成年人服务等级进行回顾；二是通过评估结果找到对未成年人影响最大的三个危害因素；三是对每一个危害因素进行具体分析和明确界定；四是确定

① 参见崔海英：《人身危险性评估——以违法未成年人为样本》，法律出版社 2020 年版，第 195 页。

任何与界定的危险因素相关的优势因素和保护性因素；五是确定任何会影响解决需求问题的壁垒与障碍；六是对在解决过程中未成年人可能会出现的反应激烈性因素进行列举并在后期加以关注。

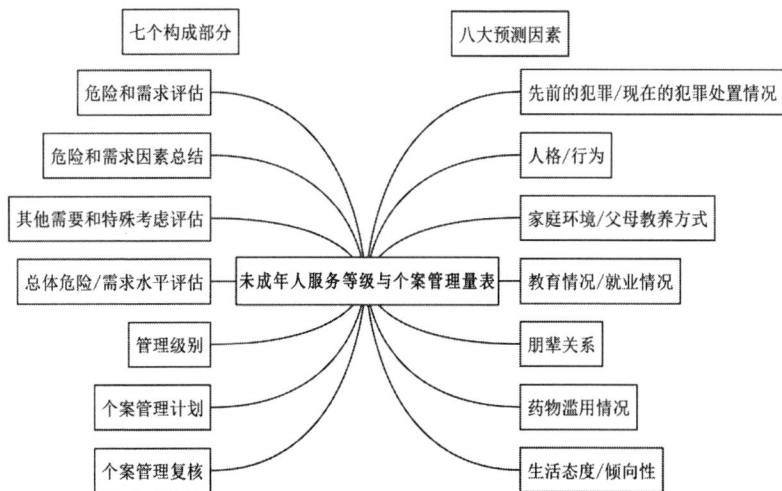

图 19　未成年人服务等级与个案管理量表

其三，Krakow 风险评估量表和 Cracow 工具。Krakow 风险评估量表是由加拿大学者敖吉思和科拉多等研发的，该量表的显著特征是根据未成年人成长规律，按照不同年龄段设置相应的测量标准：0-5 周岁、5-12 周岁以及 13-18 周岁。通过将家庭、个人、环境、干预措施和外部行为五个部分进行三个等级的划分，最终获得人身危险性评估总值。但是，由于该风险评估量表在 2002 年才被研发出来，其有效性和科学性还有待进一步验证。同样是 2002 年被研发出的 Cracow 工具将年龄段划分得更加详细，分别是出生前、儿童早期、儿童中期、儿童晚期和青春期。每个阶段都有不同的危险因素。这些危险因素同时又被归入不同的类别中：环境危险因素、个人危险因素等。加拿大对 100 名学前儿童进行评估发现，这款工具虽然具有复杂性，但是在适用中获得了较好的结果，非常有效和科学，① 如果进一步探索和实证是否能够进行我国本土化矫治，适用于我国的矫治教育值得期待。2013 年意大利心理学家安娜·科斯坦萨·鲍德深受 Cracow 工具的启发，在原有的基础上增加了一些危险性因素和保护性因素，由 32 个项目组成，共包含 6 大因素，其中 5 个是危险性因素——个人、环境、干预、家庭和外在行为。

其四，其他人身危险性评估量表。早期的人身危险性评估量表是专为男孩或者女孩设计的，是一个具有性别针对性的敏感的结构化专业判断评估工具。1998 年奥芝梅莉设计了专门针对男孩的人身危险性评估量表，对 6-12 周岁未成年人严重行为问题的危险性进行测量，危险因素包括反社会态度、冲动性、抚养人的连贯性和家庭环境，与 SAVRY 测量工具一样对不同等级进行记分，记分范围为 0-2 分，每一项目评分级别分别为 2 分（完全有）、1 分（部分有）和 0 分（没有）三个等级。2002 年根据男孩和女孩的危险因素存在差异性，奥芝梅莉又专门为女孩研发了专门的人身危险性评估测量表，分类和记分与男孩的测量评估表存在相似性，但是该量表在年龄覆盖面上存在欠缺。无论是针对男孩还是针对女孩的量表，都是对 12 周岁以下未成年人攻击和暴力等行为进行实证研究，主要关注点为 6-12 周岁未成年人的风险因素。因此，该人身危险性评估测量表如要进行我国本土化适用必须向更大年龄组进行扩展。②

其五，未成年人的精神病态筛查量表。该量表是 2003 年由福斯等学者针对未成年人精神疾病所研发的，该量表包含了情感、人际关系和行为特征等 20 个因子，记分规则是 0 分（肯定不适用）、1 分（某种程度上适用）、2 分（肯定适用）。与 SAVRY 的得分范

---

① 参见崔海英：《人身危险性评估——以违法未成年人为样本》，法律出版社 2020 年版，第 184 页。

② 参见崔海英：《人身危险性评估——以违法未成年人为样本》，法律出版社 2020 年版，第 178 页。

围存在不同，精神病暴力危险结构筛查表的得分范围更加宽泛，在
0-40 分之间。未成年人的精神病态筛查量表虽然不是专门性的人
身危险性评估量表，但是因为暴力犯罪与精神病之间存在着紧密的
联系，因此在专门矫治教育人身危险性评估量表设计中可以对未成
年人的精神病态筛查量表进行借鉴和学习，对触法未成年人暴力性
再犯、普通再犯以及性再犯都具有很好的预测性。此外，针对再犯
可能性的预测可以借鉴北卡罗来纳州的危险性评估工具，该测量表
共由九个方面的危险因素组成，其中包括动态危险因子和静态危险
因子，该危险性评估表由于其危险因素的选择是根据一般的犯罪理
论和犯罪研究研发的，因此在一般犯罪中也能适用。

2. 评估标准的讨论与结论。在"卢米斯诉威斯康星州案"中，
法官明确人身危险性评估结论不能成为影响量刑决策的唯一决定性
因素，它只是使法官量刑时参考的信息更为完整。[1] 随着人身危险
性评估结果的科学性与准确性不断提升，人身危险性评估在我国刑
事司法中刑罚的裁量、执行等环节均被采取。[2] 触法未成年人人身
危险性往往对是否可能再次实施触法行为具有重要影响。如未成年
人实施触法行为的动机是什么，该未成年人是初犯、偶犯还是惯
犯，依据测评结果对未成年人心理行为偏差程度进行考量，如一个
10 周岁的未成年人因家庭结构不完整，长期遭受家庭暴力形成反
社会人格，在学校和日常生活中习惯以暴力解决问题，是学校的问
题少年，多次实施故意伤害且致多名同学受伤，此类未成年人经专

---

① 参见卫晨曙：《美国刑事司法人工智能应用介评》，载《山西警察学院学报》2020 年第 4 期，第 22 页。

② 如刑法第 61 条规定的量刑依据："对于犯罪分子决定刑罚的时候，应当根据犯罪的事实、犯罪的性质、情节和对于社会的危害程度，依照本法的有关规定判处。"并未提到"人身危险性"，但在具体的量刑情节和《关于常见犯罪的量刑指导意见（试行）》中却规定了"自首""累犯""犯罪前科"等反映"人身危险性"的量刑情节，也将"没有再犯罪危险"作为缓刑适用条件之一。

业测评，如果其心理行为偏差程度较高，则具有较大的人身危险性，可以考虑对其进行机构化矫治教育。

不同于我国目前人身危险性评估尚且处于起步阶段，域外的人身危险性评估工具不胜枚举，但就专门针对未成年人的人身危险性评估工具却屈指可数，因此，在专门矫治教育制度适用过程中引入人身危险性评估工具首先应当借鉴域外已经较为成熟的实证经验，筛选出一款尽可能符合我国本土法治环境和我国触法未成年人行为规律和心理活动的工具。但就以上介绍的几款域外人身危险性评估工具，SAVRY 是针对未成年人的暴力风险，未成年人的精神病态筛查量表则是针对未成年人精神病态的特质设计的，早期针对男孩和女孩的人身危险性评估量表存在适用年龄范围较窄的弊端，其他与人身危险性相关的评估量表也都存在在实践过程中可操作性不强等一系列问题。从一定程度上而言，未成年人服务等级与个案管理量表（YLS/CMI）在实践过程中具有很强的应用性，SAVRY 在西方国家也被广泛地运用，改良之后值得专门矫治教育在制度模式运行过程中借鉴与适用。其中，YLS/CMI 不仅对未成年人进行了人身危险性评估，而且还设计了危险性评估之后的个案管理，积极引入社会力量，评估时还应遵循专家优先原则，专家判断的运用比单纯依靠司法工作人员和矫治工作人员的判断更具有全面性和科学性，也成为该人身危险性评估的核心精神之一。

与此同时，自我报告也应当作为评估人身危险性的一种重要方式。自我报告被认为是对个别未成年人实际实施触法行为真实数量更为准确的估计，因为未成年人只有在实施了较为严重的触法行为时才会被纳入专门矫治教育范围，而自我报告还报告了大量的轻微犯罪，尤其是校园霸凌等行为，这些行为没有反映在记录中。但是，自我报告参与者往往想要通过隐瞒触法行为来取悦调查人员，这就需要专门矫治教育调查人员与触法未成年人之间通过有效互动形成一种信任关系，通过谈话或心理辅导等方式让其能够透露更多自己参与的不良行为，并能够在自我报告中真实反映。①

人工智能时代，数据采集和分析都十分便利，人工智能在人身危险性评估中甚至能够自动提供有效数据对比近似再犯样本，收集数据的完整性、客观性、准确性都对人身危险性评估结果有着重要意义。因此，要做好人身危险性的评估，就应当建立专业性的数据库：一是建立数据共享机制。在互联网迅猛发展的当下，我国正积极探索数据共享机制，区块链技术在这方面具有独特的优势，通过结合人工智能和区块链技术，借助区块链技术非对称加密、可追溯性、不可篡改性等特征，保证对信息的使用、查询和变更都是有据可查的。② 二是建立人身危险性评估专业数据库。人身危险性评估涉及多项学科知识，具体包括犯罪学、心理学、生物学等，评估指标也涵盖了多个领域的数据信息。因此，人身危险性评估专业数据库的建立极为必要，通过人工智能在人身危险性评估过程中对数据的获取、输出和整理，对数据库的数据进行丰富，形成良好的循环。③

（三）社会人格调查报告

未成年人司法中的社会调查报告是对触法未成年人的社会成长经历及其人格形成发展状况的综合考察、分析和评估。高维俭教授认为，针对未成年人的社会调查报告全称应当为"未成年人社会人格调查评估报告"，基本功能在于获取未成年人的真正信息，系统揭示未成年人的人格状态，为专门矫治教育的个别化处遇措施提

①　Conduct Problems Prevention Research Group（2010）. Fast Track intervention effects on youth arrests and delinquency. *Journal of Experimental Criminology*, 6（2），p. 133.

②　参见申纯：《区块链技术背景下"两法衔接"机制改革研究》，载《广西大学学报》2021 年第 2 期，第 133 页。

③　参见申纯：《人工智能时代人身危险性评估发展的新机遇及实现路径》，载《求索》2021 年第 6 期，第 136 页。

供事实依据。① 关于未成年人社会人格调查评估报告的概念，学界尚未形成统一看法，② 有学者认为是指在办理未成年人刑事案件中，通过走访家庭、学校、单位、居委会和派出所等相关部门，对犯罪嫌疑人、被告人作案的一贯表现、作案原因和家庭生活环境作出一个全面性的了解。③

社会人格调查之前普遍适用于公安司法机关办理未成年人刑事案件中，不仅需要查清与案件相关的事实和证据问题，还要调查成长经历、犯罪原因、监护情况等。目的是调查分析素质、人格、生活经历和所处环境，掌握未成年人走上触法道路的条件和原因，以制定具有针对性的矫治方案，适用恰当的处遇措施。④ 日本犯罪学家菊田幸一认为，决定处遇措施前的调查制度，即"社会人格调查"，是为每一个触法未成年人寻找恰当的处遇，在决定前对其素质和环境所做的科学分析而制定的制度。⑤ 总之，进行社会人格调查评估，与刑法主张的刑罚个别化原则相契合，体现了未成年人利益最大化和获得特别关照的要求。

1. 社会人格调查的必要性。为了实现人格矫治的目标，应进

---

① 高维俭：《再论少年司法之社会人格调查报告制度》，载《预防青少年犯罪研究》2012 年第 2 期，第 31 页。

② 顾军在主编的《未成年人犯罪的理论与司法实践》一书中写到，社会人格调查是在处理未成年人案件中，通过调查未成年人的身份、背景、年龄、成长经历、道德品行、家庭结构、社会交往、帮教方式条件、社会环境及其本人认罪悔罪的态度等情况之后，多角度、多方面、深层次地反映和分析未成年人的犯罪原因和心理演变过程，最终通过分析和归纳形成一个统一的书面材料，即社会人格调查报告。

③ 参见温小洁：《我国未成年人刑事案件诉讼程序研究》，中国人民公安大学出版社 2003 年版，第 80 页。

④ 参见宋英辉、甄贞主编：《刑事诉讼法学》，中国人民大学出版社 2012 年版，第 433 页。

⑤ ［日］菊田幸一：《犯罪学》，海沫等译，群众出版社 1989 年版，第 178 页。

行详尽的背景调查，全方位了解未成年人年龄、成长环境、学业背景、家庭环境，保障程序司法化。《联合国少年司法最低限度标准规则》第 16 条规定针对未成年人的案件应当进行社会人格调查①。荷兰《刑事诉讼法》第 498 条规定，如果法院认为有必要对个人情况和社会情况进行调查，可以向儿童保护委员会寻求进一步信息。② 英国《1970 年治安法院规则》第 10 条规定，法院应考虑未成年人的平时行为、家庭环境、学校档案和有关病史的资料，以便对案件作出最符合其利益的处理。德国《少年法院法》第 43 条规定，刑事诉讼程序被启动之后，侦查机关将收集相关个人与社会情况信息，以便对其进行人格评估及选择合适的处罚。美国加利福尼亚州通过对未成年人的背景和个性进行研究发现，恶性犯罪未成年人具有以下若干社会背景以及人格特征：①家庭经济地位较低；②兄弟姐妹较多；③学业较差；④对学校印象不良；⑤首次接触警察年龄较低；⑥过去犯罪记录较多；⑦反社会情绪较浓；⑧行为表现具有仇视心理，没有责任感，不服从社会规范；⑨人格不成熟，特别是在人际关系方面。调查结果显示，人格缺陷越严重的未成年人，以上的特性越明显。其中，最重要的几个因素形成了一个体系：恶劣的家庭环境、攻击性行为、反社会心态、缺乏约束管教。结果显示，以上所列举情况越加严重者，从事犯罪的概率也就越大，在成年之后继续犯罪的概率也就越大。成年人是否犯罪、犯罪

---

① 《联合国少年司法最低限度标准规则》第 16 条规定："所有案件除涉及轻微违法行为的案件外，在主管当局作出判决前的最后处理之前，应对少年生活的背景和环境或犯罪的条件进行适当的调查，以使主管当局对案件作出明智的判决。"同时，在大多数未成年人案件中，必须借助社会调查报告，了解未成年人的家庭背景、社会背景、学历、教育经历等有关事实。

② 参见卞建林主编：《未成年人刑事司法程序》，中国检察出版社 2017 年版，第 85 页。

的次数等都与未成年时期是否存在攻击性行为有着密切的联系。①

根据调查介入时间的不同，可以分为待遇调查和再调查。如日本就实行了这种制度，对初次进入刑事设施的服刑者，调查时间约为1个月；再次调查时根据被收容者在服刑过程中的环境变化和服刑者自身的变化，以及其他需要，定期或者临时实施。调查以心理学、医学、社会学以及其他技术和专业知识作为基础，运用诊断、检查、面谈、行为观察等方式，对收容者的精神状态、学习状况、前科、身体状况、犯罪特征和家庭及其他生活环境进行分析，并对适合从事何种职业和受何种教育以及其个人志向进行分析了解，对将来的生活设计等事项展开调查，对通过调查最终得出的结论从而进行分类。②

专门矫治教育要想真正实现以教代刑的功能，设立第三方评估机构极为必要，这不仅影响矫治教育接收学生，而且是对矫治教育的结果进行评估从而判断未成年人是否适合退学、转出的重要媒介。同时，调查评估对整个体系运转的成本核算等相关内容也具有重要意义。如加拿大的调查评估主要是通过量表进行，细分为三个方面的评估量表，③且加拿大社会调查与第三方犯罪研究机构进行合作，合力共同开发专门针对触法未成年人的评估量表。

我国的社会人格调查始于司法实践探索，20世纪80年代末，北京市海淀区人民法院开始探索社会人格调查制度，1997年上海市长宁区法院开始实行社会人格调查。目前，社会人格调查已经被广泛运用到实务界，同时也获得了社会各界的极大关注与支持。社

---

① 参见张华葆：《少年犯罪预防及矫治》，三民书局1989年版，第206-207页。
② 参见李朝霞主编：《国外矫正制度》，中国政法大学出版社2020年版，第324页。
③ 三方面的评估量表具体为：一是针对关系犯罪人的评估量表；二是针对一般罪犯的通用评估量表；三是针对性犯罪人的评估量表。

会人格调查报告作为一项影响司法机关采取适当帮教措施、影响相关处理决定、加强社会管理和预防未成年人犯罪等方面具有重要意义的措施，是对未成年人和成年人之间的司法制度差异性的充分肯定。2001 年 4 月实施的最高人民法院《关于审理未成年人刑事案件的若干规定》第 21 条①成为触法未成年人社会人格调查的法律依据，一些地方也根据此规定制定未成年人审前调查的规定。②2002 年 4 月最高人民检察院发布的《人民检察院办理未成年人刑事案件的规定》第 15 条、③ 2012 年修订后的《刑事诉讼法》第279 条、④ 2012 年最高人民法院制定的《关于适用〈中华人民共和

---

① 2001 年最高人民法院《关于审理未成年人刑事案件的若干规定》第21 条规定："开庭审理前，控辩双方可以分别就未成年被告人性格特点、家庭情况、社会交往、成长经历以及实施被指控的犯罪前后的表现等情况进行调查，并制作书面材料提交合议庭。必要时，人民法院也可以委托有关社会团体组织就上述情况进行调查或者自行进行调查。"

② 如 2006 年，江苏省高级人民法院、人民检察院、司法厅、公安厅联合出台了《刑事案件未成年被告人审前调查实施办法（试行）》。

③ 2002 年《人民检察院办理未成年人刑事案件的规定》第 15 条第 3 款规定，审查起诉未成年犯罪嫌疑人，应当听取其父母或者其他法定代理人、辩护人、未成年被害人及其法定代理人的意见。可以结合社会调查，通过学校、家庭等有关组织和人员，了解未成年犯罪嫌疑人的成长经历、家庭环境、个性特征、社会活动等情况，为办案提供参考。

④ 2012 年刑事诉讼法第 268 条规定："公安机关、人民检察院、人民法院办理未成年人刑事案件，根据情况可以对未成年犯罪嫌疑人、被告人的成长经历、犯罪原因、监护教育等情况进行调查。"

国刑事诉讼法〉的解释》（法释〔2012〕21 号）第 476 条、① 2013
年最高人民检察院发布的《人民检察院办理未成年人刑事案件的
规定》第 9 条②都表明社会人格调查报告是司法机关从以处置犯罪
行为为本位转移到未成年被告人犯罪行为和主体特征并重，体现了
未成年人司法预防犯罪和人道主义精神的刑罚宗旨，长期以来在未
成年人刑事诉讼中发挥着重要的作用。③

概言之，社会人格调查在专门矫治教育制度中的重要性毋庸置
疑，是实施个别化矫治的基础，决定处遇措施的依据，更是确定挽
救方针的前提。

2. 我国社会人格调查的困境。首先，社会人格调查报告要在
专门矫治教育制度中适用，应当明确社会人格调查报告的法律属
性。社会人格调查报告是何种法律属性，其能否作为证据和定案根
据使用，理论界和实务界均未形成统一观点。最高人民检察院

---

① 2012 年《关于适用〈中华人民共和国刑事诉讼法〉的解释》第 476
条规定："对人民检察院移送的关于未成年被告人性格特点、家庭情况、社会
交往、成长经历、犯罪原因、犯罪前后的表现、监护教育等情况的调查报告，
以及辩护人提交的反映未成年被告人上述情况的书面材料，法庭应当接受。
必要时，人民法院可以委托未成年被告人居住地的县级司法行政机关、共青
团组织以及其他社会团体组织对未成年被告人的上述情况进行调查，或者自
行调查。"

② 2013 年《人民检察院办理未成年人刑事案件的规定》第 9 条前 3 款
规定："人民检察院根据情况可以对未成年犯罪嫌疑人的成长经历、犯罪原
因、监护教育等情况进行调查，并制作社会调查报告，作为办案和教育的参
考。人民检察院开展社会调查，可以委托有关组织和机构进行。开展社会调
查应当尊重和保护未成年人名誉，避免向不知情人员泄露未成年犯罪嫌疑人
的涉罪信息。人民检察院应当对公安机关移送的社会调查报告进行审查，必
要时可以进行补充调查。"

③ 参见顾军主编：《未成年人犯罪的理论与司法实践》，法律出版社
2010 年版，第 219 页。

《人民检察院刑事诉讼规则》第 461 条第 1 款规定,[①] 社会人格调查报告可以作为办案和教育的参考。社会人格调查报告能否比照证据收集和质证程序进行,目前存在两种不同的观点:一种观点认为,证据是必须与案件事实本身有着客观必然联系的,调查报告的内容只是涉及未成年被告人案件发生的前后情况,在调查过程中获得的内容即使真实可靠,也不能作为证据使用,只能作为量刑参考;另一种观点则认为调查报告可以作为证据使用,根据最高人民法院《关于审理未成年人刑事案件的若干规定》,对未成年人量刑应当充分考虑犯罪时的年龄、犯罪动机和目的、是否有悔过表现和是否是初次犯罪、成长经历和一贯表现等相关因素,而社会人格调查报告作为对未成年人成长经历和相关表现的集中体现,只要符合刑事诉讼法相关规定,就具备了证据效力。[②]

其次,社会人格调查报告的模式也存在一定缺陷,各个地区的经济社会发展水平不均衡,社会组织的发展也不尽平衡,兼具社工知识与法律知识的社工少之又少,这就导致委托社团组织开展社会人格调查虽然可以挖掘社会资源,调动社会力量,营造共同关注未成年人犯罪问题的社会氛围,但社团组织存在法律专业人才匮乏、对未成年人刑事诉讼工作及其规律缺乏理性认识的问题。可见,仅依靠社团组织主导社会人格调查工作,既不现实也难以保证工作的统一性,也无法保障社会人格调查报告的科学性。[③]

再次,目前立法上并未对社会人格调查的程序运行机制作出规定,何时启动社会人格调查,如何进行委托以及应当办理何种手

---

① 《人民检察院刑事诉讼规则》第 461 条第 1 款规定:"人民检察院根据情况可以对未成年犯罪嫌疑人的成长经历、犯罪原因、监护教育等情况进行调查,并制作社会调查报告,作为办案和教育的参考。"

② 参见顾军主编:《未成年人犯罪的理论与司法实践》,法律出版社2010 年版,第 221 页。

③ 参见土才远:《未成年人刑事案件社会调查尚应完善三项内容》,载《人民检察》2014 年第 19 期,第 78 页。

续，采取何种形式和方式进行调查，对调查结果评估应当适用何种标准等均未作出明确规定。这也导致在实践过程中各地对社会人格调查的程序缺乏统一标准。①

最后，因制度规范的空泛，在实践过程中缺少参考性依据，针对社会人格调查的规定过于原则化，这就导致社会人格调查的形式重于实质。在调查主体专业性缺乏、程序缺失、保障力度不够的情况下，调查所获得的信息不可靠也不全面。加之缺乏科学性的评估，形成的调查报告更是存在千篇一律的问题，多侧重一般情况的描述，而缺乏对矫治需求、再犯风险的个别化分析。

3. 我国社会人格调查的完善。正当程序是保证专门矫治教育制度良性运行的前提条件。根据目前的法律规定，专门矫治教育制度中的社会人格调查评估制度应当完善以下几个方面的内容。

一是社会人格调查评估的主体与适用阶段，调查权应当由公安机关行使，公安机关应就调查主体的年龄证据、涉案事实证据等进行取证。同时，可以委托司法行政机关或与政府合作的民间机构、社工组织对调查对象的成长经历、家庭背景等展开社会人格调查。在实践中，建立一支由政府主导的专业化社工队伍，可以委托关工委、② 未成年人保护委员会以及专业的社会工作组织、志愿者、③ 律师、④ 人民陪审员等。面对现在社会人格调查队伍专业性欠缺的

---

① 参见王贞会：《涉罪未成年人司法处遇与权力保护研究》，中国人民公安大学出版社 2019 年版，第 123 页。

② 如丽水市莲都区《关于规范未成年人保护组织代表开展社会调查及参与刑事案件审理的实施办法》第 2 条规定："法院联合关工委等单位成立未成年人保护组织联席会议机构，负责实施代表参与刑事案件调查、审理工作，此机构下设办公室主任 1 名，副主任和成员若干。"

③ 如江苏省常州市武进区人民检察院委托常州大学大学生社会服务中心对部分在校生犯罪案件进行社会调查。

④ 参见胡科、李培样：《未成年人犯罪诉不诉？参考公益律师的社会调查》，载《成都晚报》2014 年 7 月 4 日。

问题，应当完善触法未成年人处遇措施社会支持体系，由专门的社工进行社会人格调查并对此负责。除了具有专业知识之外，还应当具有教育学、心理学、法学等相关知识。此外，社会人格调查应当适用于专门矫治教育的全过程，无论是在决定适用何种矫治教育处遇措施之前，还是在矫治教育过程中未成年人再次实施触法行为，调整矫治方案之时，或是在矫治教育结束之后的跟踪辅导，社会人格调查都可以随时启动。

二是社会人格调查评估的类型。依据调查主体的不同，可以将社会人格调查分为两类，一类是由公安机关、人民检察院和人民法院自行进行的调查，在专门矫治教育制度中这一类调查主要针对的是触法未成年人；另一类是由专门矫治教育机构委托其他机关或者组织进行，同时委托调查又可以分为委托其他行政机关进行调查和委托社会组织进行调查两种类型。

三是社会人格调查评估的法律属性。无论是从证据的概念还是本质属性而言，调查报告都不符合证据关联性、客观性和合法性等一系列的特征。再从法定的证据形式来看，社会人格调查报告也不属于其中的任何一种，尽管调查报告在未成年人刑事案件的审理和矫治教育过程中都发挥着重要的作用。但是，我们不能机械地认为社会人格调查报告的材料就一定不能作为证据使用，其中不乏具有证据意义的材料，如发现未成年人前科等情况，可以通过报告司法机关以法定的取证程序进行固定，作为证据在法庭上质证，但就调查报告本身而言，并不属于证据的范畴。[①] 但是，有的学者则认为，社会人格调查报告具有相关性、专业性、科学性、应用性，在性质上属于专家证据。[②] 也有学者认为，社会人格调查报告应当属

---

① 参见顾军主编：《未成年人犯罪的理论与司法实践》，法律出版社 2010 年版，第 223 页。

② 参见罗芳芳、常林：《〈未成年人社会调查报告〉的证据法分析》，载《法学杂志》2011 年第 5 期，第 410 页。

于品格证据，可以证明触法未成年人的性格倾向、行为方式、名声等品格特征。① 明确社会人格调查报告的法律意义对于了解其在专门矫治教育中的价值和地位具有重要的意义，社会人格调查报告能够作为教育矫治和落实矫治措施的重要依据。社会人格调查报告能够通过调查人员在调查后掌握未成年人的成长经历、心理特征、触法动机、悔罪态度等一系列情况，较为完整和科学地把握未成年人的人格特征，有利于进一步进行分类分级，对提高教育矫治和矫治效率大有裨益，在提高教育转化率的同时也能够真正实现社会人格调查报告在专门矫治教育制度中的特定价值追求。总之，将社会人格调查报告适用于专门矫治教育制度中，并作为决定适用何种处遇措施重要且必要的依据，有利于保护触法未成年人的合法权益。②

社会人格调查评估结果并不具有证据的法律属性，甚至刑事诉讼法对公安机关、法院和检察机关进行社会人格调查适用的是"可以"，即是否进行社会人格调查在法律属性上是司法机关享有的一项权利而非义务。最高人民检察院《未成年人刑事检察工作指引（试行）》第 29 条规定，对于未成年人刑事案件，一般应当进行社会调查。可见，即便是"应当"也是在一般情况之下，而且适用的法律效力并不能约束公安机关和法院。在专门矫治教育制度中，社会人格调查报告应当具有适用的强制性，即进行社会人格调查不仅是专门矫治教育制度作出决定的重要依据，同时专门矫治教育处遇措施决定必须在全面的社会人格调查基础上作出。

四是社会人格调查的内容。最高人民检察院《未成年人刑事

① 参见张静、景孝杰：《未成年人社会调查报告的定位与审查》，载《华东政法大学学报》2011 年第 5 期，第 103 页。
② 林毅、林志标：《未成年人社会调查报告应界定为量刑证据》，载《检察日报》2018 年 1 月 24 日第 3 版。

检察工作指引（试行）》第36条对社会调查的内容作了初步规定，① 但在具体实践中应当将调查的内容根据不同类型的未成年人作出相应的调整。

五是调查的方式和程序。最高人民检察院《未成年人刑事检察工作指引（试行）》第34条规定，开展社会调查必须不少于两名工作人员进行。开展调查应当走访触法未成年人监护人、亲友、邻居、学校、被害人或者其近亲属等相关人员。可以通过电话、短信、邮件等方式进行，经被调查人员同意，可以采取拍照、录音录像等形式进行记录。专门矫治教育机构一旦确定未成年人实施触法行为决定进行矫治教育时，就应当启动社会人格调查工作，及时形成调查报告，保证评估结果的全面性、集中性、客观性，反映未成年人的成长经历和个人情况，充分发挥社会人格调查制度的立法价值，最大限度实现感化、教育和挽救方针。②

六是调查报告及其使用。调查主体应当将调查结果形成社会人格调查报告，并对报告内容进行专业评估，供确认处遇措施时参考。调查报告最终形成必须具备几个方面的内容：调查主体、方式和简要经过；调查内容；综合评价，包括对身心健康、认知、问题解决能力、信赖度、自主性、与他人交往能力以及社会危险性、再

---

① 《未成年人刑事检察工作指引（试行）》第36条规定，社会调查主要包括以下内容：个人基本情况，包括未成年人的年龄、性格特点、健康状况、成长经历、生活习惯、兴趣爱好、教育程度、学习成绩、一贯表现、不良行为史、经济来源等；社会生活状况，包括未成年人的家庭基本情况、社区环境、社会交往情况等；与涉嫌犯罪相关的情况，包括犯罪目的、动机、手段、与被侵害者的关系等，以及犯罪后的表现、社会各方意见；其他应当调查的情况。

② 王才远：《未成年人刑事案件社会调查尚应完善三项内容》，载《人民检察》2014年第19期，第77页。

犯可能性等状况的综合评估。① 在报告的结尾处应当对未成年人的人身危险性等级作出初步划分，分为低度、中度和高度；对应当接受机构化、半机构化或非机构化等，或是否适用禁止令、是否应当复学等方面作出专业性建议。如社会人格调查人员存在意见不一致的，也应当在报告中详细写明。

社会人格调查（建议稿）

一、个人信息调查						
	姓名	年龄	性别	户籍	居住地	学历
特长						
是否具有家庭遗传史	□是→具体人员： □否					
目前最大的困扰问题						
对未来的期望（如一份稳定的工作、回学校上学等）						
成长过程中影响最深的人是谁？是什么关系？						
是否实施过触法行为	□是→具体情况： 　　　采取矫治方式：　矫治具体时间段： □否					

---

① 林欢欢：《描述、解释和预测：涉罪未成年人社会调查报告的三重使命》，载《河南警察学院学报》2020年第2期，第35页。

续表

二、家庭系统调查	
家庭 基本情况	家庭成员及其现状：
	家庭成员是否有违法犯罪记录：□有□没有
	受教育程度如何：父亲：□未接受过教育□小学□初中□高中 □大学及以上 　　　　　　母亲：□未接受过教育□小学□初中□高中 □大学及以上
家庭 经济情况	家庭收入水平和生活质量：□良好□一般□较差
	能否为未成年人提供经济方面的支持：□可以□不可以
家庭 互动情况	家庭结构是否完整：□完整□不完整
	和家庭成员之间是否存在长期矛盾：□存在□不存在
	与家庭成员之间的感情状况、与家人的沟通情况：□好□良好 □一般□较差
	家庭成员会怎样安排他们的时间（工作、闲暇），如是否具有定期陪伴出游经历： □有□没有
	家人能否提供良好的感情支持，能否承担监管和教育责任： □能□不能
三、朋辈群体系统调查	
群体范围： 交往群体 主要来源	□同学□同乡□玩伴 其他：
群体成员 发展现状	□工作□上学□赋闲在家 其他：

续表

群体规范 （群体 亚文化）	①对法律、法规认知情况：□熟知□一般□较少 获取法律知识的主要途径： ②是否存在对"哥们义气"的认知：□存在□不存在 ③是否存在沉溺于网络、夜不归宿等不良行为习惯：□存在□ 不存在
群体 互动关系	在朋辈群体中扮演怎样的角色：
	朋辈群体对你的影响程度如何：
四、学校、社区系统调查	
人文环境	（曾）就读学校：
	（曾）居住社区：
监管条件	学校是否存在经常打架现象：□存在□不存在
	在校期间是否受到过其他同学身体或心理上的欺凌：□存在□ 不存在
	学校是否进行良好有效的监管和教育：□是□否
	学校采取的管理模式：□松散、放任□严格、严厉
融入情况	是否是居住地外来人员：□否 □是→社区融入情况：□较好□一般□较差 →学校融入程度：□较好□一般□较差

第二节　"评价"：价值评价升级要素

　　屡次实施触法行为、实施严重违背社会伦理行为的未成年人具有定式强、改造难度大的特征，因此可以借鉴"三振出局"制度，加强矫治处遇措施的严厉强度，适当延长机构化矫治教育期限，对半机构化或者非机构化矫治教育的未成年人在必要时采取机构化矫治教育（见图20）。

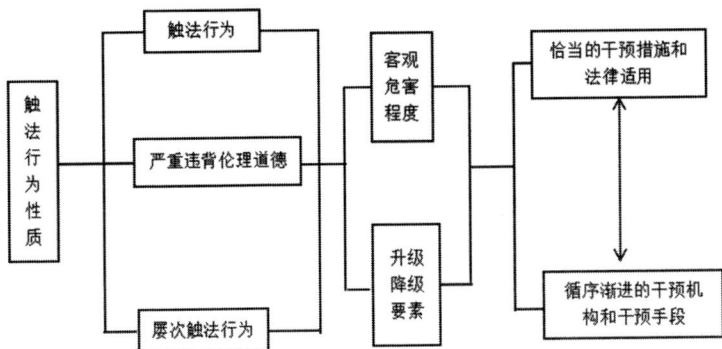

图20　行为分级标准和法律适用标准

一、屡次触法借鉴"三振出局"制度

（一）屡次实施触法行为的未成年人的特征

我国在2011年颁布的《刑法修正案（八）》中再次对累犯制度进行修改，对刑法第65条第1款作出修改。① 此次修正案增加了未成年人不构成累犯的规定，正是基于刑法以宽宥、谦抑为精神内核的本质，加之对未成年人贯彻教育、挽救为主的总方针，毫无疑问我国坚持未成年人不构成累犯。但根据实践经验可知，未成年人初次犯罪与多次犯罪之间的心理特征具有很大的差异。

首先，初次触法的未成年人被动性与服从性强，屡次触法的未成年人定式强，具有很强的矫治难度。对于初次触法的未成年人而言，专门矫治教育的环境是全新的，他们在接受矫治过程中通过适

---

① 刑法第65条第1款规定："被判处有期徒刑以上刑罚的犯罪分子，刑罚执行完毕或者赦免以后，在五年以内再犯应当判处有期徒刑以上刑罚之罪的，是累犯，应当从重处罚，但是过失犯罪和不满十八周岁的人犯罪的除外。"

应、学习、观察和模仿，心理上能够形成较为突出的被动性特征，也会尊重与服从矫治工作者。但对于屡次触法的未成年人而言，因为已经具有较长的触法行为历史，触法意识也在反复加强，甚至已经成为其人格中稳定的组成部分。可见，屡次实施触法行为的触法定式已经形成，在其错误观念支配下，即便经过多次矫治仍不知悔改，对矫治抱有冷眼相看与怀疑抵触的态度。

其次，初次触法的未成年人适应性较差，具有很强的波动性，而屡次触法的未成年人则表现为无明显的波动，投机心理也较为突出。初次触法的未成年人对专门矫治教育还缺乏最基础的认识和思想准备，最初在心理上会出现较为明显的抵触心理，甚至会产生焦虑和情绪低落的情况，在矫治过程中如果遇到困难和挫折也会引起较强的情绪波动。但具有屡次触法行为经验的未成年人，已经经历过多次矫治，在此过程中虽然没有表现出明显的抵触心理，但可能出现表面敷衍和驯服、暗中密谋策划的情况，实则比具有抵触心理的初次触法未成年人更难以矫治。

最后，初次触法未成年人往往出现意志薄弱的情况，而屡次触法未成年人则暗自具有严重的心理抵触情绪。初次触法的未成年人在心理上具有很强的被动性特征，极容易受到暗示与引导，容易被情境所同化，对挫折和困难的承受能力也相对较低，在矫治过程中具体表现为反复性与波动性，矫治的意志也相对薄弱。而屡次触法未成年人则表现出牢固的反社会意识，矫治经历丰富也会导致对社会与矫治机构不良的抵抗心理。

（二）屡次触法借鉴"三振出局"制度的可行性分析

通过上述分析，虽然刑法中未对未成年人作累犯的规定，但初次触法与屡次触法的未成年人之间人身危险性、不良人格存在很大的差异，面对矫治的心理与状态也发生了天差地别的变化。正是因为多层面的差异，在专门矫治教育制度建构与方案制定过程中，需要明确区别初次触法与屡次触法未成年人之间的危险程度。本书认为，屡次触法的判定标准可以借鉴美国的"三振出局"制度。在借鉴过程中，必须避免片面地将制度直接运用于专门矫治教育中的浮于表面的移植，要立足我国本土法治理念，吸收域外制度理念精髓，避免制度在实际运用中过犹不及，撼动原本正在不断夯实的未成年人刑事司法制度的基石。

"三振出局"最早源自美国，作为棒球运动中的一项规则存在，如果选手三振失误，就会面临被判出局，称之为"三振出局"。20世纪90年代，美国立法中引入这项规则，作为针对累犯的特殊规定。"三振出局"引入法律领域，旨在减少严重暴力犯罪：行为人若已经具有两次严重犯罪前科，再一次犯罪的，则会受到严厉惩罚，如被社会隔离、淘汰。其内在思维逻辑是针对屡次触犯法律、屡教不改的行为人，法律给予与顽固行为等价值的谴责性评价，即刑罚与犯罪的量的关系抽象成价值上的对比关系。1994年，加利福尼亚州面临未成年人累犯高达63.5%的严峻形势，有学者研究认为，凡是在17周岁以前有3次犯罪记录的未成年人，其中的80%以上将会在成年后成为惯犯，因此对未成年人可以适用"三振出局"法案的规定。[①] 此外，如果未成年人有3次以上犯罪记录的，即送成年人刑事法院审判。[②]

虽然对未成年人犯罪案件是否适用"三振出局"，学界长期存在争议，但美国已经对未成年人适用累犯制度，已然从"国家亲权"角色中抽离，取而代之将"可责性""刑罚"运用于未成年人偏差行为问题中。可见，在审视未成年人犯罪难题时，美国始终关注对社会的危险程度，将社会防卫摆在首位。但是，严惩主义主要适用于累犯少年和恶性犯罪，轻微罪行的少年依然贯彻福利主义理念。

---

① 苏彩霞：《累犯制度比较研究》，中国人民公安大学出版社2002年版，第130页。

② 沈颖尹：《关于〈刑法〉第十七条的审思与完善——以〈刑法修正案（十一）〉为视角》，载《北方法学》2021年第3期，第152页。

我国未成年人不成立累犯的法律规定明确了不断削弱未成年人可责性的决心，在实践中，"幼小矜宥"在司法量刑与执行中处于宣告性和边缘性地位的古老弊病也在不断改正。在多重前提之下，强调"三振出局"制度即屡次实施触法行为，对未成年人采取严厉的矫治措施，并非试图与正向发展的"福利主义"刑事司法制度背道而驰，或提倡未成年人累犯再度回归，抑或是与报应预防相互结合的"一体论"刑罚目的学说大相径庭，而是从屡次实施触法行为的行为人人身危险性角度出发，尤其是多次实施暴力行为，"多次暴力犯罪存在犯罪人格的可能，人格具有稳定性，这种危险性人格的危害行为呈现一种惯性的、重复的模式"。①

管中窥豹，《刑法修正案（十一）》降低最低刑事责任年龄，正在从立法层面明确对触法未成年人适用双向保护原则。一方面，对屡次严重触法的未成年人，不再采取宽待态度，强调了刑法作为社会最后一道屏障的功能性。对累犯和惯犯的犯罪经历分析显示，持续并严重危害社会的行为可追溯至未成年时期。② 累计评价未成年人触法行为，意义不仅是对其"屡教不改"施以惩戒措施与否定性评价，也可以对社会成员尤其是在校学生起到指引与预测作用。另外，在中国古代随着社会危害性程度的加强，所受惩处随之严厉的观念已见端倪，如汉时有"累增罪过"，晋和南朝诸律有"重罪""三犯"，北朝诸律有"数犯""再犯"。虽然古今"累犯"具体规则不完全相同，然而其本质具有异曲同工之处，即社会危害程度在评判犯罪性质、定罪量刑过程中是极为重要的因素。

因此，在对触法未成年人进行价值"评价"与决定适用何种处遇措施时，应充分考虑未成年人不良人格的顽固性，根据未成年

---

① 参见李玫瑾、董海：《犯罪人格的界定与实证研究》，载《中国人民公安大学学报》（社会科学版）2008年第3期，第17页。

② 参见赵秉志、张远煌主编：《未成年人犯罪专题整理》，中国人民公安大学出版社2010年版，第445页。

人的再犯可能性适用不同的处遇方式，以期达到预防犯罪之效能，如 13 岁的王某多次盗窃他人财物，其客观情节已经符合刑法中盗窃罪的标准，但因未达到刑事责任年龄而不构成犯罪。对于屡次实施触法行为存在屡教不改情形的未成年人，建议在适用专门矫治教育过程中根据其触法行为次数调整矫治教育实施方式和实施方案。[①] 如果在矫治过程中未成年人再次实施触法行为，专门矫治教育机构根据考核情况，认为未成年人的人身危险性增加的，可以实施从严的专门矫治教育措施，具体包括：延长专门矫治教育的期限；半机构化专门矫治教育或者观护专门矫治教育转化为机构化矫治教育；增加劳动在处遇措施中的占比；其他从严的专门矫治教育措施。

　　概言之，对未成年人行为的社会危害性进行划分需要借助法官的自由裁量才能实现，但在实践过程中，为了尽可能科学分级分类矫治教育，也有学者研究不同的方案进行危害程度的等级划分，如根据触法未成年人从事触法行为的频次做统计排列组合，生成若干划分的标准，借鉴 Dunford 和 Elliott 的研究发现，屡次触法（设定为 M 种）的触法未成年人被认定为具有重度犯罪习性，在矫治教育过程中应当加以关注，在心理偏差和行为纠正方面强化矫治教育在这方面的关注；偶有触法行为（设定为 N）的未成年人应当归为轻度触法习性一类，其他触法未成年人被归为中度触法习性一类。再通过方差检验（ANOVA），考察每一种划分标准下三种不同程度犯罪习性的触法未成年人在自控力水平、父母教养方式、心理健康水平、法制意识和不良朋辈五个指标上的差异，并将该差异值进行汇报。无论是不接受关押或是关押处遇的未成年人都需要专门矫治教育机构对其进行专业化的干预、矫治和教育，尤其是有针对性和分级分类的开展与推进。

----

　　① 沈颖尹：《关于〈刑法〉第十七条的审思与完善——以〈刑法修正案（十一）〉为视角》，载《北方法学》2021 年第 3 期，第 152 页。

二、严重违背社会伦理触法行为的评析

在汉语词典中，"严重"侧重客观程度深、影响大；而"恶劣"侧重对人的意志、品行方面的判断。《大清新刑律》自颁布至今已有百年之久，仍对我国刑法有着深远影响，尤其是几经修订仍保留其精髓的我国台湾地区"刑法"，更是以《大清新刑律》为蓝本与基石。其中第 272 条杀害直系血亲尊亲属罪规定："杀害直系血亲尊亲属者，处死刑或无期徒刑。"其第 271 条普通杀人罪规定："杀人者，处死刑、无期徒刑或十年以上有期徒刑。"对比两个法条之后不难发现我国台湾地区"刑法"仍受到儒家思想文化的影响，存在孝道的传统道德伦理影子。追本溯源，最早可至《大清新刑律》中"谋杀祖父母、父母""犯罪存留养亲"[①] 等身份犯的特殊规定。

虽然学界已经提出这种特殊规定与近代先进国家法律，以及我国台湾地区现行法制体系，所强调的维护个人尊严和人格价值平等的理念相悖，但我国台湾地区至今仍保留此法律规范。[②] 在现实生活中，卑幼不孝至极的案例比较罕见，甚至不少是在尊长长期压迫下，精神处于焦虑的情况下实施的杀人行为[③]。

"杀害直系血亲尊亲属"的未成年人，家庭环境往往不佳，家长大概率存在矫治责任认识不足、缺乏矫治能力的问题。按照现行法律，若不加以专门矫治教育可能再次坠入"责令他的家长或者

---

① 黄静嘉、胡学丞：《中国刑法百年发展的回顾与反思——以台湾地区的几个刑法议题为中心》，载《华中科技大学学报》（社会科学版）2010 年第 3 期，第 1-5 页。

② 沈颖尹：《关于〈刑法〉第十七条的审思与完善——以〈刑法修正案（十一）〉为视角》，载《北方法学》2021 年第 3 期，第 152 页。

③ 参见黄静嘉、胡学丞：《中国刑法百年发展的回顾与反思——以台湾地区的几个刑法议题为中心》，载《华中科技大学学报》（社会科学版）2010 年第 3 期，第 1-5 页。

监护人加以管教"的恶性死循环中。因此，综合考虑家庭教育方式偏差与矫治知识匮乏等因素，可能对矫治起到反向作用力，建议将"杀害直系血亲尊亲属者"作为考量因素，要求强制实施专门矫治教育。

此外，我国长期以"德主刑辅"作为治理社会的主要思维和实践模式，《左传》襄公二十四年早有记载："德，国家之基也。"[1] 再观预防未成年人犯罪法中要求对违法犯罪的未成年人，应施以感化、挽救的方针，与"德主刑辅"理念相契合。因此，在处理未成年人触法问题上应结合我国当下的社会制度、经济基础、文化传统，在"教育为主，惩罚为辅"的矫治原则下，突出"教化"与"孝悌忠信礼义廉耻"等传统文化的结合，将外在的约束化为内在驱动力。[2] 责任观念应当是未成年人世界观中的重要组成部分，如果对向家人挥动屠刀的刽子手不加以严厉矫治，势必对社会安全造成威胁，这就必然将"故意杀害直系血亲尊亲属者"作为处遇措施衡量因素之一。[3]

将严重违背社会伦理的触法行为作为价值"评价"重要因素之一，不仅符合我国传统法治思维，同时与公民朴素的道德观念相契合，如大连一未成年男孩蔡某强奸并残忍杀害一女童，因未达到最低刑事责任年龄而不予追究刑事责任，实则蔡某身高已达170厘米，体重75公斤，完全达到成年人心理与生理成熟程度，如果不采取严厉的矫治措施，显然违背民众对法律维护社会秩序作用的期待。这种期待一旦受到伤害便会转化为对法律公信力的威胁。严重违背社会伦理的触法行为因此也成为降低最低刑事责任能力的推动

---

① 杨伯峻：《春秋左传注》，中华书局1981年版，第178-192页。

② 参见刘若谷：《引领与成长——低龄触法未成年人教育矫正研究》，人民出版社2019年版，第199页。

③ 沈颖尹：《关于〈刑法〉第十七条的审思与完善——以〈刑法修正案（十一）〉为视角》，载《北方法学》2021年第3期，第152页。

力之一：在社会舆论的推动下，长期在司法民粹化刀锋上行走的刑事责任年龄备受关注，骇人听闻的低龄未成年人恶性刑事案件频发，致使各界不断呼吁降低刑事责任年龄。但社会舆论所提倡的通过降低刑事责任年龄，以期惩治、减少和预防犯罪，这是感性思维逻辑评判标准，存在饮鸩止渴的风险。[①] 而真正能够达到减少未成年人实施触法行为的根本方式正是矫治未成年人的可塑性人格。

总之，将严重违背社会伦理的触法行为作为行为社会危害性划分标准之一，不仅在理论上体现了我国触法未成年人"教育为主，惩罚为辅"的刑事政策，是对我国未成年人触法行为分类干预理论的发展，还在实践中增加了触法未成年人分级的可操作性，在一定程度上控制了对触法行为危害程度进行评估的自由裁量权。此外，对行为社会危害性进行等级划分还可以从多个犯因性要素方面将触法未成年人区分开来，为矫治工作人员个别化干预指明了方向，引导工作人员针对各罪未成年人的犯因性差异，有所侧重地采取矫治干预措施。如对行为社会危害性较低的未成年人，可以通过社会公益服务、适当心理辅导和法制教育等方式进行矫治，但是针对社会危害性较高的未成年人可能仍旧需要适量适用机构化矫治方式，加强矫治教育的强度和力度。

三、未成年人具体年龄要素

触法未成年人的个体差异性形成矫治极具复杂性与挑战性的局面。在具体实践中，依据刑法条文简明扼要规定的刑事责任年龄，"一刀切"地制定是否成年的界限，确实提高了可操作性，但在实然层面忽视了个体成熟时间的差距。现实中，难以区分 12 周岁奥数冠军与 20 周岁未受过教育的成年人之间谁的"能力"更强，甚至拥有更强的反侦查能力和缜密的逻辑思维。忽视与年龄相左的改

---

① 沈颖尹：《关于〈刑法〉第十七条的审思与完善——以〈刑法修正案（十一）〉为视角》，载《北方法学》2021 年第 3 期，第 152 页。

变和差异,势必无法避免矫治目标遭受破坏。

分级分类处遇机制必须建立在区分未成年人年龄特征基础上——哪怕是相似的人格,但不同年龄的未成年人所具有的辨识能力与控制能力也存在较大差异,如一个未满 10 周岁的未成年人与一个 15 周岁的未成年人同样实施了故意伤害罪,虽然造成的后果以及社会危害性和行为人主观恶性相同,但是所适用的专门矫治教育措施显然应当不同。对不同年龄段的触法未成年人适用不同的矫治措施具有重要意义,不同年龄段的触法未成年人具有不同的是非对错辨识能力,以及接受矫治内容的能力,只有找到正确的对接才能有效实施矫治措施。

(一)未满 12 周岁的未成年人

我国低龄未成年人触法行为干预机制长期空白,尚未建立有效的干预手段。我国刑法出于恤幼原则以及刑罚谦抑原则,对低龄未成年人严重危害社会行为不予处罚,责令家长或监护人加以管教。治安管理处罚法规定对未满 14 周岁的未成年人违反治安管理的行为不予处罚,责令其监护人严加管教。我国预防未成年人犯罪法同样对低龄未成年人严重不良行为作了诸如责令家长或监护人、学校严加管教的规定。可见,在立法层面我国对低龄未成年人的干预主要依赖家庭教育,干预措施过于绵软乏力,无法纠正未成年人的不良人格,司法或行政机关的不介入、不干预甚至会成为触法未成年人心理上的"保护伞",使其极易再次走上犯罪道路。

1. 12 周岁以下未成年人是否适用专门矫治教育。一些学者认为,专门学校招生对象的年龄宜以 12 周岁为下限,未满 12 周岁的未成年人因尚未进入青春期,原则上不宜使其脱离家庭环境,应交由监护人严加管教或采取社会矫治措施。[1] 但这种观点也存在一定的局限性,如实施严重暴力行为的未成年人,如果仍旧让其回归社

---

[1] 宋英辉、苑宁宁:《未成年人触法行为处置规律研究》,载《中国应用法学》2019 年第 2 期,第 51 页。

会、家庭、学校，很有可能造成对他人的再次侵害，低年龄段暴力性犯罪暴露出其很大可能存在心理或精神上的疾病，具有反社会性人格。再者，随着时代的发展，未成年人心理成熟年龄不断提前。研究发现，与 20 世纪 90 年代相比，现在首次实施触法行为的未成年人平均年龄降低了 2-3 周岁（见图 21）。因此，实施严重暴力行为的未成年人无论处于哪个年龄段，都应当适用机构化矫治教育措施，对一般触法行为，适用非机构化或半机构化矫治措施。

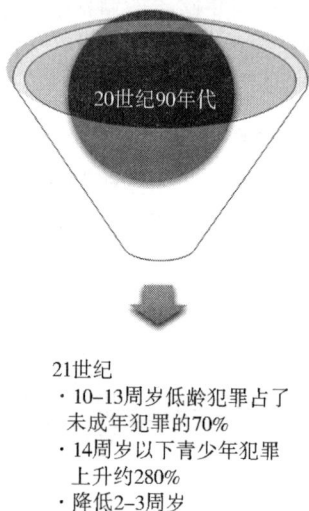

20世纪90年代

21世纪
· 10-13周岁低龄犯罪占了
　未成年犯罪的70%
· 14周岁以下青少年犯罪
　上升约280%
· 降低2-3周岁

图 21　未成年人首次实施触法行为年龄降低

《刑法修正案（十一）》降低最低刑事责任年龄是基于多方因素衡量下的折中选择，是对低龄未成年人"放任不管"的积极反思。立法者意识到，"一刀切"的刑事责任年龄划分方式与未成年人的复杂情况相悖，就此划分了一个相对弹性的适用空间。这对 12 周岁以下未成年人是否适用专门矫治教育亦有启示。

但是，又一轮关于刑事责任年龄的争议正在进行，社会各界对又一次划下一条泾渭分明的红线纷争不断——实践的灵活性与偶发性往往比理论更加难以掌控和预测，"一毫米难题"再次凸显。过了 12 周岁生日当晚 12 时瞬间，在法律层面被定义为长大的奇妙时刻，具有多层次悖谬——如浙江杭州 11 周岁未成年人杀害 7 周岁儿童后藏尸阳台一放了之；13 周岁未成年人实施强奸、放火仍处于法门之外。难题再次浮现，这些认知水平可能与成年人无异的未成年人，仅因未满 12 周岁，在实施比成年人更为恶劣的犯罪、多次犯罪的情况下，不经严厉的矫治、帮助和教育就复归校园。不禁令人担忧是否会成为校园霸凌的催化剂。因此，本书认为未满 12 周岁的未成年人实施恶性刑事案件的，应当进行专门矫治教育，在必要的时候应当进行机构化专门矫治教育。

一是如果一味降低刑事责任年龄与以"教育为主，惩罚为辅"的方针相悖。1908 年，沈家本在《大清新刑律》中已经系统地阐释了引入感化教育制度，推动少年司法改革的设想，提出"夫刑为最后之制裁，丁年以内乃教育之主体，非刑罚之主体"的理念。百年来，我国在建立独立少年司法制度的道路上努力探索前行，但目前仍尚未形成体系完整的政策规章。在此基础上，忽视未成年人的身心特征，降低刑事责任年龄可能引起体系构建反向推动的副作用，甚至使我国少年司法以"教育主义"为同心圆的机制建设初心半途而废，这也正是此次修正案仅将 12-14 周岁严重危害社会利益的部分未成年人，经过严苛的前置性程序，纳入犯罪圈的原因。

二是随着网络通信设施逐渐发展及经济条件的提升，未成年人心理成熟年龄已经前置，但形成未成年人犯罪的因素是多种多样的，家庭、社会、学校都有可能成为诱发因素。降低刑事责任年龄虽然达到了威慑的目标，但不能从根本上降低恶性刑事案件的发生率。

三是未成年人恶性刑事案件一经网络渲染点燃了民众的情绪，自民事责任年龄从 10 周岁降至 8 周岁，各界关于降低刑事责任年龄的设想似乎也势在必行。然而国家统计局数据显示，2018 年我国未成年人犯罪人数仅有 3.4 万人，占同期犯罪人数的 2.41%，[①]且其中占比最多的为盗窃罪。因此，专门矫治教育应当在刑事责任年龄下降的趋势之下起到治标且治本的效能。[②]

2. 12 周岁以下未成年人如何适用专门矫治教育。对 12 周岁以下未成年人实施违反刑法的行为应该如何处置，适用何种处遇措施，这需要结合上述人格评估结果。如一名 8 周岁的未成年人实施危险程度较低的严重不良行为、危险程度较高的严重不良行为、一般犯罪行为、严重暴力性犯罪行为，结果显然都要考虑其年龄的特殊性。从另一个层面来看，8 周岁的未成年人、12 周岁的未成年人和 16 周岁的未成年人同样实施了一般犯罪行为，其处遇措施也应当具有区别性。显然将 8 周岁还处于对家庭绝对依恋期的未成年人脱离家庭置于闭环式管理的专门矫治学校进行矫治，极有可能不仅不能纠正其触法失范行为，还可能因为作用力超过必要量度而起到反作用。

根据上述分析，本书建议未成年人人格危险性等级较高且实施的行为具有严重的社会危害性（5-4 严重程度），应当经专门矫治教育机构评估之后进入专门矫治教育程序，并且在必要时适用机构化矫治。此外，对未满 12 周岁违反法律以及屡教不改者应酌情进行专门矫治教育，并对该人群进行单独分类矫治。由于未满 12 周岁的未成年人仍处于依恋期，因此应尽量追求在自然环境中使触法未成年人得以矫治，使未成年人能够尽量避免与社会的隔绝，避免对其生活、学习和成长造成过多的非自然性影响。[③] 同时，鉴于

---

① 《国家统计局报告：中国未成年人犯罪比重持续降低》，载中国新闻网，http：//www.chinanews.com/gn/2019/12—06/9026887.shtml，最后访问时间：2020 年 12 月 19 日。

② 沈颖尹：《关于〈刑法〉第十七条的审思与完善——以〈刑法修正案（十一）〉为视角》，载《北方法学》2021 年第 3 期，第 152 页。

③ 参见聂阳阳：《我国未成年人社区矫正制度的完善》，载《预防青少年犯罪研究》2012 年第 3 期，第 47 页。

6 周岁的未成年人一般正处于入学阶段，从政治和经济等方面尤其是目前信息社会传播媒介的大力发展趋势来看，未成年人的成熟期在不断提前。因此，建议对 6 周岁以下未成年人不适用机构化专门矫治教育。11-13 周岁的未成年人处于儿童向少年时期进行过渡的关键时期，处于该年龄段的未成年人无论是心理还是生理上都在不断发生变化，因此这也被国际上研究未成年人问题的学者认为是危险期，如果加以有效的引导与良好的教育，则可能成为有用之材。因此，针对 12 周岁以下的未成年人适用专门矫治教育，应更加注重专门矫治教育的专业性与科学性，结合不同年龄段的身心特征，适用恰当的矫治措施。

（二）12-14 周岁的未成年人

湖南益阳 12 周岁未成年人弑母案、大连 13 周岁未成年人奸杀案，这些低龄恶性刑事案件无不挑战着公众朴素的道德神经，这也是《刑法修正案（十一）》对最低刑事责任年龄进行修订的原因。① 从一定意义上看，这体现了我国未成年人刑事司法发展的方向正从父母亲权不断向国家亲权发生转变，对专门矫治教育处遇机制的建构深有启发，如对"责令其父母或者监护人加以管教""在必要的时候"等具有争议性的规范进行解释与理解都应当遵循未成年人刑事政策。换言之，面对该年龄段未成年人实施的应受处罚行为并造成相当社会危害性的现状，基于双向保护原则，在考察了触法未成年人父母及其监护人的监管能力后，"在必要的时候"应当对 12-14 周岁未成年人进行专门矫治教育。

一是古典刑法理论理性人的假设使刑事司法中增添了对人的理性进行辨别的前提，这也蕴含着将辨别能力和控制能力不成熟的未成年人与成年人进行区别对待的基础，让未成年人的身份成为减轻

---

① 刑法第十七条第 3 款规定："已满十二周岁不满十四周岁的人，犯故意杀人、故意伤害罪，致人死亡或者以特别残忍手段致人重伤造成严重残疾，情节恶劣，经最高人民检察院核准追诉的，应当负刑事责任。"

或者免除刑事追究和处罚的理由。同时，刑事实证学派理论认为通过对未成年人进行治疗、对其所处环境进行改善，能够实现对犯罪的控制，也因此产生了教育刑、目的刑、刑罚个别化以及社会防卫等一系列新的刑法观念。[①] "根据刑事实证学派的设想，应当回避刑事司法问题——实证主义关注的是社会正义、社会保护和社会管理。甚至不需要花费时间治理犯罪，因为犯罪仅是一种症状，是病态特征的一种外部表现。人们不需要审判，也不需要律师代理，正当程序可以免除，人们需要的仅仅是由社会科学家组成的一个委员会进行的听证会。"[②] 可见，专门矫治教育与教育刑论、刑罚个别化等刑法观念相契合，通过非刑罚手段实现对低龄未成年人的矫治。

二是依据功利主义学说，正是在高压的威慑之下，理性人才选择不犯罪。反之，当一个具有自由意志的个体对其所实施的危害行为无须承担任何代价，将会导致未成年人利用身份优势铤而走险。现实中不乏利用年龄限度作案的情况，如一些团伙作案在具体分工时，由低龄未成年人实施作案行为，成年人则进行外围活动或幕后指挥。因此，对于12-14周岁未成年人实施的具有社会危害性的触法行为，应当根据具体情况进行分级分类矫治。

三是14周岁之前是未成年人社会化的第一个时期，该时期未成年人的社会知识增长与个体心理、生理的迅速发展同步，不稳定性加剧，进入不良行为的高发期，同时也是社会化的关键时期。随着年龄的增长，未成年人受到更多社会因素和周围环境的影响，受教育的场所也从家庭向社会和学校扩展，但是真正产生决定性影响的还是家庭、同辈群体和学校。未成年人在家庭和学校的监护之下，主要通过模仿父母、老师以及同龄人群的行为习惯实现社会

---

① 参见牛传勇：《中国少年司法的传统土壤与近代萌生》，中国政法大学 2015 年博士论文，第 47 页。

② ［美］韦恩·莫里森：《理论犯罪学——从现代到后现代》，刘仁文、吴宗宪、徐雨衡、周振杰译，法律出版社 2004 年版，第 112 页。

化。因此，利用该年龄段未成年人特有的高模仿能力，通过优秀矫治案例分享、心理疏导以及同伴交流等方式提升矫治的效率。

（三）14-16 周岁的未成年人

未成年人进入相对刑事责任年龄段，应当坚持"教育为主，惩罚为辅"的方针，除了刑法第 17 条规定的 14-16 周岁未成年人犯故意杀人等 8 种重罪需要承担刑事责任以外，[①] 其他大部分的触法行为仍旧以保护处分措施和社区性措施为主。

一是 14-16 周岁的未成年人是社会化进程的关键时期，处于该年龄段的未成年人在生理上进入了青春期前期，心理上个体的自我意识得到了进一步的发展，且能够逐步认识和评价自己的人格，世界观也开始萌芽。未成年人逐渐成熟的过程是个体喜欢猎奇、冒险和幻想，产生一种强烈的想要摆脱学校、家庭监管，实现自我支配的过程。也因为未成年人在知识、经验等方面存在欠缺，导致意志不坚定和自我控制能力薄弱，更容易受到外界诱惑实施触犯法律底线的行为（见图 22）。

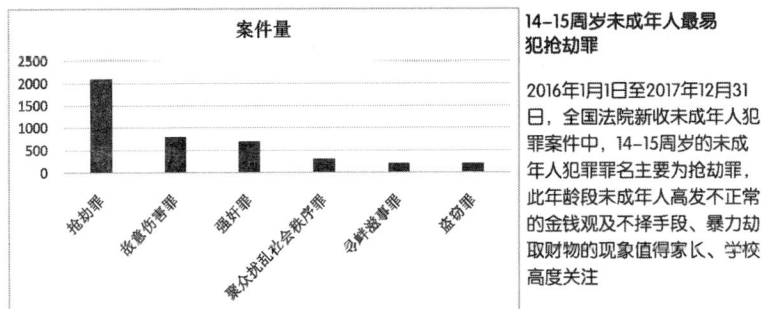

图 22　14-15 周岁未成年人最易犯抢劫罪

---

① 刑法第 17 条第 2 款规定："已满十四周岁不满十六周岁的人，犯故意杀人、故意伤害致人重伤或者死亡、强奸、抢劫、贩卖毒品、放火、爆炸、投放危险物质罪的，应当负刑事责任。"

二是 14-16 周岁的未成年人已经具备了相对稳定的辨识能力和控制能力，但未成年人成长是一个不断尝试与试错的过程，伴随着成长风险与风险管理，这对于社会与未成年人自身都是一种考验。为了控制这种风险，从社会防卫角度出发，一方面要为犯有严重错误的未成年人保留生活发展的机会；另一方面，为比他们更为幸运（更为道德）的同龄人保留自由抉择权。① 专门矫治教育就是控制风险的重要手段。

三是 14-16 周岁是未成年人向成年人过渡的关键期，也是未成年人获得遵从法律技能的践习期，在此阶段如果只是轻微地触犯法律并非不可饶恕，而是要给予践习者充分的了解与科学的指导，甚至容许他们通过犯错的方式获得成长的机会。这是未成年人作为践习者的权利与责任，"如果没有某种方式的践习者行为责任，践习者的角色作用就不完全。而治疗触法未成年人最好的良药是成长，这是青春期的重要特点，就是生存发展以至于成年，最好是其个人生存发展的机会完整无缺"。② 在逐渐成熟的理念支持之下，处遇理念显然已经从比照成年人减轻处罚的窠臼中脱离，而是站在更为宏大的社会利益与更为长远的未成年人成长利益之下进行，③如更多地开始采取非监禁化和非犯罪化的观护处置，为专门矫治教育处遇机制建构指明方向。

---

① 参见［美］富兰克林·E. 齐姆林：《美国少年司法》，高维俭译，中国人民公安大学出版社 2010 年版，第 24 页。
② 参见［美］富兰克林·E. 齐姆林：《美国少年司法》，高维俭译，中国人民公安大学出版社 2010 年版，第 28 页。
③ 牛传勇：《中国少年司法的传统土壤与近代萌生》，中国政法大学 2015 年博士论文，第 92 页。

第三节　"处遇措施"：分级分类处遇机制

专门矫治教育处遇措施的完善与体系构建不仅是为了多元化与创新处遇措施的方式和种类，更是为了改变之前矫治处遇措施存在的"两头重，中间轻"的状况。统计发现，未成年人触法案件发生之后，不进行刑事处罚的占总人数的47.6%，即经民警口头教育后，让监护人严加看管。直接处以行政、刑事处罚的占29.6%，未知处遇方式的占17.5%，而处于专门性的矫治教育的未成年人只占了4.3%。① 上述数据正是印证了对矫治触法未成年人的忽视，以及处遇措施的匮乏，导致对具有严重社会危害的未成年人或"一放了之"或"一关了之"。专门矫治教育应当改变这种状态，协调"惩""治""防"的比例和功能。

一、我国港澳台地区与国外处遇措施分类综览

家庭教育不当、学校侧重升学而忽视人格培养、心智发育程度不一皆会导致未成年人走上触法的道路。一方面，法律根据未成年人的身心发展特征，严格规定刑事责任年龄，未成年人需同时满足达到刑事责任年龄以及符合罪状事实的双重条件才能承担刑事责任；另一方面，对于不符合刑事责任承担要求，却已经存在触法行为的未成年人也不能持有"一放了之"的态度，而应当通过设置合理的处遇机制，实现人格矫治，帮助未成年人复归社会。

（一）我国港澳台地区处遇措施综览

我国香港地区、澳门地区和台湾地区与内地虽然在文化制度方面存在差异，法律制度的设计也不尽相似，但这三个地区对触法未成年人的处遇措施始终围绕着教育的根本，对内地完善处遇机制具

---

① 张奎、严露婕：《未成年人触法行为的处遇困境及应对出路》，载《四川警察学院学报》2019年第8期，第78页。

有借鉴意义。

1. 香港地区。从司法角度来看，香港对未成年人犯罪的刑事处罚可以分为非羁留处罚和羁留处罚两种，但即便被判处羁留处罚，按照法律规定，也只是在特定的限制自由的场所进行矫治，这已然是法院迫不得已的选择——不到必要时刻，法院一般都采取非羁押的处罚方式。换言之，面对未成年人群体，香港尽量使用非监禁刑。根据《教导所条例》《感化院条例》《少年犯条例》等与未成年人相关的法律法规，非监禁刑主要采用以下几种。

一是感化，适用对象为 14-21 周岁的犯罪嫌疑人，可接受 1-3年的感化教育。其中感化也被分为开放式与禁闭式两种。禁闭式需要入住感化院，时间不能超过 1 年；开放式和"责令其父母或其他监护人加以管教"由家庭进行矫治，感化主任安排辅导。如未成年人在感化期内实施违反法律的行为，需要对其所犯的原罪予以处罚，同时也要加控违反感化令。

二是社会服务令，很多国家的社会服务令被适用于触法未成年人承担后果措施中，其内涵是指对被宣告可判处监禁刑罚的 14 周岁以上的人，可判处其在一定时间内从事 240 小时的公益劳动，从而作为对主刑的替代，或者在科处其他处罚的同时适用社会服务令。①

三是教导所，适用范围是犯有可判监禁之罪的 14-22 周岁的犯罪嫌疑人。在教导所羁押期间，犯罪嫌疑人需接受必要的劳动和技术工艺培训。对于教导所的羁押期法院不加以规定，在实践过程中，一般都是在 6 个月至 3 年之间。此外，获释后还需要接受 3 年的强制善后监管，违反者将继续回到教导所进行矫治。

四是劳役中心，适用对象为 14-21 周岁所犯之罪可以被判处监禁刑、之前未被送过劳役中心或监狱且全面考量之后法院认为送

---

① 参见瞿丰、陆才俊等：《未成年人犯罪研究》，中国人民公安大学出版社 2016 年版，第 82 页。

往劳役中心更符合公众和被告人利益的未成年人，可以将其送入劳役中心。对于 21 周岁以下的一般关押时间为 1-6 个月，21 周岁以上的关押时间为 3-12 个月。

此外，我国香港还设置了香港儿童安置所，专门对因个人行为或受不良行为影响而需要教育的未成年人进行收容，是一个支援性的团体。按照安置所的规定，除了组织他们进行各种活动之外，还对其进行道德教育和生活指导，培养良好的生活习惯，并提供专门学校安排需要就学的成员就读。[①]

2. 澳门地区。澳门处于我国南海之滨，与内地有着不同的制度文明，历史原因造就澳门的文化与法律呈现中西方文化交融与繁衍的特色。在教育监管制度的设计上，澳门受到了葡萄牙法律制度的长期影响，形成了有别于内地的独特风格。

一是司法训诫，司法介入措施的一种。由法官向未成年人作出严明的警告，指明其行为的不法性，告诫其应当以符合法律规范及相应价值观念进行学习与生活，鼓励以适当和负责的方式融入社群生活中，并宣告其应当承担的后果。[②]

二是复和措施，相对于训诫中的双方和解，复和措施是一项具有恢复性司法性质的措施，该项措施既可以由法官主持也可以由社会重返厅主持。主持人召集违法行为所涉及成员，通过协商方式教育未成年人，协助其认识错误并真心悔过，取得被害人的原谅，修复双方的关系。复和措施包括具有专门启动该项措施的程序：首先必须由法官依职权决定；其次需要经社会重返部门在判前社会报告中或在执行教育监管措施期间进行建议。

三是社会服务令，是由法院命令未成年人进行有利于公共实体

---

① 参见袁林主编：《未成年人严重不良行为矫治机制研究》，法律出版社 2017 年版，第 223 页。

② 参见赵琳琳：《澳门违法青少年教育监管制度述评》，载《青少年犯罪问题》2016 年第 5 期，第 54 页。

或非营利私人实体的特定性活动。服务令的时常一般最短为 20 小时，最长为 240 小时，且应在 1 年内完成。未成年人通过参与有计划、有意义且对社会有利的无偿服务，反省及补偿个人过失，提升处理人际关系的技巧并重塑自信心。

四是感化令，是一项执行个人教育计划的措施，包括法官给未成年人设定符合其需要的活动，对其父母、监护人或实际照顾的实体指定相应义务，规定他们必须遵守这些行为守则。感化令措施的期限一般为 6 个月，最长可达 3 年。编制个人教育计划由社会重返部门负责并跟进，该计划须自社会重返部门获得法院感化令裁判之日起 60 日交由法官认可。每 6 个月社会重返部门撰写关于未成年人进展的社会报告，评估个人教育计划的执行情况。

五是短期宿舍，属于"半机构化"措施，但是它与收容在辅导计划及目标方面都存在差异。澳门在法令中将两者进行了区分，并对半机构化矫治与完全机构化矫治区分场合——制定半机构化矫治入住短期宿舍，未成年人必须在短期宿舍中留宿，工作日白天可以外出工作或学习，周末和晚上在指定时间内返回短期宿舍接受矫治，如参与课程学习、接受心理辅导等。按照法令规定，以下几种情形适用半机构化矫治：一是未成年人虽然触犯了法律但不适合对其采取其他措施的；二是有犯罪或轻微违反规定的事实，家庭支持不足，不适合采取其他措施的。入住短期宿舍的期限最短为 1 个月，最长为 1 年。法官规定入住短期宿舍后应当遵守的行为准则，社会重返部门负责监督执行。

六是收容，该项措施是指使未成年人离开自由环境，留在感化院，培养其守法的观念，获得必要的知识和技能。收容的期限最短为 1 年，最长可达 3 年。在执行机构化措施时，应当遵守以下原则：一是尊重未成年人的人格以及绝对的公正无私；二是鼓励社会各界协助未成年人重返社会；三是促进未成年人之间的共同责任感。

3. 台湾地区。台湾地区"少年事件处理法"规定了四种保护处分措施：训诫附假日生活辅导、保护管束及劳动服务、安置辅导与感化教育。另外，还有两项附属处分：治疗处分与禁戒处分。训诫附假日生活辅导是指训诫结束之后，交由未成年人保护官负责假日生活指导 3-10 次。（1）假日生活指导是指在假日对未成年人施以群体或个别的品德教育，命令其参与劳动服务，培养勤勉习惯与守法精神。（2）保护管束及劳动服务是指在管束期间未成年人应从事 3-50 小时的劳动服务，未成年人保护官负责监督和辅导。若未成年人违反两次以上规定，未成年人保护官向少年法院申请未成年人观护所留置的裁定，予以 5 日内观察。如果有重大违规的，未成年人保护官申请少年法院撤销该处分，变更为感化教育。（3）安置辅导是指由少年法院根据未成年人的行为性质、身心状况、学业程度及其他必要事项，分类交付福利机构、教养机构或感化教育机构执行。（4）感化教育是指施以真诚、关怀和爱心，对未成年人进行教育训练，使其立志自新，不会再从事犯罪行为。①

（二）国外处遇措施综览

基于保障社会安全、保护触法未成年人，对触法未成年人进行矫治是每个国家都需要面对的问题，下面介绍一些国家关于矫治的措施。

1. 美国。美国各州少年法的规定有所区别，加利福尼亚州少年局提出管教未成年人的不同法则：对缺乏管教的未成年人，应当予以仁慈、缓和、开放的施教，使其尽可能参与各种社交活动，施以爱及关怀，同时予以警告。美国主要采取 6 种保护处分措施：安置于寄养家庭、收容于居住处遇中心、收容于安全警戒机构、道歉、罚金和观护措施。

对严重暴力性触法未成年人的矫治并非一项简单的任务，未成年人矫治所包含的一系列设施在规模、位置、安全级别和人员配备

---

① 王顺安、王妍蓓：《少年司法处遇种类比较分析》，载《预防青少年犯罪研究》2018 年第 3 期，第 33 页。

模式方面差别很大。矫治机构在马萨诸塞州设有 15 个床位的安全设施，加利福尼亚州未成年人管理局的个别机构关押着 1000 多名触法未成年人，这里有训练学校、拘留中心、营地、牧场、马车队、环境研究所、团体之家、新兵训练营、情感障碍未成年人的住宿项目等。虽然大多数设施由政府机构运营，但越来越多的机构"市场"由非营利和营利性组织所占据。

美国各州的矫治政策差异很大，如界定未成年人矫治的年龄千变万化，而设定这些年龄范围的法律也在迅速变化，各州在由州和县政府管理的惩教项目组合上也有所不同。俄亥俄、宾夕法尼亚和加利福尼亚等州在地方一级运行着许多矫治项目，而乔治亚、佛罗里达、马萨诸塞、路易斯安那和田纳西等州的政府机构控制着辖区内几乎所有的未成年人矫治项目。在马里兰州，大多数未成年人惩教设施由私人机构运作。马萨诸塞州将大约一半的安全床位和所有基于社区的项目外包给非营利组织，而加利福尼亚州和密苏里州则很少使用私人提供者。各州在提供善后护理或释放后服务的程度上也有所不同。在设施的规模、项目的安全性，以及矫治资源的质量和数量上都有很大的差异。这种参差不齐的管理模式使得矫治机构的总体状况处于不良状态。一项关于机构化矫治条件的全国性研究显示，很多未成年人矫治机构尚未达到最低专业化标准。但是在矫治中机构化矫治又至关重要，有位机构化矫治提倡者认为，"在一定程度上约束未成年人的人身自由，即便环境恶劣，也能起到威慑作用。未成年人矫治的捍卫者们断言，机构化的矫治是对未成年人犯罪的有效回应"。[①]

2. 日本。日本的矫治系统分为设施内矫治与设施外矫治两种，

① Guerra, N.G. (1998). *Serious and Violent Juvenile Offenders: Gaps in Knowledge and Research Priorities* (*From Serious and Violent Juvenile Offenders: Risk Factors and Successful Interventions*, P 389-404, 1998, *Rolf Loeber, David P. Farrington, eds. - See NCJ-171234*). United States, p. 347.

其中设施内矫治工作由矫正局负责，设施外矫治工作由保护局负责，两个局又都隶属于法务省。矫正局主要负责刑事设施的分类保护、保安警务、教育、作业、医务和卫生等，对被收容者的处遇进行适当的监督指导。

目前，日本设置了 7 所少年刑务所、52 所少年鉴别所、52 所少年院及学园。可见，日本在机构设置上已经根据不同类别的未成年人进行分机构矫治。此外，日本还设立了少年院，现行少年院制度起源于 1922 年的矫正院法和旧少年法，少年院属于法务大臣管理的国立设施，主要收容家庭裁判所解送的受保护处分的未成年人，对他们加以矫治。在日本，为了适应少年的身心状况实施适当的处遇，将少年院分为四个等级，分别为初等、中等、特别和医疗。其中，初等少年院针对的是 14-16 周岁身心未出现明显障碍的未成年人；中等和特别少年院的对象包括 16-20 周岁的少年。

日本在未成年人矫治过程中广泛地适用保护处分措施，综观日本保护处分，主要包括三类：交付保护观察所进行保护观察、移送儿童养护设施或者儿童教护设施、移送少年院。其中，移送少年院作为非开放性的处分措施，对专门矫治教育机构性矫治教育具有启发。日本少年院保护处分设施具有类型化处遇、阶段性处遇和分期化处遇三个特征。

类型化处遇又将少年院分为四个等级：医疗、特别、中等和初等，对每个未成年人进行区别性对待，移送至不同等级的少年院，将相似情况的未成年人集中矫治，以提高矫治教育的效率。阶段性处遇是将进入少年院的未成年人分为初级阶段、中级阶段，处于初级阶段的未成年人主要接受认知矫治、课程教育和职业训练等对错误心理与行为进行纠偏的矫治；到了中级阶段，矫治内容更加偏向于复归社会之前的准备教育，如人生规划和职业选择等。分期化处遇是指将执行期限分为长期与短期处遇，长期处遇在一般情况下不得超过 2 年期限，短期处遇又被分为短期处遇和特短期处遇两种，短期处遇属于半开放性质，而特短期处遇属于开放性质。

3. 法国。法国根据个性因素差别分级构建相应的处遇措施，仅规定了 7 周岁是最低司法年龄，13 周岁是国家可以适用刑罚的最低年龄。因此在 7-13 周岁之间往往会依据司法官的不同判断而产生不同的处遇方式：一是共和国检察官根据该年龄段少年的涉案类型和事实决定是否对其提起公诉，认为不需要提起公诉的检察官有权直接作出法律警告或适用各类保安措施，包括公民培训、心理疏导等。① 二是被提起公诉的未成年人，法官会视其具体情况决定是否接受刑事惩罚，如认定不具备明辨是非的能力，该未成年人将会被转入民事法庭审理，并可以决定对其适用教育措施（训诫、警告、日勤活动等）。如被认定具备明辨是非的能力，则可以由少年法庭或者未成年人重罪法院（排除独任少年法官）通过附理由的判决宣布适用教育性惩罚措施（禁止令、强制性公民义务培训、教育机构监管等），以填补 13 周岁以下未成年人不能适用刑罚的空缺。

4. 德国。在德国，《儿童少年救助法》作为未成年人教育救助的法律依据，与以往的法律相比在一定程度上削弱了离家收容教养的思想观念。20 世纪 70 年代以来，德国收容教养制度一直在不断变革，教养机构不断向多样性与专业性方面发展。同时，随着全时托管方式不断遭受批判，人们期望未成年人即便是实施了违法行为，也能够在托管性家庭中得以安顿，而不是收容在教养设施之中。因此，家庭托管在德国逐渐盛行，作为一种不确定的、开放的家庭概念，家庭托管并非指向传统意义上的家庭，其范围较为宽泛，如独身的教育工作者、未婚的个人等都有权对未成年人进行监护管理。此外，德国的《少年法院法》中对保安处分有明确规定，主要有四项：行为监督、收容至精神病院、禁止驾驶和收容于戒除瘾癖机构。

---

① 俞亮、吕点点：《法国罪错未成年人分级处遇制度及其借鉴》，载《国家检察官学院学报》2020 年第 2 期，第 157 页。

5. 瑞士。瑞士的教养制度可追溯至中世纪。18 世纪时，瑞士的医院成为病人和穷人的收容机构，既是监狱，也是教养院。瑞士在彼时就对收容对象进行了划分：第一步是按照年龄对收容的对象进行划分；第二步是按照"残疾""有病""健康"等健康等级对收容对象进行划分；第三步则是按照"危险""偏执""正常"的危险等级进行划分。同时，作为一个联邦制国家，瑞士逐渐淡化镇压、隔离和社会监督的理念，把更多的关注点放在自强、自主意识和个人帮助上。① 这也是西方很多国家，包括瑞士、德国、卢森堡、荷兰和法国等国家对收容制度的改革方向：在组织形式上逐渐向专业型发展，使社会教育与收容教养相互融合；在收容理念上，尽量地规避军事化管理，使接受收容的未成年人教养模式能与普通生活模式相衔接；收容措施不仅限于设施内，而且应向社会和家庭延伸，教养和保护措施也应从事前延伸至事后救济。《欧洲收容教养与儿童保护工作手册》关于教养的措施中明确指出，应尽可能地避免设施内的教养救济措施，提倡教养措施专业化、社会化发展，提倡非设施性与设施性相互结合，以及将社会性收容教养网络建设作为补充。

二、我国处遇措施分类完善

结合我国国情、借鉴域外成功经验，以下几种矫治教育措施从未成年的人身心特征出发，为实现人格矫治目标提供了可能。

（一）观护矫治教育

"观护"一词来源于拉丁文语根，是指一段试验或证明的时期。日本称之为"保护观察"，我国台湾地区称之为"观护"。观护制度作为现代刑事理论与司法制度的重要部分，对我国处遇措施的设置与适用具有指导意义。有学者认为，现代观护矫治教育是指

---

① 参见高莹：《矫治理念与教养制度变革》，群众出版社 2005 年版，第 69 页。

运用个别化、科学化和社会化的原理、法则和技巧，对未成年人所实施的一种非监禁处遇。旨在遵循人类先天禀赋之本性，予以循循善诱，并在维护其人格尊严的前提下，对可矫治性强的偶发初犯、轻犯进行机构外矫治教育，由具有专业知识的人士予以合理指导和监督。这种处遇旨在激励受观护人向上、向善之良知和德行，使其积极改过，实现人格矫治与复归社会的目标。[①] 观护矫治具有保卫社会、降低犯罪、减少政府对机构化矫治支出、维护个人自由以及追求幸福的优势。对于重新适应社会的罪犯，尤其是涉世未深的触法未成年人，观护矫治是一项非常合乎社会需求且人道的措施。

《联合国少年司法最低限度标准规则》规定，可以采取密切监视的办法，将未成年人看管或安置在一个教育机关、一个家庭环境内。目前，世界范围内有芬兰福利模式、德国教育刑法模式、英格兰威尔士协作模式、美国惩罚与福利二元模式等。我国虽然尚未制定与观护矫治相关的法律规定，但在检察实践中一直作为未成年人配套制度积极探索与推行。如贵州省委省政府开展"育新工程"，建立专门的问题少年教育矫正学校，贵州省检察机关与各地"育新工程"签署协议，将未达到刑事责任年龄不承担刑事责任的未成年人送到"育新学校"进行专门的矫治。再如无锡宜兴市人民检察院分别于无锡市明珠电缆有限公司、江苏新龙鼎环保成套工程有限公司、江苏凌飞化工有限公司设立观护基地，为被观护人提供食宿、生活用品，办理人身保险、提供劳动技能培训，实行同工同酬。

观护矫治的实施需要注意以下几个方面：一是收集个案资料。二是贯彻保护未成年人的处遇政策。三是提供反省自新的机会。将其置于自由社会，受观护人疏导、督促，使其能够敦品励行、一心向上，不再为非作歹，重新适应社会正常生活。四是疏导生活，矫

---

① 参见张华葆：《少年犯罪预防及矫治》，三民书局 1989 年版，第 233-234 页。

治不良行为。观护矫治并非将未成年人置于社会，放任其自己生活，而是要求其接受观护人的辅导，履行应当遵守的事项，保持善良品行，不与不良人群为伍，否则经过专门机构的评估与决定撤销观护矫治处遇。

此外，观护矫治离不开社会人格调查，观护矫治工作人员进行个案调查时必须亲赴未成年人的家中进行访问谈话，并从谈话中对未成年人的成长环境、家庭背景等进行充分了解，收集可靠的资料。同时，观护矫治工作人员应当根据要求对未成年人实施监督、辅导、矫治等措施；在观护矫治中定期对未成年人进行个别谈话，根据谈话了解其矫治动态，并对矫治方案加以调整。对求学、就业、休闲娱乐、交友等予以引导。申言之，观护矫治工作人员的工作性质兼顾了教育和行政，既要肩负使命进行传道、授业、解惑，又有职业介绍和日常生活指导的职责。在行政职能方面，观护矫治工作人员属于编制内的工作人员，应当与社工或志愿者相区别。观护矫治工作人员应当对其所负责人员的矫治情况进行跟进，并将情况制作成调查表，呈送专门矫治教育相关机构，最终可根据矫治情况决定缩短或延长矫治期限，或调整矫治方案。

鉴于观护矫治工作人员属于专门矫治教育非机构化矫治体系中专业性的体制内人员，对观护矫治工作人员资格的取得应当明确规定：一是设置观护人员专门考试科目，如我国台湾地区就设置了观护人员高等考试，只有通过了观护人员特种考试才能初步取得观护人资格；二是从事观护矫治工作的人员必须具有相关的专业知识，如具有一定的法律学习背景或社会学学习背景等。我国台湾地区就要求观护人员为"公立"或"教育部"认可的专科以上层次学校教育、社会或心理等科系或相关科系毕业，或为警官学校本科或专科与观护相关的科系毕业，才具有任用资格；[①] 三是除了符合前两

---

① 参见张华葆：《少年犯罪预防及矫治》，三民书局1989年版，第239—240页。

项要求之外，从事观护工作的人员需要经过统一的公务员或者事业单位考试，经过严格的资格审核与专业知识考试才能最终成为专业性观护矫治人员。

改善不良的社区环境能够减少未成年人实施触法行为的机会，观护矫治不仅应从工作人员配备等微观方面减少触法行为发生，也应从改善社区环境和家庭环境等宏观方面着手。运用社区组织力量，在经济、教育、环境等方面改善其家庭状况，在社区成立家庭帮扶中心等专业机构。存在家庭结构不完整或父母或实际看护实体缺乏监管能力的，建议在社区中实施如"中途之家""寄养家庭"等计划，由工作人员担任类似父母的角色。例如，江苏省江阴市人民检察院联合当地团委等相关部门成立了"涉罪未成年人观护帮教工作站"，由专职社工对触法未成年人进行心理干预，制定个性化的帮教矫治方案，在6个月至1年半时间内由专业司法社工开展10-20次一对一的密集帮教。

成功的观护矫治比机构化矫治教育有着更为明显的功能。美国学者史蒂芬做了一项广泛而长期的未成年人观护研究，最终结果表明，观护组比机构化处遇组的未成年人有着更低的反社会与焦虑现象，且具有更佳的情绪适应能力和较高的社会责任感。同时，经过观护矫治的未成年人改善效果更为明显，如焦虑减少，对他人和工作、学习的态度都有所转变，自我控制能力、辨识能力和克服困难的能力有所提升。当然，要在专门矫治教育体系中建立观护矫治制度，首先应当建立一支具有专业素养的观护矫治队伍，这在国际上已经形成普遍共识，加大在财政与编制上对观护人员的投入，不仅能够提升非机构化矫治教育的质量，也能节约机构化矫治教育资源和司法成本，"全球未成年人司法系统逐步向矫正治疗导向的转变"和各个国家在重新考量未成年人机构化矫治的做法，不仅是因为机构化矫治教育成本高，还因为观护矫治能够允许未成年人在留在自己的社区的前提下获得监督和提供康复服务。①

（二）机构化矫治教育

依照我国预防未成年人犯罪法第 45 条第 2 款规定，省级人民政府应当结合本地的实际情况，至少确定一所专门学校按照分校区、分班级等方式设置专门场所，对前款规定的未成年人进行专门矫治教育。可见，我国法律规定专门矫治教育场所主要为专门学校，其前身为工读学校。经统计，截至 2021 年 3 月，江苏省检察机关在办理案件中发现有严重不良行为需要送入专门学校接受教育的未成年人共计 408 名。而江苏省只有南京建宁中学一所专门学校，仅接受检察机关移送 3 名未成年人入学。可见，大量需要接受矫治的未成年人仍处于"一放了之"的状态。

目前，我国专门学校存在法律规范相对缺失、管理参照普通学校管理、社会评价不高、数量不多等问题。在法律层面对送入或转出专门学校都尚未制定统一的标准，一些地方甚至未成立专门教育指导委员会，配套设施的匮乏直接导致制度设计流于纸面。面对目前专门学校数量少、办学不规范等一系列问题，一是健全有关专业学校和专门教育的法律法规，增强矫治工作的法制化。通过完善立法，界定专门学校的性质和职能边界，明确专门学校的规模设置、运行模式、考核机制、招生范围、入学程序、教育课程等内容，为专门学校教育的发展提供法律保障，促进专门学校在法律框架内开展矫治工作。二是设置科学合理的专门学校教育体系和评价标准，确立专门学校评价机制，不应以升学率、犯罪率等普通学校考核标准作为其评价标准。三是去"标签化"，不断提升专门学校的正面影响力。应当让未成年人摒弃消极形态，抹去"触法未成年人"的标签，塑造健康人格。

---

① Webster, C. M., Sprott, J. B. and Doob, A. N. (2019). The Will to Change: Lessons from Canada's Successful Decarceration of Youth. *Law & Society Review*, 53 (4), p. 1095.

此外，本书建议解决专门学校较少的问题，应将矫治内容融入日常教学中（见图23）。不同层级的学校所贯彻的矫治教育内容也有所差异，如普通学校的矫治教育注重法律知识的普及，专门学校的矫治教育应当更具针对性：对严重不良人格，如非理性冲动、需要层次低下、理性暗淡等，通过灌输法律知识、道德知识，甚至通过数学、物理、化学、生物学、天文学等自然科学知识和社会学、伦理学、历史学等社会科学知识传授使其理解对立统一的规律，加快人格矫治。正如英国哲学家培根所言："精神上的各种缺陷，都可以通过求知来改善。"①

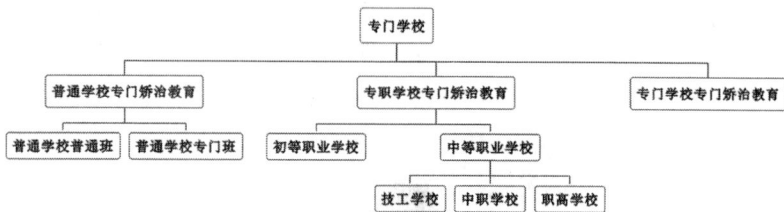

图23 专门学校与普通学校相结合

社会疏离理论认为，未成年人之所以会实施触法行为，是由人际关系疏离，缺乏亲情、关怀、尊重、爱护等因素所引起的。因此，实施一般触法行为的未成年人主要适用不与社会隔离的非机构化矫治，但对具有严重社会危害性的触法未成年人必须采取强制隔离的专门矫治教育措施，遵循司法化专门矫治教育程序。在进行强制隔离矫治期间，应避免与社会建立起不健全的关系情况而愈加消极：一是安排未成年人进入矫治机构时，应遵守内部规章制度，定期安排直系亲属、监护人或实际照顾未成年人的实体、其兄弟姐妹进行探访，并且对探访的时间作出明确规定，如每次探访时间为1

---

① ［英］培根：《培根论人生》，张毅译，上海人民出版社2011年版，第14页。

小时；二是在机构内矫治的未成年人应依法享有相应的与外界联络的通讯权，保证未成年人在封闭的环境中不会与外界失去必要联系，除非遇到特定情形，如未成年人利用与外界联系的契机预谋犯罪等，方可禁止其与外界通讯，或是指派技术人员对有关通讯适当检查。具体内容由各个区域的机构单位根据当地的实际情况进行制定。

　　机构化矫治应注重个别化矫治，除了在收容过程中注重男女性别区分，还应根据经历、性格、年龄、入所次数甚至同犯关系和审判时的状态等情况分别安排寝室。并且通过对他们的成长过程进行充分调查，考虑身体、寝室等其他环境卫生，结合他们自身的生活自理能力，给予照顾给养与健康管理。甚至为了缓解未成年人在矫治过程中的紧张和焦虑情绪，除了安排运动、劳动和学习之外，还需安排收看电视和收听广播的时间段，① 充分利用电视和广播让未成年人与外界保持信息的连通性。

　　（三）认知矫治教育

　　"认知"在人格理论中占有一席之地，一般认为"认知"是指个体对周围世界的思想和观念。② 对干认知的认识一般是通过与内在的自我观察进行类比和推理，以推定其他人是否有类似的体验来进行研究。面对新情况时的思考和决定，即受控信息加工在起作用，即认知。③ 专门矫治教育除了实现世界观矫治，同时也应对未成年人的思维方式进行矫治。从现代心理学的角度来看，思维是指认知主体运用观念、表象、符号、命题、知觉、信念或意向所进行

----

　　① 参照李朝霞主编：《国外矫正制度》，中国政法大学出版社 2020 年版，第 325 页。

　　② 参见 ［美］Richard M. Ryckman：《人格理论（第八版）》，高峰强等译，陕西师范大学出版社 2005 年版，第 377 页。

　　③ 参见王太宁：《人格与犯罪》，中国政法大学出版社 2016 年版，第 42 页。

的内隐的认知信息加工过程。① 思维方式具有直观性、单一性、封闭性、保守型、狭隘性、惰性、被动性等一系列特征，未成年人的思维方式比较集中地存在各种缺陷与不良特征。因此，矫治其思维方式的途径包括发展思维能力、提高认知水平、培养与优化非智力因素，如激发成功动机、提高兴趣品质、树立理想等。②

1. 认知矫治教育的匮乏。工读学校的教育与管理弊病之一便是忽视认知矫治的重视。人的发展实质上是学习和完成社会所要求的各项任务的过程，是人在特定阶段、特定社会中取得成功所必需的知识、技能、功能、态度等。③ 未成年人对来自各个方面的信息进行心理加工，在此过程中，由于思维方式存在问题，很容易实施触法行为。现实中，专门学校在设置课程时重行为塑造、轻心理辅导，研究发现很多触法未成年人都存在心理障碍。北京市朝阳区工读学校曾对多名工读学校和普通学校的学生进行心理测试，结果显示大部分的专门学校学生具有一定的心理障碍，情绪易受影响且心理稳定性较差。④ 而在全国多所专门学校中，多数在心理健康咨询方面处于一片空白的状态，只有 40.9% 的专门学校配有心理咨询教师。⑤ 虽然我国在 1985 年就已经开始运用心理测验量表开展认知矫治活动，1987 年心理咨询与心理测验被运用到未成年人矫治教育工作中，并在上海市原少年犯管教所率先开设了心理诊所，但目前思维方式矫治在矫治教育中仍未得到足够重视。反观西方国家于 20 世纪初期就已经开始提出并重视运用认知矫治，如在美国密

① 《教育大辞典（第 5 卷）》，上海教育出版社 1990 年版，第 64 页。

② 参见陈士涵：《人格改造论》，学林出版社 2012 年版，第 375 页。

③ 参见高中建主编：《当代青少年问题与对策研究》，中央编译出版社 2008 年版，第 389 页。

④ 参见熊伟：《我国工读教育面临的问题与对策》，载《青少年犯罪问题》2011 年第 5 期，第 42 页。

⑤ 参见鞠青主编：《中国工读教育研究报告》，中国人民公安大学出版社 2007 年版，第 64 页。

歇根州的矫治系统中，对暴力型未成年人实施"建设性思维策略"的矫治计划，帮助其发展自我领悟的技能和策略，以此正确处理说谎、愤怒、投射性谴责之类的问题。①

2. 认知矫治教育的必要性。触法未成年人具有心理发育不成熟和大脑发育不成熟的双重特性，他们时常处于内心矛盾冲突和混乱的状态，其实施触法行为主要是由认知上的错误、意志错乱、情感迷失等心理因素造成，心理的错乱与冲突背后是多元化价值背景下的价值偏差所致，最终指向的是道德思维的错乱。因此，矫治正是要正视这种状态并且从中寻找突破口，正视未成年人的特殊性是建立在客观不带有主观色彩的基础上的，正视的目的是顺利地对接。在顺利对接后进行有效引导，帮助他们走出固有思维矩阵和行为偏差陷阱，通过有效的思维习惯训练，从根源上走出思维模式误区进而步入正常的社会轨道。②

绝大多数的犯罪行为都是在犯罪动机的推动之下完成的，要实现预防与矫治未成年人犯罪的目标，就应当积极探讨犯罪动机。研究表明，犯罪动机包括潜意识水平的犯罪动机和自觉意识的犯罪动机，实现矫治须从这两方面着手。目前，矫治犯罪动机的方式有说理式矫治法、转移式矫治法和抑制式矫治法。说理式矫治法是利用未成年人正处于身体发育和积累知识的阶段，具有很强的可塑性，通过讲道理、摆事实等方式方法树立正确的人生观与价值观，改变心理的不良意识，达到矫治犯罪动机的目的；转移式矫治法是通过联想和训练等方式方法使未成年人原本的心理现象的相关因素产生转向与移位，改变犯罪心理能量的释放方向，如面对生活失去信心的未成年人，引导他们发现自己的闪光点重拾生活的热情，使失调的心理状态获得解脱，通过消除潜意识心理能量以减弱犯罪动机；

---

① 参见陈士涵：《人格改造论》，学林出版社 2012 年版，第 370 页。
② 参见戴相英主编：《未成年人犯罪与矫正研究》，浙江大学出版社 2012 年版，第 123 页。

抑制式矫治法是结合内部良知与外部刺激，达到遏制犯罪动机形成和发展的目标。如提供正面和反面的典型案例，通过使未成年人自省激发其责任意识，改变其反社会人格从而放弃犯罪的念头与动机。

另外，认知矫治包括对未成年人的德育思维方式进行教育矫治。德育思维方式在很大程度上决定着德育实践活动的方向与思路，是德育正当性与有效性的决定性因素。从构建专门矫治教育制度角度审视德育，分析未成年人通过何种方式获得关于价值的知识（包括道德规范），如何作出价值判断的行为决策，都需要转换德育思维方式，建立深度的发散性、整体统一、系统性的思维方式。① 教育的方式也应当具有一定的强制性，如要求进行机构化矫治的未成年人参加为期 12 周的认知培训项目，将参与认知培训的成员按照不同年龄和行为类型分成不等的小型讨论小组，综合研究解决社会问题的技能缺陷，以及通过指导和结构化讨论改变其不良信念。针对暴力型触法男性未成年人，要求其参加压力训练计划，其中包括对愤怒值的解析，分析最近的愤怒时间，回顾自我控制能力值，并构建个性化的六项愤怒层次结构。制定应对方式，技能包括自我指导、放松、回顾过往、愉悦地想象、自信提升、自我人格强化，为了能够取得沉浸式的认知矫治效果，还可以采取角色扮演等方式。而根据未成年女性的特征，针对该群体在机构化矫治教育中强化治疗原则的培训，为新加入的人员配备同伴顾问。随着新加入未成年女性的进步，她们通过同伴顾问和工作人员的矫正及推荐，也可以获得同伴顾问的角色，这种强调渐进式承担自我责任的方式不仅能够加强其接受矫治教育的积极性，也能感受具有承担责

---

① 参见戴相英主编：《未成年人犯罪与矫正研究》，浙江大学出版社 2012 年版，第 161-162 页。

任的义务。[①]

3. 认知矫治教育的完善。触法未成年人接受认知矫治应具有法定性和强制性，通过专业与科学的认知矫治，使未成年人深层次地自我反省与剖析，达到对自我触法行为认知上的否定与重新认识，进而消除再次实施触法行为和遵纪守法的心理。在开展认知矫治初期，工作人员应结合未成年人主体特殊，调动未成年人接受认知矫治的内在驱动力，以积极的态度接受矫治，弃恶从善，形成遵纪守法的心理。认知矫治实质上是让未成年人转化态度实现再社会化的过程，使其获得新的认知信念，并以此种信念评判自己的价值时产生完全的态度转变，这种态度的转变是将接受的知识和思想完全纳入自己的思想体系中，形成自己矫治态度的有机组成部分，是深层次的、独立的、持久的、稳定的。[②] 在整个专门矫治教育过程中，应当建立起"认知矫治中心—管区心理辅导站—服刑人员心理互助组"[③] 三级认知矫治网络。

认知体系与心智模式主要依赖未成年人成长过程中的知识建构。换言之，对认知的矫治需要从增强或调整其知识体系着手。长期以来，"教育、感化"方针始终贯穿于挽救未成年人处遇措施，但是"教育"并非固定模式的枯燥和乏味的说教，而是具有针对性和情境性的个别化疏导，认知矫治模式就是为落实这一方针提供了科学有效的方法。全国各地也开始重视认知矫治在矫治触法未成年人过程中的作用，如重庆市沙坪坝区人民法院少年庭就将认知矫

① Lipsey, M. W., Wilson, D. B., Cothern, L. (2000). Effective Intervention for Serious Juvenile Offenders. *PsycEXTRA Dataset*, [online] p. 337. Available at: http://doi. apa. org/gct-pe-doi. cfm? doi = 10. 1037/e306462003-001 [Accessed 14 Mar. 2022].

② 参见王威宇主编：《罪犯心理矫正》，中国政法大学出版社 2017 年版，第 69 页。

③ 参见戴相英主编：《未成年人犯罪与矫正研究》，浙江大学出版社 2012 年版，第 137 页。

治引入未成年人审判中，并取得了良好的效果。成功的经验表明，有针对性的认知矫治能够从根源上改变思维逻辑，改善心理问题，提高管控能力。① 鉴于专门矫治教育兼具机构性和非机构性两种模式，因此除了专业的认知矫治专家和工作人员之外，还需社会力量的大力支持，建立有效的认知矫治渠道，在学校、家庭、社区等多方面开展心理状况的调控，各个平台应当及时进行反馈，掌握实时信息。

一是建立适合触法未成年人心理特征的矫治模式，构建并完善认知矫治网络及机构。触法未成年人的认知矫治是指系统性地运用心理学的技术方法和理论对其心理结构和心理障碍进行矫治。在实践过程中较为盛行的认知矫治方法之一是"认知—行为矫治"，这种方式包含了多种方案，精髓在于"认知影响行为"，通过语言和行为改变认知的过程。② 早在 2013 年山西医科大学的何志晶便以"认知—行为"为矫治理论，指导建立了一套认知行为的训练方案，在山西省未成年人管教所进行了实验，将随机抽取的 80 名未成年人分成实验组和对照组，分别进行为期 3 天的矫治，通过认知矫治后的测试分析，发现矫治效果明显。③ "反社会性"是触法未成年人皆具有的犯罪心理特征，在认知矫治过程中应针对这一共性进行重点关注。同时，应当采取吸引力强和信赖度高的投射性心理测试，提高认知矫治的科学性。

二是注重对监禁带来的副作用进行消除，推进心理咨询、心理健康教育的适用。无论是专门学校还是之前的工读学校，都在一定

---

① 参见岳光辉、刘力鞍：《严重不良行为未成年人的犯罪管控研究》，载《北京警察学院学报》2015 年第 6 期，第 99 页。

② 参见王春霞：《心理干预：挽救失足少年的良方》，载《中国妇女报》2012 年 9 月 4 日第 3 版。

③ 参见何志晶：《青少年暴力犯罪攻击行为的干预研究》，山西医科大学 2013 年硕士学位论文，第 10 页。

程度上具有监禁的性质，应根据触法未成年人不同时期的心理特征，开展具有针对性的心理健康知识讲座、编演心理情景剧、开辟心理导航专栏、推行心理健康操等，进行心理健康知识的普及，并引导其进行不良心态的调整①。此外，培养和聘请具有较强专业心理学知识的教师，开展心情驿站、心理咨询小组等活动，帮助未成年人舒缓或治愈心理方面的疾病。

三是未成年人认知矫治是一个独立的体系和一门独立的学科。认知矫治不仅仅是一项矫治措施，从涵盖的范围而言，认知矫治具有较为广泛的内容，如果将未成年人认知矫治依附成年人认知矫治，显然不具有针对性和专门性。从该角度出发，应该将未成年人认知矫治从成年人认知矫治中剥离出来，不断提升未成年人认知矫治的专业技能水平，加强认知矫治工作社会化的建设，与社会专业机构建立起长期合作的关系，②聘请权威性专家参与到认知矫治的制度建设与具体实践中。尤其是对于具有行凶、自杀等倾向的危险人员，应加强实战效果，加大个体心理危机的程度，突出认知矫治的效能，采纳对危险人员进行责任承包的方式，将认知矫治技术融入个别化矫治中，有效地增强干预危机的效果。

4. 认知矫治与行为矫治。行为矫治主要是通过外部激励的方式提升触法未成年人纠正错误行为和思维的积极性，而认知矫治则是通过改变个人主观对于外界事物环境的认知进行行为和思维的纠偏。在专门矫治教育处遇机制设计过程中，同时将两项矫治方式合并实施，可能会达到更佳的效果。③

---

① 参见戴相英主编：《未成年人犯罪与矫正研究》，浙江大学出版社2012年版，第138页。

② 参见戴相英主编：《未成年人犯罪与矫正研究》，浙江大学出版社2012年版，第138页。

③ 参见张华葆：《少年犯罪预防及矫治》，三民书局1989年版，第266-270页。

认知矫治认为个人主观对于外界事物环境的认知决定一己之行为,个人对外界的认知决定一己之所谓真实情境。因而想要改变个人行为方式,必定从改变其认知体系入手,而不是执着于改变外界的环境。但是,由于未成年人本就属于认知水平较低的群体,因此如果说行为矫治方法对于人格不成熟的未成年人较为有效,那么认知矫治法则是对于人格较为成熟的未成年人的有效矫治方式。对行为矫治与认知矫治进行研究的克罗斯感化院在未成年人进入之后,由感化院工作人员对其进行访问调查,随后予以简单的认知分析,指示并安置居所。对未成年人进行安置后,与负责该未成年人的矫治人员进行会谈,然后订立矫治计划。在认知矫治过程中,心理辅导员占据重要位置,未成年人必须自行决定改善目标和计划,以期改除恶习从而向善。矫治人员每周需要与其所负责跟进的未成年人进行会谈,以决定是否对之前的计划进行更改和完善,两项矫治计划都需要触法未成年人自行签约,以求自行改善约束。但无论是行为矫治还是认知矫治均是以增强理论方法为主要改善的工具,都对行为和思想方面有着明显的改进,对矫治均给予正面的反映,经过矫治的未成年人在为人处世等方面都获得了明显的改善,疏离感有所降低,对未来抱有希望。

(四)行为矫治教育

行为矫治建立在现代行为学派和学习理论基础之上,认为人类行为与其后果所受报酬或惩罚关系密切,如果一项行为能够带来报酬,则实施行为者就乐意从事该行为并会再次从事;如果所实施的行为带来的是惩处,则行为者定会出于对结果的考虑而不乐意再次实施。

通过奖惩方式调动人们从事某种行为或某项工作的方式似乎具有普适性,并且被长期运用到对成年人的工作考核中,如制定合理的薪资结构,设置科学的 KPI 考核机制都是一个企业获得良性循环的保障。申言之,将奖惩适用于矫治过程是接近近现代经济学理论的矫治方法,是以未成年人的行为决定奖赏或惩罚,如其希望缩短矫治教育期限，则必须积累一定数量的行为改善奖值，这也是累进式矫治模式的具体体现。如接受机构化矫治时，通过行为受奖、多做多奖的方式实现处遇级别的累进，获得更多自由安排的时间和亲属探访的机会。反之，如行为人实施了违反规则的行为，则会获得惩罚并对惩罚单进行累计，一定量的惩罚单会对未成年人进行处遇级别的重新划分，增加集体学习课程、减少亲属探访机会。此外，定期公布奖惩情况，使所有人知道每一位同伴的进展。

　　心理学实验表明，经过激励和未经过激励的效果大不相同，前者表现得主动自觉，富有成效；后者表现得消极被动，收效甚微。在行为矫治中引入激励法是一门艺术，要求矫治人员具有敏锐的洞察能力、明确的目标、诚恳的态度及娴熟的技巧，通过激励的方式激发未成年人的自尊心，[①] 唤醒他们过去取得成功经验的记忆和对成功的向往。在合理的激励机制下，矫治人员密切观察未成年人的潜力，并有效利用这些心理潜能加以激发。行为矫治的主要作用有利于未成年人意志品质的磨炼和良好行为习惯的养成。通过激励等方式培养克服不良意志的品质，矫治不良需要结构，使原有的不良行为习惯受到抑制，引导他们把对道德和法制的认识、情感体验落实到行为上，养成并巩固良好的行为习惯，这是行为矫治的关键所在。[②] 域外制定了一种行为矫治方式值得我国借鉴，具体矫治方案分为三个阶段：一是评估阶段，通过访谈和观察确定家庭内部的问题行为；二是矫治阶段，家庭成员的意图将被重新标记，使他们走向良性或变得积极；三是教育阶段，教育技能和家庭生活技能以结构化的方式进行。作为一项行为治疗方法，参与矫治者被纳入了一个应急合同计划。平均待遇是基于专门矫治机构制定的关于特定问题行为的协议。合同通常会为表现出的行为或避免不了的行为提供

---

①　参见金鉴主编：《监狱学总论》，法律出版社 1997 年版，第 646 页。

②　参见王威宇主编：《罪犯心理矫正》，中国政法大学出版社 2017 年版，第 24 页。

某种金钱奖励。① 同时，通过行为矫治让未成年人在接受矫治过程中掌握一门技能，在实现降低人格危险性目标后能尽快适应社会，根据研究发现，闲散人员中实施 3 次触法行为的比非闲散人员多13.9%（见图 24）。可见，通过行为矫治使未成年人掌握生存技能并实现社会价值。②

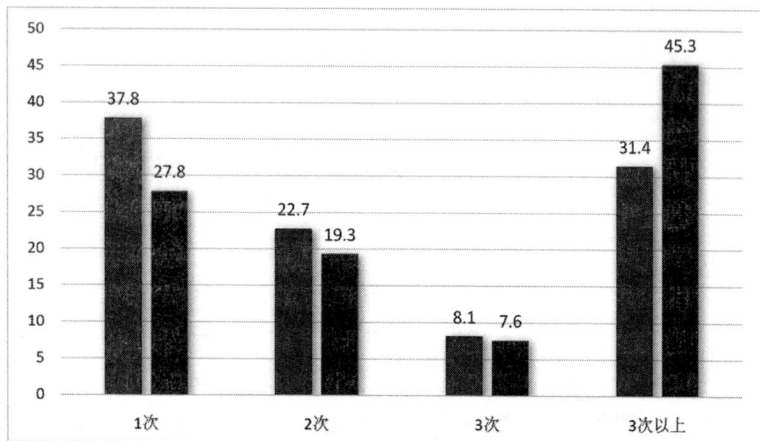

图 24 非闲散与闲散未成年人触法次数经历技术比对 单位：%

在未成年人触法领域，环境和情境因素对行为的形成起到了关键作用，一些项目在未成年人参与时产生了显著的影响，哪怕是在离开项目之后，这种影响仍然存在，这已经出现在被证实的模式清

---

① Lipsey, M. W., Wilson, D. B. and Cothern, L. (2000). Effective Intervention for Serious Juvenile Offenders. *PsycEXTRA Dataset*, [online] p. 334. Available at: http://doi. apa. org/get-pe-doi. cfm? doi＝10. 1037/e306462003-001 [Accessed 14 Mar. 2022].

② 参见赵秉志、张远煌主编：《未成年人犯罪专题整理》，中国人民公安大学出版社 2010 年版，第 358 页。

单中。① 如体育作为人格矫治的视角之一，通过对未成年人体育环境与行为关系的研究，发现体育环境的几个方面与未成年运动员的场外反社会和亲社会行为有关。当存在教育性体育环境时，可以预期体育参与对未成年人发展的积极影响。很多学者发现了如果体育环境有利于教育结果，即适当的教学性体育气候，也可称为社会道德气候、关怀气候或动机性气候。教育体育氛围的特征是"公平竞争"的心态，在这种心态下，未成年人的社会和个人发展比赢得比赛更重要，包括同辈之间以及运动员和教练之间的积极关系，体育环境中所有参与者的互相信任和尊重，在体育环境下关于可接受行为的共同性社会规范。② 如澳大利亚为触法未成年人提供户外体验（TOE）、户外教育项目，该项目结合了各种户外项目的概念和体验式学习模式，旨在培养未成年人的自尊，并让参与者体验积极的社会行为。项目背后的理论是通过在积极的具有挑战性的环境中体验这些特质，个体将会持续此种特质。换言之，未成年人通过设计好的活动来体验这些技能，他们就能在未来的生活中利用这些经验。③

三、处遇机制分级分类梳理

龙勃罗梭的研究极为重视未成年人这一群体，他指出要创新能

---

① Greenwood, P. (2008). Prevention and Intervention Programs for Juvenile Offenders. *The Future of Children*, 18 (2), p. 201.

② Spruit, A., van der Put, C., van Vugt, E. and Stams, G. J. (2017). Predictors of Intervention Success in a Sports-Based Program for Adolescents at Risk of Juvenile Delinquency. *International Journal of Offender Therapy and Comparative Criminology*, [online] 62 (6), p. 1537. Availableat: https://journals. sagepub. com/doi/abs/10. 1177/0306624X17698055.

③ Halstead, B. ed., (1992). YOUTH CRIME PREVENTION. In: *Proceedings of a Policy Forum Held 28 and 29 August* 1990. Australian Institute of Criminology, p. 188.

够取代家庭进行救助触法未成年人的救济措施，并按照他们的年龄、道德状况、习俗等进行分组矫治，将每个人进行单独监管，研究和挖掘具有针对性的矫治方案。①

（一）适用标准的厘清

触法未成年人主要表现为强烈的逆反心理、低层级需求（主要是物质需求）占优势、消极性格特征明显、自尊感与自卑感并存、依附性强并容易团伙作案等特征。正因为未成年人可塑造性强，人格尚未定型，也就存在进一步发展变化的可能性。一系列特征也使其存在两极发展的可能性——在正向的教育与引导之下，未成年人可以向好的方向发展；在各种消极因素作用下，也有直接变坏的风险。加之未成年人的矫治意志不坚定，在矫治过程中难免会出现反复动摇的情形，多次或短期的缺乏针对性的矫治无疑会让成果不易巩固。因此，2006 年实施的最高人民法院《关于审理未成年人刑事案件具体应用法律若干问题的解释》第 11 条明确规定，对未成年人的处遇措施应当充分考量其各项因素。②

可见，制定专门矫治教育方案应从多层面和多方位进行考量，人格分析不仅应进行定性分析，而且应当结合定量分析。进行定量分析具有相当难度，但通过调查等方式，对犯罪历史的长短、初次触法的年龄和触法的次数、两次犯罪之间的间隔时间、受害者的人数、触法行为产生的后果、受教育情况、生活恶习的深度、不良的社会关系等都可以进行定量分析。定量分析能够对触法原因等人格因素有更深层次的了解。如同样是故意伤害，有的未成年人对社会

---

① 参见 [意] 切萨雷·龙勃罗梭：《犯罪人论》，黄风译，中国法制出版社 2000 年版，第 333 页。

② 《关于审理未成年人刑事案件具体应用法律若干问题的解释》第 11 条规定，对未成年人罪犯进行量刑时，应当充分考虑未成年人实施犯罪行为的动机和目的、犯罪时的年龄、是否是初次犯罪、犯罪后的悔罪表现、个人的成长经历和一贯表现等因素。

与家庭存在夙恶，具有很强的报复心态，主观恶性较大；有的未成年人意志薄弱，是经过他人恶意挑唆而为之，主观恶性程度较小。如果不从触法的历史、次数、后果等方面进行定量分析，就难以区分这两种人格。

诚如上文所述，在专门矫治教育过程中应当将未成年人的年龄作为重点考量因素：（1）未满 12 周岁的未成年人。按照刑法规定其实施触法行为不负刑事责任，但也应当予以相应的教育与矫治。对未满 12 周岁的未成年人制定合乎其年龄的专门矫治教育方案，如其实施暴力型犯罪等严重危害社会的严重犯罪行为，应当进行机构化矫治。（2）12-14 周岁的未成年人。按照刑法第 17 条第 3 款规定，犯故意杀人、故意伤害罪，致人死亡或者以特别残忍手段致人重伤造成严重残疾，情节恶劣，经最高人民检察院核准追诉的，应当负刑事责任。但其他如故意伤害致人重伤、放火、贩毒等触法行为，也需要通过正确与科学方式进行矫治与引导，避免犯罪心理在"一放了之"之下继续滋长，再次踏上犯罪歧途。（3）14-16 周岁的未成年人。这一年龄段的未成年人已经具备较为稳定的辨别能力与控制能力，但该年龄段的未成年人出现触法行为的动因也更为复杂。因此，对该年龄段的未成年人制定矫治方案时要将更多的综合因素纳入其中，除了刑法规定的八种重罪需要承担刑事责任之外，其他具有严重社会危害性的行为理应也进行矫治，其矫治工作难度大、挑战性强，适度地扩大机构化矫治的适用范围在所难免。

我国目前尚未对未成年人犯罪案件、严重违法案件、一般违法案件进行区分。未成年人刑事司法依附成年人刑事司法系统，在该系统内的是涉及未成年人犯罪的案件，在该系统外的是严重违法案件。此种二分法使得相当数量的触法案件无法进入司法程序，多数由公安机关处理，缺乏司法正当程序权益的保障。[①] 换言之，最终

---

① 参见苏明月：《从中日少年案件处理流程与矫正之比较看少年司法模式》，载《青少年犯罪问题》2010 年第 1 期，第 76 页。

经过流线式分流进入刑事司法体系处理的案件仅为未成年人触法案件的一部分。从犯罪学标签理论的角度来看，这有利于避免触法未成年人受到刑事标签结果的不良影响，但是从个体权益层面来看，公安行政部门的行政权比司法权存在更多的任意性与肆意性，也造成之前收容教养脱离司法的视野，无法保障未成年人的权益。① 在这种情况之下，专门矫治教育处遇机制的建构必须设置专门性的评估标准与评估机构，以弥补目前我国针对未成年人案件分流的不科学性。

对于触法未成年人案件分流，日本的做法值得我国借鉴。规范对象的差异决定了日本案件分流模式，日本未成年人保护司法系统独立且与刑事司法系统相关联，将未成年犯罪人、触法未成年人都置于规范的视野之中，案件的处理以家庭法院为主，处理手段也以保护处分优先，如储槐植教授所言的"严而不厉"模式。我国目前将犯罪以外的触法行为拒之刑事司法体系之外，从客观上讲确实节约了司法资源，但司法之外的行政处理却没有相应且明确的法律规范。② 换言之，刑事司法系统之外的触法案件的恰当处理显得格外重要，专业与科学的调查评估是保障专门矫治教育个别化实施的前提，如果不加以细分，在很大程度上会出现矫治方案的低效率甚至反作用，从预防再犯和保护权益等方面来看都有失效率与公正。③ 此外，不同犯罪类型对分类矫治同样提供了思路。实施不同犯罪类型的未成年人展现出的心理特征也有所不同，应进行分类化矫治，针对不同类型加强心理纠偏与辅导，设定相应的课程教育，

---

① 参见苏明月：《从中日少年案件处理流程与矫正之比较看少年司法模式》，载《青少年犯罪问题》2010年第1期，第78页。
② 参见苏明月：《从中日少年案件处理流程与矫正之比较看少年司法模式》，载《青少年犯罪问题》2010年第1期，第78页。
③ 参见廖斌主编：《废除劳教制度后违法行为矫治体系研究》，中国政法大学出版社2014年版，第123页。

杜绝交叉感染与深度感染（见图 25）。

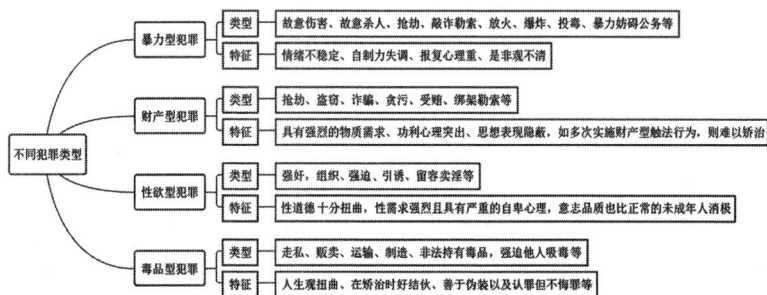

图 25　不同犯罪类型的未成年人的心理特征

概言之，实施专门矫治教育，应当对未成年人进行社会人格调查和人身危险性评估。根据调查、评估结果，和未成年人所处的年龄段相结合，实行分级分类处遇。屡次实施触法行为的未成年人具有很强的难改造度，因此可以借鉴"三振出局"制度，加强矫治措施的强度，适当延长机构化矫治教育期限，对半机构化或者非机构化矫治教育的未成年人在必要时进行机构化矫治教育。此外，实施严重违背社会伦理触法行为的，应当采用严厉的矫治教育措施。

（二）处遇措施的厘清

预防未成年人犯罪法对矫治教育措施予以规定。[①] 域外根据测评结果的分类处遇措施值得我国借鉴，如圣地亚哥对未成年人进行五个步骤的矫治教育和治疗选择：第一级，未成年人参加 Reflections（家长强化发展和家庭支持服务）社区项目；第二级，要求

---

① 预防未成年人犯罪法规定，公安机关可以采取矫治教育措施，具体包括训诫，责令赔礼道歉、赔偿损失，责令具结悔过，责令定期报告活动情况，责令遵守特定的行为规范、不得实施特定行为、接触特定人员或者进入特定场所，责令接受心理辅导和行为矫治，责令参加社会服务活动，责令接受社会观护，由社会组织、有关机构在适当场所对未成年人进行教育、监管和管束。

在家中限制人身自由，并决定是否长期关押在教养设施中；第三级，被留置的触法未成年人被安全拘留最多 30 天，然后释放到家庭监禁；第四级，最低安全级别或当地教养所的未成年人需要进入一个康复过渡计划；第五级，评估小组根据风险需求评估，推荐具体的选择级别与治疗计划。不同类别的处遇措施还规定了每个处遇级别的监督强度。当行为经过矫治未有明显改善时，未成年人会被提升到更为严厉的处遇措施级别，他们会被转移到与行为改善相称的水平。① 因此，我国应根据触法未成年人具体情况实施分级分类处遇措施，并始终尊重未成年人个体差异性和身心发展规律，尊重未成年人人格尊严，保护未成年人隐私权和个人信息，保障未成年人合法权益，注重处遇的个别化、针对性、科学性、合理性以及有效性。

1. 触法行为的处遇措施。根据触法行为是暴力型、财产型、性欲型或毒品型等进行划分，对其进行综合评估和人格危险性的等级划分。对于危险等级高、反复实施触法行为或者适用非约束性措施不能取得良好矫治效果的未成年人，应当对其实施机构化矫治措施，送入矫治机构进行学习教育。当然，即便处于同一矫治机构中，也应当根据触法未成年人性别、年龄、成长背景、实施行为的性质和危害程度等因素进行个别化矫治；对危险等级较低的未成年人根据实际情况采取非机构化处遇措施。非机构化矫治教育可以与专门学校进行合作，通过开展心理辅导、法治教育、职业培训等方式丰富社区性矫治的内容，提升未成年人的基本素质和职业技能。例如，上海检察机关在实践中对初次实施触法行为、危险等级低的

---

① Krisberg, B. and Howell, J. C. (1998). *Impact of the Juvenile Justice System and Prospects for Graduated Sanctions in a Comprehensive Strategy* (*From Serious and Violent Juvenile Offenders*: *Risk Factors and Successful Interventions*, P 346-366, 1998, *Rolf Loeber*, *David P. Farrington*, *eds. - See NCJ*-171234). United States, p. 360.

未成年人，一般优先适用责令具结悔过、责令赔礼道歉、赔偿损失和训诫等非约束性的保护处分措施。

此外，矫治措施必须设法对未成年人和社会都产生有益和重要的影响。因此，应当采取一种分岔方法，即将一小部分严重暴力刑事案件与其他刑事案件区分开来。尤其是区分暴力和非暴力刑事案件的必要性，"通过加重矫治措施的严厉程度，向未成年人表明严重的罪行会有严重的后果"。① 在矫治教育过程中，区分严重暴力型刑事案件与一般刑事案件的矫治措施极有必要：针对一般刑事案件的矫治措施，根据上述方式进行综合评估，决定是否进行机构化矫治教育；面对严重暴力触法行为实施者，必须进行机构化矫治教育，在矫治过程中让他们充分认识到其所实施行为的严重性，使他们遵从矫治教育机构的规章，尊重服从矫治教育工作人员，不容许他们说谎或者再次实施触法行为，一旦违反将予以严惩。

在过往对未成年人犯罪问题进行研究的过程中，往往将严重刑事案件和不太严重的案件混合在一起研究，而不是单独识别与分析。那些行为性质恶劣的未成年人应该作为重点研究对象，因为他们已经表现出了从事有害行为的能力，有可能长期从事犯罪，甚至即便是对该群体进行逮捕和监禁，也有可能在犯罪高峰时期再次走上犯罪道路，更何况惩罚性锐减的专门矫治教育处遇措施，更难以从惩治性和威慑性角度对其实现行为和心理矫治。因此，针对行为性质恶劣的低龄未成年人应当另辟蹊径，设置有效的干预措施，制定特殊治疗类型，并在变量与效应大小的关系之间寻找规律。了解严重的、暴力的触法行为的特征，并为他们的矫治和治疗、康复制定有效的方案。必须更多地了解在严重暴力触法未成年人的触法生涯中，何种方式最为有效，在何种情况下才能成功矫治。后续研究

---

① Webster, C. M., Sprott, J. B. and Doob, A. N. (2019). The Will to Change: Lessons from Canada's Successful Decarceration of Youth. *Law & Society Review*, 53 (4), p.1101.

和严格评估应产生有效的信息，为未来的矫治提供分析素材。[①]

　　域外研究显示，行为性质恶劣的触法未成年人不仅需要接受机构化的矫治，非机构化的矫治也是极为有效的治疗方式之一，甚至有数据表明，从再犯率来看，有效的非机构化治疗对累犯的影响程度是明显的。如果不接受有效治疗，该群体的再犯率可以达到50%，如接受有效治疗，累犯率将下降至30%左右。[②] 针对严重犯罪的未成年人的社区性矫治，域外设计了一套治理模式：一是住在社区、家庭、学校的未成年人在为期6周时间内参加12次1小时的社交技能培训。培训分为四组进行，包括指导、讨论、建模、角色扮演联系、录像反馈、社会强化和家庭作业。二是由未成年人中心负责未成年人尤其是未成年男性参加攻击性替代训练，这是一种多模式的心理教育干预。干预措施由结构化学习训练、愤怒控制训练和道德教育训练三部分组成。在为期10周的时间内，进行不少于30次的训练。三是社会互动技能项目，是一种结构化的教学项目，鼓励未成年人通过回忆过往有问题的经历，并确定影响他们在社会互动中令其厌恶的社会刺激，随后使用图像技术和认知能力系统脱敏和再评估。之后，他们被教导通过试验新的行为来增强自己

---

①　Krisberg, B. and Howell, J. C. （1998）. *Impact of the Juvenile Justice System and Prospects for Graduated Sanctions in a Comprehensive Strategy* （*From Serious and Violent Juvenile Offenders*: *Risk Factors and Successful Interventions*, P 346-366, 1998, *Rolf Loeber*, *David P. Farrington*, *eds. - See NCJ*-171234）. United States, p. 364.

②　Lipsey, M. W., Wilson, D. B. and Cothern, L. （2000）. Effective Intervention for Serious Juvenile Offenders. *PsycEXTRA Dataset*, [online] p. 332. Available at: http://doi. apa. org/get-pe-doi. cfm? doi = 10. 1037/e306462003-001 [Accessed 14 Mar. 2022].

的行为能力。①

表4 一般刑事案件矫治教育重点处遇策略

步骤	策略
一	培养他们对社会群体的服从
二	让他们充分了解其行为的后果
三	纠正错误行为和认知，通过奖励和惩戒的方式指出他们存在的缺陷
四	改变人生观、价值观，以及对事对人的态度
五	帮助改善他们与其他未成年人之间的关系，使其体会到人与人之间具有真诚善意
六	对恶行恶言及时发现、及时纠偏
七	提高生活技能，使其在矫治教育之后拥有一技之长

表5 暴力型刑事案件矫治教育重点处遇策略

步骤	策略
	实施放松训练，并倾听其心声
二	通过心理干预等方式让其认识情绪与行为的关联性与重要性
三	通过认知训练让其学习如何辨识与控制行为
四	通过认知行为和对社会学知识的学习，开展控制愤怒情绪训练
五	学习社会技巧
六	定期对其行为进行检讨，对矫治教育效果进行回馈

---

① Lipsey,M. W. ,Wilson,D. B. and Cothern,L. (2000). Effective Intervention for Serious Juvenile Offenders. *PsycEXTRA Dataset*, [online] p. 333 Available at: http://doi. apa. org/get-pe-doi. cfm? doi = 10. 1037/e306462003-001 [Accessed 14 Mar. 2022].

2. 不同年龄段的处遇措施。总体而言，由于未成年人的群体特殊性，年龄是专门矫治教育措施适用的重点考量因素，如在同一危险等级的触法未成年人，12-14 周岁的未成年人应以非机构化（见表6）的处遇措施为主，同时尽可能不影响未成年人的学业，以各种指令、禁止令和假日生活辅导措施为主；14-16 周岁的未成年人通过社区服务、赔礼道歉、赔偿损失等恢复性司法手段使其改过自新，由于该阶段的未成年人已经具有较为稳定的认知水平，对其矫治的困难程度也在提升。因此，如果该阶段的触法未成年人实施行为性质较为恶劣，则需要采取机构化的矫治处遇措施，送入专门学校、观护帮教基地等，进行强制性和封闭性行为矫治。

表6 非机构化矫治教育措施

非机构化矫治建议措施		
根据情况适用一种或合并适用 同时可以与机构化、半机构化矫治教育一起适用		
训诫	责令具结悔过	社区性处遇措施 如社会感化令、监管令等
禁止令 如禁止与特定人员见面 禁止进入网吧等	社区服务令	认知、行为矫治 如定期参加文化课程辅导， 包括线上与线下等
假日生活辅导措施	家庭干预计划	责令赔礼道歉、赔偿损失

同时，针对触法未成年人的专门矫治教育都必须进行针对性、个别化、专业性、全面性的调查评估，对其进行危险等级划分，并对其行为与人格进行整体性价值评价，再决定适用何种匹配措施。当然，这离不开政府的指导以及家庭矫治、社会矫治和学校矫治的协调合作。组织专业人员组成帮教小组，根据每个触法未成年人的特征制订具有针对性的帮教计划，提供心理干预、关系修复、就业支持、职业技能培训等服务，帮助触法未成年人重塑自尊与自信，

找到社会价值，重新融入社会。

表7　触法未成年人综合评估以及矫治方案建议表

年龄			
年龄段	12 周岁以下	12-14 周岁	14-16 周岁
填写具体年龄	如 8 周岁……		

触法行为	
危险等级	具体实施行为列举
严重程度五级	包括所有暴力型犯罪，如谋杀、强奸、绑架和纵火等
严重程度四级	包括涉及严重或潜在严重伤害的罪刑，包括使用武器攻击等
严重程度三级	包括简单的攻击、持有受管制物品意图出售等
严重程度二级	包括低严重犯罪，如非法闯入、扰乱治安、持有管制物品等
严重程度一级	包括最低严重触法行为，如数额较小、不具有人身危险性的盗窃等
实施触法行为等级	如三级等
实施触法行为次数	
是否严重违背社会伦理	□是　　□否 具体情况说明：
案件情况汇报	案件具体情况，如具体罪名、动机等
综合性评价	

人格评估				
测量方式	人格测评	人身危险性评估	社会人格调查报告	自我报告
测量结果			包括家庭情况、成长经历等	
人格综合评估				
具体说明				
结合未成年人年龄、触法行为、人格评估				
□机构化矫治教育□非机构化矫治教育□半机构化矫治教育				
适用理由与具体说明				
具体矫治方案	包括行为矫治、认知矫治、心理矫治等，方案的制定越具体越具有针对性，体现个别化，如一周接受几次心理辅导、文化课程安排等			

第四节　本章论要

　　根据"可塑性人格＋触法行为—评价—处遇措施"相适应原则，要求三者之间相互均衡，"可塑性人格"为衡量和评判触法未成年人的理论前提，与实施行为的价值评判，以及配置相应的矫治处遇措施存在一个合理、科学、整体和系统的逻辑关系。本章在以上章节研究的基础上，通过人格测评、人身危险性评估报告、社会人格调查，结合未成年人各个年龄段的特征，对不良人格之间错综复杂的内在关系进行梳理，并将屡次实施触法行为、严重违背社会伦理的触法行为纳入价值评价范围内，建立一人一份的"人格档案"。同时建构科学性、客观性和创新性兼容的处遇措施，让制度在运行过程中发挥事半功倍的效果。

专门矫治教育从保护未成年人的角度出发，应明确处遇机制分级分类各自适用的对象和彼此之间的衔接机制，实现矫治体系分工明确、衔接严密的状态，并始终贯彻"可塑性人格+触法行为—评价—处遇措施"原则。本章尝试通过适用标准分类和处遇措施分级的方式构建一个完整的逻辑体系，对处遇措施进行科学分级分类，人格矫治的层次性体现在以道德思维为导向的人格矫治中，也体现于各项因素、手段方式上，如制度、方针政策、管理模式、教育、训练、劳动、治疗、奖惩等有机整体层面上，它们既有各自的层次、作用与地位，又是相互依存与相互联系的，从而形成一个完整的人格矫治工程结构。①

---

① 参见陈士涵：《人格改造论》，学林出版社2012年版，第120页。

第五章　专门矫治教育制度的运行机制及其推进

　　以刑法为研究对象的刑法学不能不关注现行刑事立法和司法，应用性本来就应当成为刑法学的生命和灵魂，是刑法学得以发展和繁荣的源泉。这是刑法学的学科属性使然。正因为如此，每当新的立法出台之后，我国刑法学界都会积极地予以关注。① 理论指导实践，实践反作用于制度设计与立法，为之后的制度改善提供参考，指明发展的新方向与新要求。理论与实践相互促进、相得益彰，加强两者之间的互动，尤其是在实践过程中发现问题、提出问题、解决问题，对专门矫治教育制度的完善与改进意义重大。同时，优化矫治教育的内容，进一步消减惩罚的韵味，提升矫治的最终效果，建构相应的配套机构，以此奠定矫治工作开展的客观基础，从而为专门矫治教育制度提供支持和保障。

第一节　全面矫治：建构专门矫治教育支持型矫治系统

　　建构人格矫治综合立体化矫治教育体系需要运用生物学、心理学、精神学、体育学等多学科理论进行指导，从宏观和微观的未成年人生存环境、意识形态等全方位进行引导和矫治，才能对其形成

---

　　① 参见高铭暄、赵秉志：《改革开放三十年的刑法学研究》，载《中国刑事法杂志》2009 年第 3 期，第 4 页。

的人格进行矫治，实现人格矫治和复归社会的目标。

一、专门矫治教育之支持型矫治系统检视

人格是在客观的社会环境土壤之中发育成熟的，即个人社会化的环境中。马克思主义唯物史观指出，人是社会的产物，人的意识形成基于社会实践，人与社会之间是作用与反作用的关系。而微观社会环境包括不可避免的环境，如家庭、社会、学校等，由于每一个未成年人的成长轨迹与人生经历不同，形成的人格也存在差异性。未成年人的不良人格往往形成于破裂或复杂的家庭结构，因此家庭是实现人格矫治最重要的防线。菲利认为，不良的学校教育也是导致触法行为发生的原因之一。学校教育能够提高未成年人的预见程度，是人格矫治不容忽视的场所，根据每一个学生的生活和心理状态，综合运用心理学、生理学规律向学生传授知识。与学校普通教育不同，专门矫治教育制度中的"教育"作为针对触法未成年人的重要手段具有强制性。

未成年人出现触法行为的原因具有多样性和复杂性，主客观因素往往交错在一起，互相影响和作用，包括缺乏解决社会问题和情感应对能力、同伴关系差、学术技能薄弱、破坏性的课堂环境、不良的养育时间和不良的家庭学校关系，以及家庭因素，如父母和学校之间有问题的沟通，这些风险因素都会导致未成年人形成反社会人格。[1] 明确产生不良行为的风险因素以及持续降低不良行为发生可能性的干预措施，一些已经确定的风险因素是遗传或是生物因素，不容易改变。其他的是动态的，包括父母教育的质量、学校的

---

[1]　Conduct Problems Prevention Research Group（2010）. Fast Track intervention effects on youth arrests and delinquency. *Journal of Experimental Criminology*, 6（2）, p.135.

参与、同伴团体的联系、技能缺陷。① 因此，无论是政府、家庭、学校、社会都难辞其咎，单凭一己之力显然无法完成预防未成年人犯罪、杜绝未成年人再次犯罪的目标。提高专门矫治教育的功能与效率，让触法未成年人在出现问题的第一时间获得关注与帮助，实现人格矫治并及时融入学校和社会，重塑其自信与自尊，减少再次触法的可能性。总之，专门矫治教育是一项覆盖整个社会各个方面的系统工程，需要借助和整合整个社会的力量来进行。

美国哥伦比亚大学劳伦斯·A. 克雷明在 1976 年明确提出了教育生态学。生态结构作为生态系统内各要素之间互相联系和作用的方式，属于生态范畴的基础性和核心性概念。生态系统即生物群体与周围环境组成的功能主体，由若干个联系密切及相互作用的层级系统和子系统构成。劳伦斯认为教育不是一个独立于社会之外的形态，而是一个有机的和复杂的生态系统，把各种教育机构和结构置于彼此联系，以及与维持它们并受它们影响的更广泛的社会之间的联系中加以审视是有益的，"教育结构中各教育机构之间的关系既可能是互补的，也可能是相互对立的；既可能是和谐一致的，也可能是矛盾冲突的。"② 换言之，家庭、社会和学校矫治教育的"和谐一致"的价值取向才能发挥"互相补充"的作用。尤里·布朗芬布伦纳把教育生态系统精细划分为微系统、中系统、外系统和宏系统四层生态结构（见图 26）。最内层环境指未成年人周围环境中的活动和互动，称之为微系统；第二层环境指的是家庭、学校以及同伴群体等互相联系和内在关系，称之为中系统；第三层环境是指未成年人并不身处其中，但其发展却不可避免地受其影响的环境，称之为外系统；最外层环境是意识形态系统，它规范了社会与成年

---

① Greenwood, P. (2008). Prevention and Intervention Programs for Juvenile Offenders. *The Future of Children*, 18 (2), p. 186.

② Cremin, L. A. (1976). *Public education*. New York: Basic Books, p. 30.

人应该怎样对待未成年人，未成年人应该接受怎样的教育、追求何种成长目标等。①

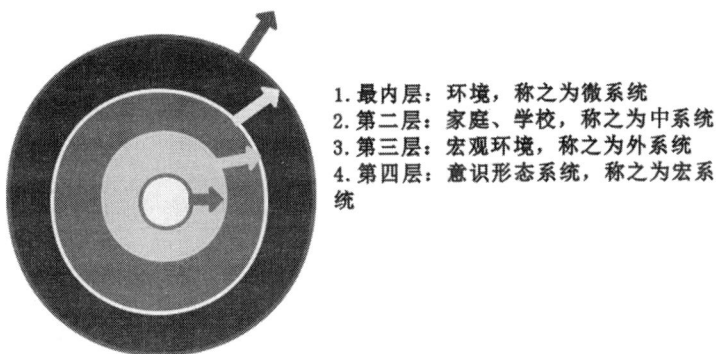

1. 最内层：环境，称之为微系统
2. 第二层：家庭、学校，称之为中系统
3. 第三层：宏观环境，称之为外系统
4. 第四层：意识形态系统，称之为宏系统

图 26　教育生态系统

触法未成年人处遇规范散见于治安管理处罚法、刑法、刑事诉讼法、预防未成年人犯罪法等法律法规中，但就采取何种标准开展矫治工作没有形成定论。最新修订的未成年人保护法、预防未成年人犯罪法及家庭教育促进法为强制亲职教育、政府矫治教育、社会矫治教育、学校矫治教育的开展提供了法治保障。检视强制矫治教育的现状，存在开展笼统、未能细化的统合的问题。应当将触法未成年人分级分类处遇的探索适用到各个层面的矫治中，我国强制矫治教育也应当确立分级分类实施的司法理念。

此外，触法行为与人格之间的内在关系展开，从人格矫治的视角研究"罪因论"，以期矫治具有明确的目的和方法。仅仅阐明不良人格与触法行为密切相关是不够的，还应当明确两者之间如何发生关系。其规律是仅存在不良人格并不必然导致触法行为发生，只有当不良人格在社会环境因素的影响、作用和刺激下才会转化为触

---

① 参见刘若谷：《引领与成长——低龄触法未成年人教育矫正研究》，人民出版社 2019 年版，第 296 页。

法行为发生的动机。在此之间存在着人格矛盾转变的过程。因此，应在我国国情的宏观环境之下，对未成年人所处的社会、学校、家庭等中微观环境进行改造，实现人格矫治，降低不良人格与"致罪因素"相遇的概率。

二、专门矫治教育之支持型矫治系统完善

社会是实现人格矫治的大环境，鉴于专门矫治教育是一项系统性工程，需要通过社会支持力量的加入，各方主体共同努力建构人格矫治综合立体体系（见图 27）。

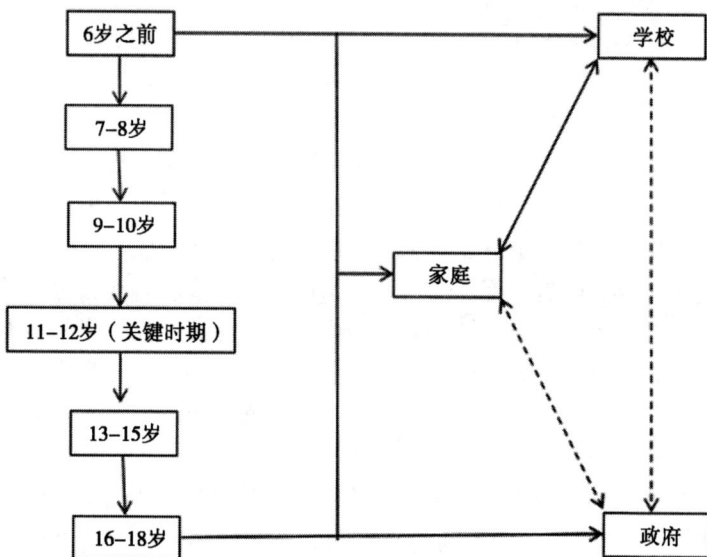

图 27　未成年人干预体系

（一）政府矫治系统

在未成年人司法萌芽以及发展过程中，公众责任和对未成年人的特殊保护观念一起支撑着保护未成年人的另一个重要理念。在公

众责任理念发展过程中，有两种博弈与互动自始至终相伴，一种是民间力量、私人机构与政府责任之间的互动；另一种则是父母亲权与国家亲权之间的博弈。① 国家亲权理论起源于美国殖民地时期，关于这个理论的基本内涵学者总结了三个方面：一是未成年时期依赖性强，充满危险性，在此期间监督管理是生存的基本需要。二是家庭在未成年人监管中处于最重要的地位，国家在未成年人教育中扮演着最重要的角色，如果家庭不能提供足够的抚养、道德训导或监督管理，国家就应该进行强有力的干预。三是如果未成年人处于危险状态，政府官员有权决定未成年人的最佳利益。② 扩大公众责任应该说是在国家亲权与父母亲权之间综合考量利弊之后的取舍。这在普通教育中亦有所体现，如公立学校的成立与义务教育法的实施在很大程度上减少了家庭对未成年人的教育权；将未成年人送入庇护所等矫治机构也同样形成了对父母亲权的剥夺。观护制度的确立与运行使国家权力直接进入未成年人的家庭和日常生活，而且日常生活在国家的干预与广泛监督之下，"不仅是未成年人自身，其整个家庭也成了得到较大扩展的案件办理工作的对象，这往往涵盖了转职、移居、改善家庭管理、改善饮食、禁止饮酒、控制性欲等命令。拒绝这些命令的话，观护员有可能申请分解这些不服从的家庭"。③

未成年人触法行为的发生与保护的状态是密切相关的，政府指导社会各界对未成年人进行充分的保护和干预可能防止触法行为的发生。之前讨论过针对未成年人的法律法规处于匮乏状态，在此现

① 参见牛传勇：《少年司法论：传统土壤与近代萌生》，人民出版社2017年版，第131页。
② 参见［美］富兰克林·E. 齐姆林：《美国少年司法》，高维俭译，中国人民公安大学出版社2010年版，第4页。
③ ［美］玛格丽特·K. 罗森海姆、富兰克林·E. 齐姆林等主编：《少年司法的一个世纪》，高维俭译，商务印书馆2008年版，第62页。

状之下，政府应当做好引导工作，不能仅仅依靠行政干预手段，而是应当将专门矫治教育作为未成年人刑事司法重要组成部分独立存在，"尊重未成年人作为权利的主体性，对处于成长过程中未成熟的未成年人采取适当保护性和教育性的措施，援助未成年人通过自身的成长，克服非理性，形成自我价值观，取得人格及身心的发展"。[①]

在预防触法行为模式中，第一层次是对导致触法行为的社区环境或生态环境进行考察，然后制定适当措施改善社区环境，减少发生触法行为的机会；第二层次是对触法行为的预防，则是对潜在性尤其是具有严重不良行为的未成年人予以早期预测，然后予以辅导，以期不发生触法行为；第三层次仍是对触法行为的预防，是指刑事司法体系对触法未成年人进行矫治处遇，使其成功地复归社会而不再发生触法行为。[②]

可见，无论是哪一层次的预防都离不开政府的参与和指导，以江苏省为例，政府在充分考量未成年人心理和生理发育特征等基础上，坚持落实少捕慎诉慎押的刑事司法政策，未成年人犯罪案件提倡认罪认罚从宽制度，通过认知矫治、矫正治疗和改善环境等方式，帮助触法未成年人重塑信心与勇气，实现人格矫治，顺利复归社会。同时，对触法未成年人应当做好跟踪帮扶矫治工作，对已经完成专门矫治教育的未成年人进行持续性的关注，在必要时提供辅导与帮助，巩固挽救成效。江苏省近几年共帮扶 2584 名涉案未成年人重新入学、就业，其中 136 名涉罪未成年人经检察机关帮助之后进入大学，两起附条件不起诉案件被选入第 27 批指导性案例。在政府牵头之下，积极联合妇联、公安等单位制定"一站式"办案场所的设计使用管理办法，制定《健全检察机关未成年被害人

---

① 尹琳：《日本少年法研究》，中国人民公安大学出版社 2005 年版，第74 页。

② 张华葆：《少年犯罪预防及矫治》，三民书局 1989 年版，第 272 页。

"一站式"司法保护机制工作方案》，统一建设的标准，做到管理规范和使用充分。

同时，开展多元化的救助离不开政府的扶持和引导，持续做好救助工作，尤其是加强对家庭结构不完整、农村留守儿童、困难儿童、事实孤儿以及进城务工人员子女等特殊群体的关爱救助。主动协调能动部门，全方位发动社会力量，除了必要性的矫治教育之外，还应当进行一定的经济救助，对触法未成年人复学就业、身心健康进行观护，提供法律支持等多元化的救助。

在社会支持体系建设上，政府起到引导和规划作用。江苏省人民检察院与团省委签订了《关于构建未成年人检察工作社会支持体系的合作框架协议》，通过政府购买服务等形式，将考察帮教、心理疏导等工作委托司法社工开展，并以定制化的标准加强对司法社工的专业培训，打造形成"政府主导、社会联动、社团承接、全面维权"的社会支持模式。2020 年江苏全省检察机关通过自行合作、政府采购的方式，共引入 85 家社工组织、379 名社工，参与司法办案活动共 15595 人次，实现帮教矫治全面性覆盖。南京和宿迁两地被最高人民检察院确定为未成年人司法社会工作服务国家标准试点。江阴市人民检察院的多元化帮教做法被最高人民检察院授予"社会化帮教保护"创新项目。

江苏省政府为做好全面协调统筹工作，与公安、教育等部门沟通协作，下发《未成年人检察训诫工作规定》，加强管束教育，将不具备刑事责任能力但具有触法行为的未成年人纳入观护矫治与训诫的范围中。自 2019 年以来，江苏省检察机关已经独立或联合公安机关对 2643 名不具备刑事责任能力的未成年人开展训诫，教育警示未成年人认识错误并作出纠正。淮安市淮阴区人民检察院还打造了"彩虹少年"品牌以及分级预警机制，积极探索未成年人早期干预体系和犯罪临界预防，对未成年人展开全方位的关爱和帮扶。通过建设"彩虹少年"信息化网络，由政府和检察院牵头，整合教育、公安、民政以及其他相关部门，联合家庭、学校、社会组织等多方力量，通过搭建手机 App 等方式，对全区的社工组织、社区矫治专业队伍、爱心力量等展开具有针对性的具体化和个性化帮教关爱措施，实现对不良行为、严重不良行为早发现与早干预，[①] 该举措还被最高人民检察院确立为全国未成年人检察工作创新实践。

未成年人来源于家庭，其错误的思想观念以及行为模式都会受到家庭的影响。从根源上实现专门矫治教育离不开政府对其家庭的指导。自 2019 年以来，江苏省人民检察院与省妇联合作，制定了《关于建立保护妇女儿童权益合作机制的实施意见》《关于联合开展亲职教育工作的实施意见》。到目前为止，共对 2053 名涉案监护人开展家庭教育指导，帮助 353 名缺乏监护的未成年人得到有效监护，帮助 1534 名存在不当监护行为的父母改变教育方式，有效地改善了触法未成年人的家庭关系，帮助父母更好地履行监护职责。

概言之，以人格矫治为目标的专门矫治教育工作需要政府统筹规划，与民并肩，警政、教育、卫生、社会等相互配合，依赖专业工作人员提出新的方案，重视方法技巧的运用。在整个制度体系运行过程中都离不开政府的适当介入，政府除了要全力以赴地指导之外，更要激励学术界研究新观点、新路径；行政部门之间应当相互协调、彼此支援；加强对传播媒介进行正确的引导，以期形成有助于触法未成年人复归社会的风气；加大对专门矫治教育的财政投入以及对专门教育主管部门的支持。[②] 同时，我国法律并未规定处遇措施的裁决主体，美国有少年法院，日本有家庭裁判所，我国目前尚未建立独立的未成年人法院以及专门的矫治教育机构处理触法未成年人问题，甚至触法未成年人是否需要进入司法程序都没有一个

---

① 参见朱林、卢志坚、张传杰：《温情帮教改变了 83 名"彩虹少年"》，载《检察日报》2019 年 12 月 2 日第 7 版。

② 参见蔡汉贤、李明政：《社会福利新论》，松慧出版社 2004 年版，第 231 页。

明确的标准，这也直接导致处遇措施的责任主体和裁决主体责任不明晰，出现了对触法未成年人"一罚了之""一放了之"等问题。因此，专门矫治教育建构首先应当明确责任主体，由政府牵头，设立专门的裁决主体，明晰权责（见图28）。

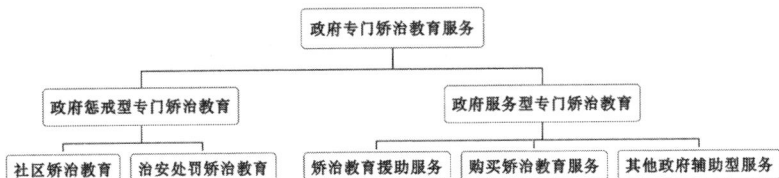

图 28　政府专门矫治教育服务类型

（二）家庭矫治系统

最高人民检察院发布的《关于在办理涉未成年人案件中开展"督促监护令"工作的意见》规定监护人不依法履行监护职责导致未成年人违法犯罪，对未成年人不良行为和违法犯罪行为未及时预防、管教与制止的，可向监护人发出督促监督令。我国预防未成年人犯罪法第 61 条规定，公安机关、人民检察院、人民法院在办理案件过程中发现实施严重不良行为的未成年人的父母或其他监护人不依法履行监护职责的，应当予以训诫，并可以责令其接受家庭指导。我国目前没有强制亲职教育制度，这也导致法律法规在司法实践中收效甚微。英国政府针对《犯罪与扰乱秩序法》（Crime and Disorder Act 1998）以及《青少年司法与刑事证据法》（Youth Justicead and Criminal Evidence Act 1999）两个法案主张父母参与亲职教育：未成年人及其父母必须面对非法行为造成的后果，并避免未成年人实施进一步的非法行为；父母应教育实施非法行为的未成年人进行关系修复，向被害人道歉且修补造成的损害；协助实施非法行为的未成年人偿还对社会的亏欠，重新融入守法社群。① 本书建议我国建立强制亲职教育制度，运用国家侵权理论，注重国家权力对家庭微型机构的干预，以国家强制力作为后盾，命令父母或其他监护人接受亲职教育辅导，通过立法对不接受亲职教育或怠于接受亲职教育的父母或其他监护人予以处罚。如父母或其他监护人怠于履行相应职责的，专门矫治教育机构应当督促和教育其履行义务。监护人拒不履行相关职责，违反家庭教育促进法的，通知相关部门依法作出处理。

1. 家庭因素与触法行为。家庭是未成年人社会化最主要的场所，也是未成年人价值观形成和行为规范习得的基础环境。父母的监管是未成年人与家庭、社会联系的纽带，一旦纽带受到削弱或缺失，未成年人实施触法行为的概率就会增大。而未成年人面对原生家庭的某些特征，如贫穷、破碎的家庭、不当的抚养方式、虐待与忽视等只能被动承受。科尔文等人发现，5 周岁之前经历家庭破裂的未成年人，在 32 周岁前被定罪的风险增加 1 倍。②

习近平总书记强调："家庭是人生的第一个课堂，父母是孩子的第一任老师。"③ 对未成年人的保护源自家庭，法律赋予了父母以及其他监护人对未成年人应负有保护和教养的责任。同时，家庭又是发生疏忽和虐待的关键处所，防止未成年人犯罪可以从家庭教

---

① Adam Crawford, Institutionalizing Restorative Youth, Justice in a Cold, PunitiveCimate, INSTITUTIONALIZING RESTORATIVE JUSTICE 120, 124 (Ivo Aertsen, TomDaems & Luc Robert eds. 2006) . p. 19

② 参见 [英] 麦克·马奎尔、保罗·罗克等：《牛津犯罪学指南》，刘仁文、李瑞生等译，中国人民公安大学出版社 2012 年版，第 473 页。

③ 《习近平总书记在会见第一届全国文明家庭代表时的讲话（2016 年 12 月 12 日）》，http://www. xinhuanet. com/politics/2016 - 12/15/c _1120127183. htm。

育开始，挽救触法未成年人也可以从家庭入手。[①] 家庭对每个个体
都至关重要，尤其是对发生触法行为的未成年人而言更是意义重
大，无论从物质到精神、从外在到内心，对家庭的依赖感和依恋感
都更为强烈。家庭成员对处于矫治时期的未成年人的态度也会直接
或间接影响未成年人接受矫治的态度及其转变。[②] 未成年人实施触
法行为无疑是社会、家庭、个体以及学校等因素综合作用的结果，
未成年人家庭存在的问题对未成年人触法行为具有相当大的影响。

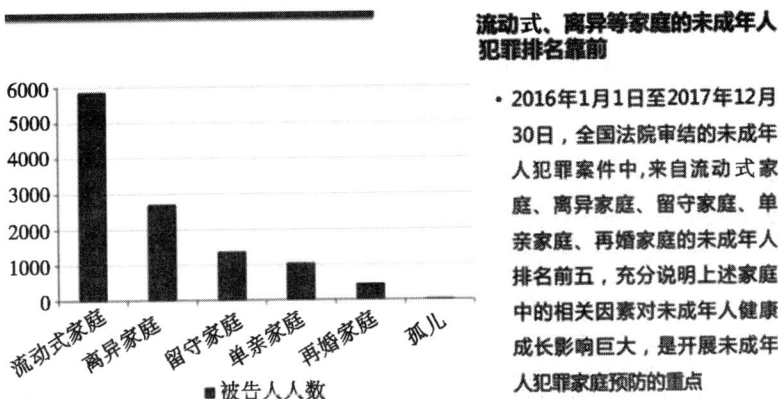

流动式、离异等家庭的未成年人犯罪排名靠前

• 2016年1月1日至2017年12月30日，全国法院审结的未成年人犯罪案件中，来自流动式家庭、离异家庭、留守家庭、单亲家庭、再婚家庭的未成年人排名前五，充分说明上述家庭中的相关因素对未成年人健康成长影响巨大，是开展未成年人犯罪家庭预防的重点

图 29　流动式、离异家庭的未成年人犯罪排名靠前

　　首先，不完整的家庭结构是导致未成年人走上触法道路的重要
原因（见图 29），不完整的家庭结构是指父母一方或者双方长期在
外务工，或者父母离异或再婚，父母一方、双方死亡等情形，导致
未成年人缺乏父母的陪伴与教育。家庭结构的不完整或家庭结构忽
然变化不仅使未成年人在缺乏监管指导的环境下成长，形成错误的

---

① 参见蔡汉贤、李明政：《社会福利新论》，松慧出版社 2004 年版，第
224 页。

② 参见王威宇主编：《罪犯心理矫正》，中国政法大学出版社 2017 年
版，第 66 页。

人生观与价值观，更为严重的是破碎的家庭会给未成年人的心理带来负面的影响，使其易形成危险人格。因此，家庭结构不完整应被认定为父母或其他监护人不具备监管能力，符合刑法第 17 条"在必要的时候"构成要素，必须对触法未成年人实施专门矫治教育，并建议适用集中性与稳定性较强的机构化矫治，使其在较短的时间内学习法律知识与专业技能，随时接受心理辅导等辅助其改邪归正的矫治措施。同时，对此类触法未成年人适用非机构化矫治方式也对社会支持力量提出更高要求，如对社工的专业能力、监管能力与监管时间提出更高要求。

其次，即便拥有完整的家庭结构，不恰当的家庭教育也会对未成年人产生消极影响，增加其实施触法行为的可能性。不当的家庭教育方式主要包括三种：一是只注重学习而忽视未成年人在成长过程中形成的性格以及正确的习惯养成，这不仅会导致未成年人产生厌学逃学的情绪，严重情况下可能会使其逃课辍学从而沦为校园霸凌者中的一员；二是过分地宠溺未成年人也会导致其走上歧途，长辈对未成年人无底线地纵容迁就，将导致未成年人不良的行为习惯无法及时获得矫治，从而脱离原本设定的正确轨迹；三是缺乏监督管教的能力，对未成年人放任不管，任其沾染社会不良习气，极易受到不良同辈的影响而误入歧途。家庭生活的境遇与长辈的教育等对未成年人的成长起到至关重要的作用，在未成年人的成长过程中，他们会将家庭生活的境遇和父母的教育等经验内化成自己的生活态度与价值观，构建自我的行为模式与人格类型，家庭不当的教育方式可能会导致未成年人的性格与习惯存在瑕疵，甚至一切以自我为中心等不良品性的形成，错误的地基必然导致大楼倾覆。因此，触法未成年人步入歧途证明其父母的监管能力与承担责任义务方面存在重大瑕疵，对家庭成员正确意识的培训和如何教育引导未成年人也是专门矫治教育制度中的一部分。换言之，即便触法未成年人经历了专业化和科学性兼具的专门矫治教育措施，在身心上已经能够与社会衔接，建立了正确的价值观与人生观，一旦回到错误的源头——监管能力欠缺、不积极承担引导与管教责任的家庭中，已经改邪归正的未成年人依旧会在不良影响之下脱离正确轨道。申言之，想要通过家庭实现专门矫治教育或让家庭承担专门矫治教育的一部分责任，首先要保证家庭具有一个具有正确思维方式与教育引导能力的结构。因此，通过全面的调查报告明确不恰当的家庭在未成年人脱离正确轨迹中的消极影响，对家庭成员进行集中性的引导与教育，在触法未成年人接受专门矫治教育措施过程中，加大其家庭成员共同参与辅助未成年人的占比，这不仅能够让家庭成员与触法未成年人学习到法律等专业性知识，同时也能够加强触法未成年人与其家庭成员之间的沟通，对实现矫治目标大有裨益。

　　最后，在现实生活中，不得不承认不宽裕的家庭经济状况虽然并不一定能够导致未成年人实施触法行为，但是未成年人的不良心理以及行为多是在不同的不利家庭因素共同作用下产生的。例如，未成年人的家庭经济状况较差加之父母管教能力匮乏，其在学校中极易产生消极与自卑的心理。加之政府对黑网吧整治不力（见图30），家庭对未成年人上网监管现状不尽如人意（见图31），人生观与价值观正处于形成阶段的未成年人容易对虚拟的网络世界产生依赖，在接触了暴力、淫秽等不良信息之后，容易诱发认知水平不高的未成年人实施触法行为。此外，家庭贫困也会导致父母对未成年人的要求停留在满足温饱层面，未成年人可能在早期就辍学进入社会赚钱养家，但又因文化层次低、无一技之长而陷入失业或低收入的困境。面对社会上高额的物质消费，意志薄弱的未成年人难以抵抗外界的诱惑，这也是未成年人财产性犯罪占比极高的因素之一。总之，家庭成员文化程度不高、疲于为生计奔波，缺乏基本的监管能力都会导致未成年人走上犯罪道路。

图 30   未成年人遭受网络不良信息对比

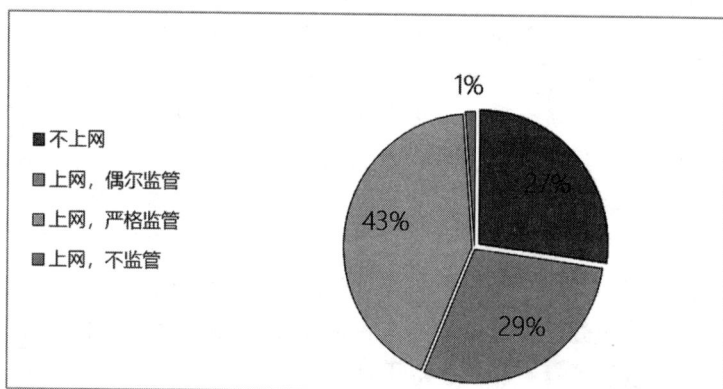

图 31   家庭对未成年人上网监督比例

在专门矫治教育中应突出家庭的重要地位，在制度设计与规章撰写过程中应对家庭成员接受教育、提高监管能力、承担相应责任与义务等作出强制性规定。在实践层面，我国早已充分认识到家庭对预防未成年人犯罪以及矫治未成年人的重要性，1997 年云南省人大常委会就已经颁布了《云南省实施〈中华人民共和国未成年人保护法〉办法》，2007 年颁布的《云南省人民政府关于加强预防未成年人违法犯罪工作的意见》以及 2011 年颁布的《云南省预防未成年人犯罪条例》都对家庭预防提出要求，作出相关规定，如规定家庭有提高文明程度的责任，基层妇联、共青团和学校、社区负责家庭教育的指导，帮助监护人树立正确的家庭教育观念，掌握科学的家庭教育方法，提高家庭教育水平。特别关注单亲家庭、困难家庭、问题家庭、流动人口家庭的教育。① 但由于这些立法存在时效性不强、可操作性欠佳、惩戒性不足、专业性不够等一系列问题，因此在实践过程中并没有得到很好的实施。因此，在专门矫治教育制度建构中对家庭提出要求，除了加大政府的介入力度，提高惩戒性与可操作性外，同时也应该借助社会力量与多元化平台，如加大社工对家庭的走访、定期考核等，使家庭在专门矫治教育中的作用得到提升。

2. 家长学校。家长学校作为能够集中快速提高家庭成员文明程度以及法律素养的机构，在我国多地已经被采纳，如 2012 年云南省妇联、教育厅已经与社会上致力于未成年人教育与关注家庭教育的企业昆明乐源文化传播有限公司等多家单位，根据全国妇联、教育部等七部委的要求联合打造云南省网上家庭学校，家庭学校网上教育结合不同年龄段的未成年人身心发展特征为家长提供规范化、常规化、个别化的家庭教育，并及时有效地提供基本覆盖城乡的系统的家庭教育指导服务，进一步帮助家长掌握家庭教育知识，提高家庭教育能力与监管能力。家庭教育方式一方面以每学期举办一期家庭教育知识培训、闭卷考试、谈心、提建议等方式对家长进行教育与考核；另一方面是不定期组织周边流动人口、农村未成年人家长参加家庭教育知识培训，长期提供家庭教育咨询。但由于家庭教育始终缺乏强制性无法形成统一的考核指标，成为一项流于表面的形式化教育。

家长学校在实践中无法顺利开展，处于停滞的主要原因：一是随着对未成年人犯罪、校园霸凌以及未成年人教育的重视，虽然全国不少地区已经有了家长学校的经验，但成效却不明显。导致这种

---

① 《中共云南省委　云南省人民政府关于加强预防未成年人违法犯罪工作的意见》，载《云南教育》（视界时政版）2007 年第 10 期，第 25 页。

情况的主要原因是即便具备完善的办学规章，可绝大多数学校在大型考试后以开家长会的形式取代了家长学校，常常以会代罚，以对学生的介绍交流和汇报学生学习情况为主，对促进家长教育理论水平和教育技能的提高作用微乎其微。二是着重对年龄较小的未成年人家长进行培训，忽视对中学生家长的教育和培训，家庭教育的失败会加快游走在触法边缘的未成年人走向社会的对立面。但处于中学生年龄段的未成年人正处于人生转折的关键阶段，其心理、生理和社会性都在发生巨大转变，这个阶段的未成年人成长迅速，在生活中无法与家庭脱离却极度渴望自由，心理开始变得复杂并充满矛盾。错误的沟通方式与教育方法、缺乏必要的引导及陪伴会使未成年人在青春期形成叛逆心理，也会在亚文化圈的影响之下走上歧途，即中学阶段是校园霸凌频发的缘由。三是网络家长学校的开办覆盖面极为有限，无法发挥其真正价值。目前，我国互联网还未实现全面性覆盖，尤其是文化程度普遍较低、位置偏远的地区，客观上更是无法实现从网络家长学校中学习的目标。但该群体正是家长学校需要重点扶持与教育的群体。四是拓宽家庭教育路径，如借鉴域外功能性家庭治疗，通过改变家庭成员之间的活动，提高家庭解决问题的技能，加强父母提供适当指导的能力，改善家庭单元的功能。这是一个相对短期的项目，由个别治疗师提供，通常在家庭环境中进行，每组由4-8名治疗师监督辅导家庭。在各项社会工作和咨询职业中，从辅助专业人员到培训人员，应安排不同类型的治疗师，旨在帮助父母有效地处理问题。① 在过去的几十年中该计划的有效性已经在大量的试验中被证明。

概言之，在专门矫治教育体系的建构中，家庭是无法忽视甚至是至关重要的一环。未成年人从家庭中来，终将回归家庭。如果无法从根源上找出家庭存在的问题并进行教育指导，专门矫治教育也

---

① Greenwood, P. (2008). Prevention and Intervention Programs for Juvenile Offenders. *The Future of Children*, 18 (2), p. 198.

只能是暂时性地见效。无论是预防未成年人犯罪还是对已经触法的未成年人进行矫治，第一道防线与最重要的基石始终是家庭，但家庭在过往的矫治制度中始终没有得到重视，如收容教养制度只是简单地规定责令家长管教，对于如何管教、管教的内容、管教的流程、最后的考核等，法律始终没有规定。因此，应制定具有强制性、可操作性与科学性的法律规范，并在全国开展试点工作，将专门矫治教育家庭教育全面推行。例如，江苏省南通市通过亲职教育、亲子沙龙、家长讲座及心理团辅等专业干预，95%的家庭的亲子关系得到了不同程度的改善，从根本上改变了未成年人家庭成长环境。域外的成功经验也值得我国借鉴，"成就之家"是一个以社区为基础，改变家风、行为，由6-8个家庭组成的集体之家。该项目由专门的"教学家长"进行管理指导，他们与未成年人发展积极的教学关系，传授所需要的行为技能，对未成年人进行负责，并在社区中作为他们的指导管教者。此外，家庭作为社会的细胞，是国家安定的根基。触法未成年人往往来自不完整或监管能力欠缺的家庭，将中华优秀传统文化引入家庭教育中，在开展学校和家庭培训中大力弘扬传统文化，提升家庭成员整体文化素养，对矫治未成年人以及社会安定大有裨益。同时，未成年人可以在周末回到自己的家中，或选择留在当地的学校。在这种模式下，专门矫治教育机构作出决定后未成年人去往一个以社区为基础、改变其认知和行为的家庭，在那里"教父母"会密切监控其在学校的进展，并单独为其生活提供咨询。①

（三）社区矫治系统

国家亲权理论认为，国家具有照顾不能自我照管个体的责任，

---

① Lipsey, M. W., Wilson, D. B. and Cothern, L. (2000). Effective Intervention for Serious Juvenile Offenders. *PsycEXTRA Dataset*, ［online］p. 337. Available at: http://doi. apa. org/get-pe-doi. cfm? doi=10. 1037/e306462003-001 ［Accessed 14 Mar. 2022］.

如缺乏父母适当照管和监护的未成年人。国家对未成年人保护的责任和权力具有高于家长监护权的地位。[1] 家庭或者学校的矫治工作无法做到滴水不漏，此时社会各个领域包括医疗、卫生、文化等对未成年人都应肩负起矫治的义务与责任。

农村地区未成年人犯罪发案率超八成，占比过高

· 根据第六次人口普查数据，农村（含镇）人口占比为69.71%，而2016年1月1日至2017年12月31日，全国法院新收未成年人犯罪案件中，农村地区未成年人犯罪人数占比为82.06%。表明农村地区未成年人犯罪预防的形势更加严峻，需更加重视

图 32　农村地区未成年人犯罪发案率

　　"社区"是一个经常被过度使用和空洞的词，几乎没有实质性的意义。因为人们的生活即便具有邻近性也并不意味着他们构成了一个社区。但这个词确实代表了一种邻里归属感、对他们的真正关心和对他人的责任感。[2] 不同的社区结构对未成年人的影响也不同，如农村社区具有更多导致其越轨的因素（见图32）。

　　国家政府有矫治教育未成年人的责任，要办成全民有责的社会教育，人人以保护和引导未成年人为责任，处处以关爱未成年人为

---

　　① 参见姚建龙：《少年刑法与刑法变革》，中国人民公安大学出版社2005年版，第29页。

　　② Halstead, B. ed., （1992）. YOUTH CRIME PREVENTION. In：*Proceedings of a Policy Forum Held* 28 and 29 *August* 1990. Australian Institute of Criminology, p. 10.

前提。① 目前，社会矫治具有很大的挑战：首先，如何能保证触法未成年人在与社会公众、学校同学以及家庭成员亲密接触的自由环境中不再危害社会，成为校园霸凌的带头人（见图 33）。其次，未成年人自身缺乏控制能力，意志力相对薄弱，认知水平也极为有限，如何实现矫治。机构化矫治能够通过相应的强制措施集中进行矫治，防止未成年人在矫治之前再次触法，从而使实施矫治措施等不会陷入困境。但社会矫治即非机构化矫治，在失去封闭体系支撑下，处于自由环境的触法未成年人与社会、学校、家庭亲密接触，如何保证接受社会矫治的未成年人能够不发生再次触法行为，达到良好的矫治效果成为难题。非机构化矫治将触法未成年人置于开放式社区中，此时国家公权力不能像机构化矫治体系一样渗透到各个环节。在此意义上，以社会为主题的专门矫治教育与机构化矫治并非单纯地体现在矫治活动在开放的环境中进行，更是体现于社会力量在矫治的广泛参与上。

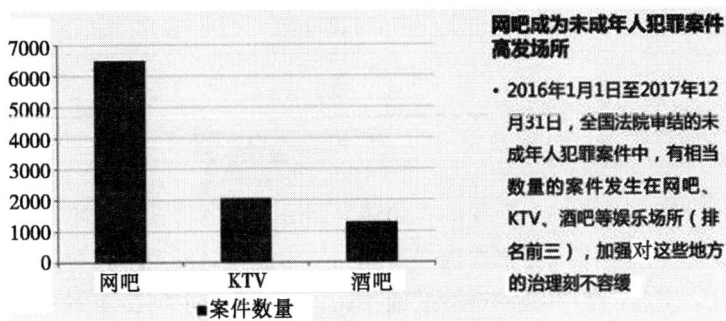

图 33　网吧是未成年人犯罪案件高发场所

目前，我国正处于社会转型期，未成年人犯罪问题、校园霸凌问题等层出不穷，又鉴于未成年人具有有别于成年人的身心发展特

---

① 参见蔡汉贤、李明政：《社会福利新论》，松慧出版社 2004 年版，第 229 页。

征，国家对未成年人的处遇措施始终贯彻"教育为主，惩罚为辅"的方针，专门矫治教育不应忽视非机构化的部分。因此，建构完善的社会支持系统引起高度重视，同时社会支持系统必须建立在充分认识到我国本土化特色基础之上，采取渐进式的培育方式。尤其是要重视不同群体的未成年人在触法深度方面的区分，分析不同的社会结构对未成年人的影响，制定不同的矫治方案。如城市和农村重新实施触法行为次数不同，体现出重新实施触法行为的深度也不同（见表8）：（1）城市未成年人与农村未成年人相比，城市未成年人比农村未成年人有过触法行为的多14.1%；（2）闲散未成年人和非闲散未成年人相比，闲散未成年人比非闲散未成年人有过触法行为的多11.6%。①

表8　不同群体的未成年人触法行为的经历

单位%

是否有触法 行为经历	城市 （n=1228）	农村 （n=1285）	非闲散 （n=894）	闲散 （n=1430）
有	34.4	20.3	19.9	31.5
没有	65.6	79.7	80.1	68.5

兼具专业性与全面性的专门矫治教育社会支持系统离不开社工的支撑。虽然不同于机构内强制性与集中性兼具的矫治，按照不同的分级实施不同类型的矫治措施，在相对固定的时间接受课程学习与心理辅导等系统性矫治流程。以社会为主体的矫治更具有灵活性与适应性，此时专业性的社工在矫治过程中起到了决定性作用。根据对161份矫治方式的调查表统计发现，未成年人最能接受通过个别谈话和思想汇报的方式接受矫治（图34）。

---

① 参见赵秉志、张远煌主编：《未成年人犯罪专题整理》，中国人民公安大学出版社2010年版，第356页。

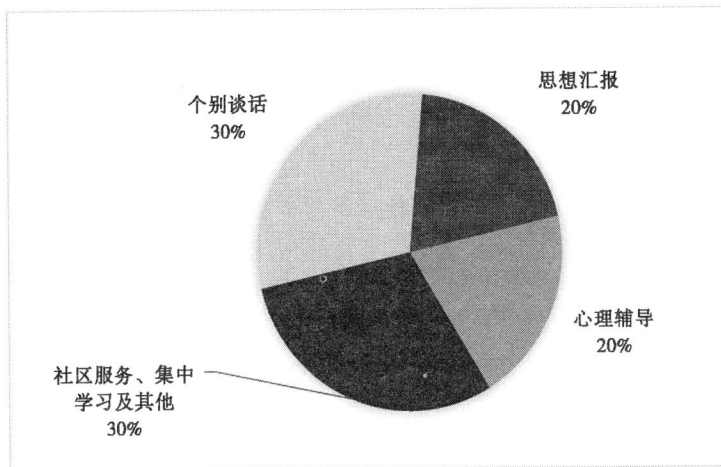

图 34　未成年人最愿意接受的矫治措施

　　通过个别谈话和思想汇报也能够对每一个未成年人的症结有全面的了解，对其人格矫治能够制定有针对性的方案。① 因此，应当加大专业化社工的培训工作，扩大社工队伍，不断提升社工心理学、法学等方面的专业化水平以及矫治能力。

　　在矫治过程中，以社工小组介入的形式对触法未成年人进行定时定点、线上与线下相结合的管控上报，并根据矫治的进程及时调整制定的方案，有针对性地开展教育，并及时做好预防工作。对学校以及社会反映中可能已经存在偏差行为的未成年人建立临界犯罪信息库，对未达到刑事责任年龄的触法未成年人进行持续性跟踪记录，定期召集社工和党员开展矫治和帮教工作会议，总结成功经验，调整个别矫治方案，尤其要注意在矫治过程中出现逆反心理而再犯的情况。从事专门矫治教育的社工及其周围的志愿者成为核心

────────────

　　① 参见袁林主编：《未成年人严重不良行为矫治机制研究》，法律出版社 2017 年版，第 263 页。

力量，是专门矫治教育社会支持系统培育的基本方向。如澳门围绕未成年人的教育监管就有一套较为系统的社会支持体系，开展跟进教育，提供不同类型的服务，发挥社区教育的作用，防止他们重蹈覆辙。在这套社会支持体系中，离不开家庭的参与、社区保护、社会福利计划以及其他辅助服务，其中家庭参与凸显出家长管教子女的责任与义务，社区保护强调社区参与和协助的重要性，在社区中建立未成年人之家、社区党员服务队为未成年人和其家庭成员提供不同形式的辅助服务。

此外，如前所述，家庭在专门矫治教育中起到极为重要与关键的作用，为了使家庭结构不完整或者缺乏亲情的未成年人也能够通过感情驱动获得矫治的动力，湖南省创新提出并实践了"拟制亲情教育"，在2008年创建了为特殊未成年人提供服务的非营利性的公益性社会服务机构"青护园"。对于正在成长过程中的未成年人而言，对感情尤其是亲情的需求极为迫切，而触法未成年人往往家庭环境不佳，能够从家庭中汲取的情感也极为有限，拟制亲情正是基于此种情况，利用触法未成年人的亲属、朋友、同学之间的感情作用，使触法未成年人能够具有身临其境的直接主观感受，通过拟制亲情的感情体验和正确引导重塑道德。拟制亲情实质上是一种通过感情体验矫治触法未成年人的方式，通过一种感情渲染的方式，用耐心、亲情与真情唤醒触法未成年人文明感恩以及遵纪守法的良知。通过"拟制亲情教育"的模式，重视矫治对象的社会回归问题与认知矫治问题，使矫治对象受到激励和感化，最终能够顺利复归到家庭和社会中。当然，为了保证该模式的具体措施科学可行，必须对各个环节进行评估监管，拟订相应的项目回访策划书、调查表，常态化组织法官和心理咨询师等社工志愿者对矫治对象定期进行微信情况了解和电话回访，每个季度进行面对面的情况汇报，通过这些方式进行相应的心理疏导和精神抚慰。

（四）学校矫治系统

学校是接受知识的主要阵地，而世界观是以知识为基础构筑的，未成年人形成健康良好的世界观，必须以知识传授为起点。在人格矫治中，知识价值观是一个核心价值观，不仅体现在人类对客观世界的矫治之中，同时也体现在自我矫治中。知识匮乏自然不可能矫治、完善和发展自身的人格。概言之，知识是进行人格矫治的力量和源泉。学校在传授法律知识、伦理道德知识、文化知识之外还应当加强对社会知识的传授。同时，地区之间存在着巨大的差异，专门学校不宜采取统一标准，应当视当地具体情况加以调整。如对专门学校进行分级化管理，按照不同地区、不同等级突出不同的教学内容，因地制宜，考察当地较为繁荣的产业，在专门学校中设置与该产业相关联的课程，对其后期复归社会、融入社会和就业都大有裨益。受教育权是未成年人五项基本权利之一，除了与未成年人的个人成长息息相关，同时也关系到家庭的稳定与社会的和谐。如何利用学校教育制度进行科学合理的法治教育与矫治教育工作，关系到对未成年人能力素质的培养和正确行为习惯的养成。

完善专门学校的建设标准、课程设置、管理体制、经费保障和师资待遇规定，细化政府、公安、教育及其他职能部门的分工安排。建立专门学校学生转出机制，对学生的平时表现、心理状态、职业技能作出综合评价，以确定是否能将学生转回普通学校就读等皆是专门学校亟待解决的问题。

合理的课程设置与教师的正确指导对未成年人的知识结构建立与人格发展起到了至关重要的作用。通过多元化的方式增强普法活动的趣味性，让未成年人从积极主动参与的活动中汲取知识，如开展"模拟法庭"和"演讲比赛"等法治教育宣传活动，对未成年人进行校园集中普法，提高未成年人的法治意识。同时，依托当地幼儿园、中小学以及社区等成立各级各类家长学校、家庭教育指导服务中心，通过开办家长学校的方式对家长进行定期定时教育，如云南省依托公立教育资源已经建立家长学校三千多所，主要有社区和农村家长学校、留守儿童和流动人口子女家长学校、空中家长学校以及公益家长学校等；江苏省人民检察院则是通过与江苏省教育厅会签《加强新时代校园法治建设意见》，以检察长担任学校法治副校长的形式开展法治工作。到目前为止，江苏省检察机关共有包括 133 名检察长在内的 1683 名检察人员担任法治副校长，开展法治宣传教育 8512 场，实现师生覆盖共 642.7 万人次。

为了加大法治教育的强度，调动学生学习的积极性，中考中应适当增加法治教育的内容。在扩大法治进校园覆盖面的同时也应当注重活动形式的多元化与内容的实效性，协助学校制定法治教育规划、完善学校管理制度等，有效地帮助学校提升法治教育和依法管理的水平。国外许多以学校或教室为基础的项目已被证明在预防犯罪、反社会行为和早退等可能导致犯罪行为方面是有效的。尽管这些项目的目标各不相同，但有着共同的主题：教师、家长、学生、社区成员和管理人员参与协作规划和解决问题，将学生分成独立的小群，制定职业生涯规划、综合课程教授、减少辍学的各种策略，让学生主动参与到规则制定和执行中，如挪威卑尔根小学和初中制定了"防止欺凌项目"，该项目包括教师和家长制定和执行明确的规则，干预措施实施 2 年后，受干预学校的欺凌问题下降了 50%。此外，其他形式的犯罪行为也有所减少，学校氛围得以改善。[1] 总之，矫治人格要从矫治世界观着手，必须以知识传授为基础，通过多元化的方式，形成扎实的知识基础，增加矫治世界观的可能性。

（五）多轨制专门矫治教育主体并驾齐驱

帮助触法未成年人人格矫治、复归社会和适应社会是未成年人自我、学校、家庭、政府和社会管理机构等多重努力的方向。应明确学校与家庭对触法未成年人的引导和监督作用，积极促进触法未成年人在良性朋辈群体、法治教育以及行为规范教育过程中达到良好的自我教育效果。同时，政府应当起到统筹规划作用，改变之前责任主体不清晰、干预手段可操作性不强、法律界定不足、相关内

---

[1] Greenwood, P. (2008). Prevention and Intervention Programs for Juvenile Offenders. *The Future of Children*, 18 (2), p. 187.

容过时等一系列问题，专门矫治教育应当避免标签化效应，丰富和完善现有处置措施的矫治作用和教育目的。尤其是针对高危未成年人，如果不进行及时和有效的正确引导和心理干预，很容易再次走上违法犯罪的道路。

专门矫治教育需要检察机关、法院、司法机关、公安机关等部门之间做好统筹规划，相互配合，做好社会调查、心理测评、法律援助，妥善做好隐私保护、关爱帮教等工作。同时，做好与教育行政部门之间的协作，履行专门矫治教育指导委员会成员单位的职责，对触法未成年人进行有效教育。并与妇联、共青团、关工委等社会组织协作，推动建设未成年人管护教育基地，共同做好分类处遇，促进"保护、教育、管束"有机统一。① 如北京、上海、江苏、重庆等地区对尚不能予以刑事处罚的触法未成年人制定了相关的制度文件，整合学校、家庭、社区、政府、社会等力量，对刑罚之外的专门矫治教育采取干预措施。

目前，掌握触法未成年人情况最多的是学校和公安机关，信息的互通机制对矫治大有裨益。首先，应当加强行政与司法工作的有效衔接，学校与家庭的信息交换，针对触法未成年人的社会调查报告应当全面、客观，并且将这些从不同机构和部门收集而来的信息制作成书面材料，在内部信息网络上予以局部公开，方便责任主体和矫治主体对触法未成年人个体充分了解，对矫治进程和阶段性成果完全掌握。其次，帮教工作应当形成一个完整的体系，在矫治中对触法未成年人进行完整的社会人格调查和必要的心理辅导，社工定期进行帮教工作。除了学校和家庭的全力以赴以外，少不了社会力量的配套支持，而目前的配套资源既不规范也不发达，无法形成有效的规制合力，这也进一步要求各类矫治主体在明确各自职责基础上形成合力，相互协调将资源运用到最大化。

---

① 参见刘嫚：《最高检未检厅厅长回应：解决低龄犯罪需综合施策》，载《南方都市报》2020 年 5 月 26 日。

（六）中国法治思想指导下道德思维的提升

专门矫治教育制度框架下触法未成年人的价值评价应融入道德因素，这要求未成年人形成道德思维。应当说道德思维是责任伦理精神中不可或缺甚至是最深层次的，是决定一切社会现象的底色。本书从我国法治思想角度出发，以中国优秀传统文化与社会核心价值观为主要内容，指引未成年人构筑正确的世界观，形成符合社会规范评价的道德思维。

1. 中国优秀传统文化塑造健康人格。习近平总书记在 2015 年国际六一儿童节寄语全国各族未成年人，[①] 要做一个有品德、有知识和有责任感的人。[②] 因此，如何在矫治教育过程中提高未成年人的道德自律成为至关重要的问题。

在矫治过程中，注重"他治"与"自治"相互结合。"他治"是指通过外力带给未成年人强制性的约束，既包括通过一种外在的制约，如定期劳动、定时汇报总结等方式形成一种外在的约束力，也包括内心的敬畏法则，即"自治"。"自治"是未成年人的自我约束、自我管理和自我处治，通过认知矫治等方式触及精神领域，作为未成年人主体的自发性内省、认同和自决的方式生成和实现，具有内在属性，落实于法律和道德行为上，具体表现为自我约束、

---

① 习近平总书记指出："世界上最难的事情，就是怎样做人、怎样做一个好人。要做一个好人，就要有品德、有知识、有责任，要坚持品德为先。志向是人生的航标，一个人要做出一番成就，就要有自己的志向。一个人可以有很多志向，但人生最重要的志向应该同祖国和人民联系在一起，这是人们各种具体志向的底盘，也是人生的脊梁。幸福不是毛毛雨，幸福不是免费午餐，幸福不会从天而降。人世间的一切成就，一切幸福都源于劳动和创造。"

② 《美好生活属于你们 美丽的中国梦属于你们》，载《人民日报》2015年 6 月 2 日第 1 版。

自我管理和自我调节，具有基于责任及义务的多元性。[①] "自治"与"他治"之间存在差异互补的功能，这也为两者在专门矫治教育制度中的结合提供了必要的逻辑前提。两者之间存在互相依存和不可分割的关系，外部的约束力能够加快未成年人内部自省力的激发，最终在未成年人复归社会之前形成道德自律。所谓道德自律，是在不具有外在强制力的情况下，仍旧可以对法律法规有自觉遵守的自律性，能够自我践行道德规范，对规章制度形成良性的自我认同。在矫治教育过程中让未成年人形成道德自律改变其原有的道德思维逻辑，对其人格矫治和复归社会有着重要意义。自律即是将被动的法律法规所规定的必须如何做转换为未成年人主动的自愿这样做。将外在与被动的服从转换为主动的遵守，将外在的法规、制度、法律和道德约束转变为自己内在的良好的自主要求，内化成内在的应然道德法则。道德自律具有内控和自助的特征，是与他律具有对立性却又不可分割的概念，他律与自律存在过渡和转换的可能性。在实践层面，他律可以内化为未成年人的自律，将被动服从变成积极且主动的律己，将外在的约束内化为道德主体之自觉遵守，此过程为德治进程升华及逻辑递升。

专门矫治教育通过教育感化和道德践行的方式实现德行自觉，这种自发、自觉和自为融入未成年人的德行中，也是德治的最高境界。"德行"包含了德与行两层含义，即道德与行为。《说文解字》将"德"字解释为"外得于人，内得于己"。外得于人就是得到外人的赞同与肯定，内得于己就是指内心具备了善的品行。鉴于此，我国的"德"字不仅是内在美德的概念，也是一个外在意义上美行的观念。"自觉"是指未成年人通过矫治教育能够自我觉醒和觉悟，"从语义上而言，自觉即为察觉、觉悟与意识，是主体在有所认识的前提之下能够主动去实施或是自我觉察和感觉到。在哲学层

[①]　参见刘若谷：《引领与成长——低龄触法未成年人教育矫正研究》，人民出版社 2019 年版，第 197 页。

面，自觉即是自我的发现与外在创新的自我解放意识"。① 因此，德行自觉就是指未成年人通过不断提升和完善内心的德行修养，矫治和规范外在的行为表现，从而对道德的内心觉悟与认识，对道德规范实现认同，以及对外部行为的德行坚守与责任担当。在矫治教育过程中，未成年人应做到将道德规范内化于心和外化于行，具体表现为知行合一的自愿、内在、自觉和自为。

专门矫治教育首先是通过教育感化实现德行自律。《礼记·经解》中指出，"故礼之教化也微，其止邪也于未形"。感化教育是儒家德治的核心内容之一，也是基于道德伦理的感化。《周易·贲卦》中也指明教育感化在中国传统文化中的重要性，"观乎天文，以察时变。观乎人文，以化成天下"。孔子在总结西周周公思想理论的基础上，进一步建立了儒家的教育感化理论体系，包括德教化与礼乐教化。荀子更是将教化与礼乐、政治与德仪、风俗等相互密切联系在一起。汉代董仲舒将感化教育比作堤坝，突出了感化教育在预防犯罪与治理犯罪方面的重要性："夫万民之从利也，如水之走下，不以教化提防之，不能止也。是故教化立而奸邪皆止者，其堤防完也；教化废而奸邪出，刑罚不能胜者，其堤防坏也。"

可见，从古至今我国都极为重视感化教育，通过矫治教育使未成年人改变原本的错误思维逻辑，从歧路走上正轨是人格矫治的目标之一，更重要的是在矫治教育过程中让未成年人形成良好的行为习惯，这是矫治教育的出发点与落脚点。除了通过文化课程的教育、个别化认知矫治等方式之外，实践的感化教育是必经之路。行为习惯是在反复实践过程中形成的。中共中央、国务院《关于进一步加强和改进未成年人思想道德建设的若干意见》中就指出，

---

① 谭德礼：《道德自觉自信与公民幸福感的提升》，载《道德与文明》2013 年第 3 期，第 117 页。

要注重未成年人的思想道德建设。① 因此，在专门矫治教育制度模式设计过程中，应根据不同年龄段、不同文化层次的未成年人，精心设计和组织开展多元化和多样化的道德实践活动，道德实践活动的开展要注重思想内涵，明确道德要求，重视寓教于乐，在未成年人自觉参加的过程中使其思想感情得到全方位熏陶，精神世界也获得充实，最终实现道德境界升华的目标。

2. 社会主义核心价值观塑造健康人格。将社会主义核心价值观作为矫治教育的导向和价值基础，能够转变矫治过程中效率为主和工具实利主义的问题，彻底改变矫治教育的价值功能的设定，围绕未成年人的健康成长推进矫治教育的价值建设。换言之，要实现专门矫治教育的最终目标，就必须理性辩证地认识矫治教育之于"何以为生"的功用性价值和"为何而生"的人文性、终极关怀价值之间的关系，就是要站在国家、民族和社会的高度思考矫治教育和未成年人的成长，把矫治的价值理念和追求以及对未成年人的终极关怀设定在未成年人的健康和幸福地成长。② 以社会主义核心价值观为价值论基础和导向，实则是围绕未成年人健康和幸福成长的目标推进价值建设，旨在重塑矫治的本体论担当，这一努力是为了确立矫治未成年人人格的价值根基，创造一个让矫治教育回归本真的环境，为其提供坚实的基础，这也是将矫治教育的价值本位回归到未成年人实现人格矫治和顺利再社会化的关键性、重要性举措和路径。

在实践层面，推动社会主义核心价值观进入专门矫治教育各个

---

① 中共中央、国务院《关于进一步加强和改进未成年人思想道德建设的若干意见》中指出，未成年人思想道德建设要坚持知与行相统一的原则，既要重视课堂教育，更要注重实践教育、体验教育和养成教育，注重自觉实践、自主参与，引导未成年人在学习道德知识的同时，自觉遵守道德规范。

② 参见刘若谷：《引领与成长——低龄触法未成年人教育矫正研究》，人民出版社 2019 年版，第 175 页。

环节，在管理方面融入社会主义核心价值观的理念。在教育方面，将社会主义核心价值观编入教材，进课堂，最终能够进入未成年人的头脑中。通过将社会主义核心价值观与未成年人的人生观、价值观和道德观相融合，提升其幸福观至更高的道德境界，强调以社会主义核心价值观为导向，促进对人生意义和生命价值的深刻理解。同时，开拓培育和践行社会主义核心价值观融入矫治全过程的有效途径，开展未成年人幸福认知和幸福观教育，让未成年人认识到幸福不是空洞的说教或是概念，而是实实在在地出现在生活中。如让未成年人认识到助人为乐的幸福，从助人的行为中感受到快乐和幸福，再由这种幸福感推动对助人行为的道德美的认知升华，最终转化为一种以德行审美、人生价值为基点的幸福观的转型建构。坚持社会主义核心价值观的介入和固化具有极为重要的价值和意义，不断提升未成年人对人格矫治的认知和理解，突出其价值观念的转变，增强其在矫治过程中的幸福感知，都有利于矫治的价值本位顺利树立。

第二节　开放矫治：完善专门
矫治教育社会支持机制

费尔希·吉厄兰多和莫莉萍在 2005 年首次提出将社会支持理论适用于矫治领域。研究表明，社会支持越大，压力所导致越轨或犯罪的可能性就越小；社会支持越小，则压力导致越轨或犯罪的可能性就越大。同时，压力越大，社会支持对降低未成年人犯罪行为可能性的作用就越显著，女性在经历了某种压力但社会支持力度越大时，越轨或者犯罪的可能性也会随之降低。[①] 专门矫治教育除了能够使触法未成年人改过自新，改变原来错误的行为习惯与思维逻

---

① 参见崔海英：《人身危险性评估——以违法未成年人为样本》，法律出版社 2020 年版，第 124 页。

辑，最根本的目标是触法未成年人能够通过矫治实现复归社会。因此，应加大矫治工作与社会的互动性，从而达到同步发展的目标。

一、国外矫治教育社会支持机制的典型范例

我国很多地区已经建立观护基地等社会支持机制，为未成年人提供保护、帮助和教育，但囿于资源匮乏、标准欠缺，这些探索多缺乏普遍性与持续性。因此，应借鉴域外典型范例，完善我国社会支持机制。

（一）英国多机构合作策略理论与实践

目前，英国未成年人司法体系以 1998 年《犯罪与社会失序法》为蓝本建立，在该体系下，在国家层面成立了少年司法委员会，在地方层面成立了预防青少年犯罪小组。预防青少年犯罪小组和少年司法委员会都是在多机构合作理论指导下创建的，将社工、教育工作者、警察、卫生健康工作者等不同专业机构的力量汇集，共同致力于为未成年人谋求最大福祉，秉承"首先他们是孩子，其次才是犯罪人"的理念，改变了以往未成年人司法和未成年人司法支持服务体系。

多机构合作支持服务体系遵循犯罪矩形理论和多机构合作策略。左派现实主义犯罪学提出的犯罪矩形理论认为，任何犯罪事件都需要考虑四个方面的因素，包括警察、社会控制及其他机构、犯罪以及受害者。与传统犯罪学理论相比，犯罪矩形理论强调非正式的社会控制，认为除了正式由法律规定的社会控制机构——警察以外，其他非正式的社会控制机构在犯罪控制过程中发挥极为重要的作用。左派现实主义的多机构合作策略理论认为，为应对犯罪和社会失序问题需要加强司法机构和社会机构之间的合作。

在实践中，英国为应对未成年人越轨行为，以预防青少年犯罪小组和少年司法委员会为核心建立起未成年人司法支持服务的组织体系：中央政府建立的少年司法委员会负责统筹监管整个未成年人司法系统的运行，地方政府成立的预防青少年犯罪小组整合教育、

医疗、精神卫生、警察、法庭等资源，共同致力于矫治教育和预防未成年人犯罪。这两个机构的设置将政府和各个社会支持力量紧密而有逻辑地结合在一起。可见，建立一个统筹规划的部门对社会支持力量在专门矫治教育中的有效运行具有重要意义。可见，应在专门矫治教育机构内部设置专门部门对社会支持力量进行统筹规划。

（二）美国循证实践下的未成年人司法项目制

美国的联邦制政体决定了美国未成年人司法体制的分散和强烈的地方性色彩，这就导致美国不能实施社会支持机制。因此，为了保障政府购买社会支持制度的有效运行，加强政府的作用，美国从联邦层面通过立法的方式确立了未成年人司法和预防犯罪的联邦最低标准，从资金、机构、内容等方面建立配套体系，指导和帮助各州完善政府购买未成年人司法支持服务体系。

社会力量的支持在美国矫治触法未成年人过程中也得到了充分体现，1967 年在美国总统、法律执行委员会的建议下，设立了少年事务局（Youth Service Bureau），对每个社区的未成年人触法事务、资料及机构进行统筹。每一个社区都会设置少年事务所，由法院、学校、警局、社区以及其他相关机构组成，将可能实施触法行为的未成年人名单呈交少年事务局。到 1972 年，加利福尼亚州 10 个少年事务所共负责服务 5000 余名未成年人，每一个事务所的平均触法未成年人数量为 200-500 人，其中有的事务所服务人数甚至高达 1700 人。

美国未成年人司法社会支持服务主要是以政府购买社会服务的方式和项目为载体进行运作。到了 20 世纪后期，面对日益严重的未成年人犯罪问题，社会公众迫切希望加强政府在未成年人司法和预防犯罪方面的作用。2018 年美国国会签署了《未成年人司法改革法》，对《未成年人司法与预防犯罪法》进行了重新授权和实质性修改，加强了联邦对各州政府购买社会支持服务的指导和帮助。法案强调对未成年人的核心保护，要求各州遵循联邦关于保护未成年人的最低标准，倡导使用矫治教育的办法，支持以教育矫正为目的的循证做法，呼吁消除监禁危险并实现问责制。联邦对各州购买未成年人司法支持服务的支持和指导主要包括三个方面：一是制定联邦未成年人司法服务最低标准；二是在各个层面组建相关机构；三是确定联邦拨款资助项目类型。

为了防止无效的项目造成大量财物资源的浪费，进而威胁到整个未成年人司法体系的存在。循证实践①成为解决项目制难题的良药。循证实践是 21 世纪美国未成年人司法改革的主流方向，未成年人循证实践的主要特征是以数据为驱动，以研究为导向，它在未成年人司法研究者、管理者和实践之间搭建起桥梁，推动了世界范围内未成年人司法改革的浪潮。

二、我国专门矫治教育社会支持机制的宏观建构

2015 年最高人民检察院发布的《检察机关加强未成年人司法保护八项措施》第 8 项规定，推动建立未成年人司法借助社会专业力量的长效机制。大力支持青少年事务社会工作专业人才队伍建设工作，主动与青少年事务社会工作专业机构衔接，以政府购买服务等方式，将社会调查、合适成年人参与未成年人刑事诉讼、心理疏导、观护帮教、附条件不起诉监督考察等工作，交由专业社会力量承担，提高未成年人权益保护和犯罪预防的专业水平，逐步建立司法借助社会专业力量的长效机制。2018 年最高人民检察院《关于全面加强未成年人国家司法救助工作的意见》中也对未成年人的司法救助工作应当结合社会力量作出规定："各级检察机关要以高度的政治责任感，加强和完善对未成年人国家司法救助工作的领

---

① 循证实践的概念最初来源于医学领域，是指在某一个特定领域内，利用科学原则评估项目的有效性，发展最佳实践的过程。循证实践过程体现了科学、公平、效率的价值，对管理学、教育学、犯罪学等领域产生了深远的影响。在未成年人司法领域，循证实践是指通过严格评估并被证实有效的预防未成年人犯罪和减少未成年人再犯的项目、实践和政策。

导，精心组织、周密部署、抓好落实，努力形成各相关部门分工明确、衔接有序、紧密配合、协同推进的工作格局……总结推广经验……要加强宣传引导，展示典型案例和积极成效，努力创造全社会关注、关心和关爱未成年人国家司法救助工作的良好氛围。"

建构相对独立的矫治制度，完善专门矫治教育体系，更加需要社会力量的支持与辅助。如加拿大的矫治制度具有相对独立性，加拿大的矫治工作人员是自成一体的，不是警察或其他兼职工作人员，但是矫正机构和刑事司法的其他部门有着极为密切的沟通协作关系，共同建立完善的罪犯信息共享机制，矫治机构的心理咨询师和医生由专门的医疗卫生部门派驻和管理。总之，专门矫治教育制度在具有独立性的同时，也需与刑事司法部门保持紧密的合作关系。

一是建立全方位和多层次的社会帮教体系，以加强社会帮教的实效性和针对性。为了加大社会力量对矫治工作的支持，应广泛地接纳社会各界参与到矫治工作中，共同探索开发和建立半开放和开放管区，对矫治教育环境进行社会化模拟，管理制度的设计和运行应同时注重与社会接轨。使即便处于矫治模式下的未成年人仍旧与社会接轨，强化其社会角色意识和适应能力。同时，在矫治过程中为了使未成年人能够更好地复归社会，应当加强对其进行职业成长指导、自我评价指导和人生设计指导，为实现再社会化提供强有力的支撑。例如，通过与企业签订长期或定期的帮扶协议，企事业单位定期为未成年人提供法律咨询服务，认知矫治和生活帮扶等具有实效性的帮教活动。

二是加强对复归社会未成年人的跟踪辅导。这是建立在重新犯罪危险性评估的反馈机制前提之下的，对复归社会的未成年人进行跟踪矫治和帮助，不仅能够从中获得有效经验，而是对之后的矫治具有借鉴意义，同时也能够减少未成年人的再犯率。在跟踪辅助过程中，应注重对"无业可就、无家可归、无生活来源"的未成年人和具有重新犯罪可能性的未成年人再次矫治，定期组织开展归正人员重新犯罪、现实表现情况调查，为进一步提高矫治质量提供科学的依据。

三是拓宽矫治的平台和机构。通过与社会职业学校进行联合办学的方式，提高职业技术培训的层次。依托劳动部门考核发证，并通过举办矫治机构内的复归就业招聘会、建立归正人员的就业信息网络、向劳动力市场推荐等渠道，开辟归正人员复归社会就业市场化的新途径。

四是促进社会资本的最大化利用。在引导社会资本自身规范化发展的同时，国家需要引导社会资本进入正式的矫治机制当中，不断促进国家矫治力量和社会矫治力量之间互相配合，解决矫治机构因专业能力不足、矫治力量不足导致矫治效果不佳的境况。同时，在矫治过程中引入社会资本，应通过加强社会组织的立法，明确社会矫治力量参与到矫治中的条件、程序和范围等相关内容，实现社会资本利用的制度化、程序化和规范化。首先，加大专业司法社会工作人员的培养，通过从志愿者协会、心理咨询协会、高校师生中招募具有社会学、心理学和法学等知识背景的专业人员，建立一支专业的司法社工队伍，为工读学校、普通学校和社区等不断输送专业的司法工作人员，实现矫治教育的制度化、长效化和专业化。其次，政府通过大量购买社会服务资源来摆脱国家矫治资源不足的困境，这也可解决社会矫治机构自身资金匮乏的问题。最后，不断推进企业力量参与帮教工作的展开，政府通过激励性的措施加大与企业合作的力度，从而使无业可就的未成年人能够在矫治后有所安置。

第三节　公正矫治：实现专门矫治教育程序司法化

目前，无论是专门矫治教育的决定程序、执行程序还是结束程序都处于空白状态，甚至启动程序"评估+决定"也存在不合理之处，经专门教育指导委员会评估同意后，由教育行政部门和公安机关共同决定是否启动程序显然不适用于触法未成年人。一是触法行为侵犯了刑法法益，不应当由行政机关决定；二是专门矫治教育在一定意义上剥夺了未成年人人身自由，具有惩罚性。因此，应当将启动程序司法化。专门矫治教育司法化程序的完善不仅应当借鉴域外相关制度，同时也应当基于最有利于未成年人的原则。

一、国外矫治教育程序的司法化考察

对国外的决定程序进行考察，如罗马尼亚收容未成年人的机构为"再教育中心"，由内务部管理该中心。根据罗马尼亚1972年12月公布的第545号法令《关于将青少年犯收容于再教育中心实行教育的措施》的规定，进入再教育中心的人必须经由法院判决。在法院判决后，首先将未成年人交付具有鉴定与评估功能的再教育中心，这些机构在考察其兴趣和健康情况之后，为下一步的专业培训与方针制定进行准备。[①] 在美国进入具有矫治功能的训练学校关押同样需要经过法院判决，经过调查评估发现具有一定社会危险性、不适应在社区进行帮教的触法未成年人，年龄一般为14–18周岁，少数集中于12–13周岁。进入训练学校的未成年人的第一件事情同样是进行诊断和评估，以此确定对他们实施何种矫治计划。日本根据《少年法》规定，接收家庭裁判所解送来的未成年人，先对其进行调查，随后以审判或不审判的方式对案件的处理作出决定：对于性质恶劣的，决定移送检察官提出控诉；或将未成年人安置在儿童教护院，这是依据儿童福利法设置的机构。

国外一些国家的监督机制也较为完备，如法国未成年人帮扶与矫治监管机制为多学科成员会商管理机制，包含三类由不同部门层级的代表参加的会议，分别是多学科小组周会、监禁委员会、未成年人监督委员会。多学科小组周会设立的目的是根据未成年人的现

---

① 参见张桂荣、宋立卿：《违法犯罪未成年人矫治制度研究》，群众出版社2007年版，第22页。

实情况及时调整未成年人监狱的情况。参加周会的人员主要包括未成年人司法保护司的教育人员、监狱长、监狱的监管人员、社工、心理医生、精神病医生、体育教练、监狱安置和缓刑处的代表、其他参与管理的代表。以上人员与触法未成年人进行沟通，以此分析他们的状态、反应与行为。其中，未成年人司法保护司的教育人员还需要定期探视，通过向监狱监管人员了解未成年人的表现，有针对性地调整谈话内容。监禁委员会由检察官、法官、未成年人司法保护司、监狱领导机构、多学科小组的代表以及律师等组成，通常情况下每季度应召开一次会议，一年至少召开两次。监禁委员会会议主要负责制定当地监狱的方针，解决制度性问题，不涉及对未成年人犯罪状况的研究。监禁委员会是监狱、未成年人司法保护司、法院思考如何平衡三方关系的平台。未成年人监督委员会的成员主要由所有参加多学科小组的成员及负责监督的狱内及狱外成员组成。未成年人监督委员会主要对刑罚执行制度的调整提出意见。法官不出席会议，但是未成年人司法保护司必须定期向法官汇报未成年人的个人情况，便于法官对出狱或者刑罚执行制度的调整等作出决策，定期汇报最终也被纳入囚犯档案之中。

　　国外矫治措施都是尽可能地适用非机构化方式，更多以社会为基础进行矫治。因此，很多国家都设立了完备的社会监督机构。一些国家还建立了专门针对未成年人矫治的社会监督机构，负责未成年人的机构外矫治，如日本的保护观察所和地方更生保护委员会、美国的假释委员会、英国的缓刑局等。[①] 澳大利亚的青年事务办公室（OYA）为确保矫治之后未成年人的反应，青年事务部主席和服务于青年事务跨部门的委员会每月举行一次会议，检测和协调与未成年人矫治后有关的政府政策和方案。为保障未成年人在矫治之后获得就业机会，设立了一个 250 万美元的项目——促进再就业和

---

　　① 张桂荣、宋立卿：《违法犯罪未成年人矫治制度研究》，群众出版社 2007 年版，第 302 页。

社会融入干预项目（DIRE），旨在保障未成年人在矫治之后能够获得就业机会。该项目专注于为长期失业的复归社会的年轻人提供密集培训和求职援助，以社区为基础制定就业和培训方案，并密切关注和监督他们的社会化进程，该项目通过多种措施帮助弱势青年获得就业机会。①

二、基于最有利于未成年人原则的程序司法化

专门矫治教育制度的程序司法化必须坚持最有利于未成年人的原则，将保护未成年人放在首位。决定程序的公正性是保护未成年人权利原则的具体体现，保障决定程序公正的核心则是决定程序的司法化；监督制度是约束执行机关依法行使权利、保障和维护未成年人合法权益、规范专门矫治教育制度运行的主要途径，因此监督机制的司法化十分有必要。

（一）决定程序司法化

根据上述分析，目前专门矫治教育的决定程序存在不合理性，明确专门矫治教育的决定主体和程序是至关重要的一步。本书认为，公安机关发现未达到刑事责任年龄的未成年人触犯刑法符合专门矫治教育条件的，应当出具专门矫治教育意见书，移送人民检察院。对于公安机关移送的或在审查起诉过程中发现未达到刑事责任年龄的触法未成年人，如符合专门矫治教育条件的，人民检察院应当向人民法院提出矫治申请。人民法院在审理案件过程中，发现未达到刑事责任年龄的未成年人触犯刑法符合专门矫治教育条件的，可以作出专门矫治教育的决定。人民法院受理专门矫治教育申请时，应当通知被申请人的父母或者其他监护人、被害人及其近亲属或者被害一方委托的人员、所在学校、社会工作服务人员等到场和

---

① Halstead,B. ed. ,(1992). YOUTH CRIME PREVENTION. In:*Proceedings of a Policy Forum Held 28 and 29 August 1990*. Australian Institute of Criminology, p. 4.

参加案件的审理，由各方就认定事实、风险评估、适用法律等发表意见。被申请人没有委托诉讼代理人的，人民法院应当通知法律援助机构指派律师为其提供法律帮助。人民法院经审理，对于被申请人符合专门矫治教育条件的，应当在 20 日以内作出专门矫治教育的书面决定，确定专门矫治教育的期限，并说明专门矫治教育的理由。专门矫治教育的决定书副本应当送达该未成年人及其父母或者其他监护人。①

（二）强化监督机制

2020 年我国对未成年人保护法进行了修订，其中强调了政府责任，但是如何保护始终是一项难题，无论是前期的矫治教育工作还是后期的监督评估，始终离不开强调对保护主体的制约性手段，在依据权利内容划分的基础上再明确由谁来保护，对其责任主体应当进行有效的监督制约。预防未成年人犯罪法第 60 条规定了检察院应当行使检察监督权。② 同时，预防未成年人犯罪法第 50-53 条分别规定了检察院在教育、分别羁押制度、社会人格调查及心理测评制度、社会观护制度等方面检察机关在未成年人预防犯罪层面的监督职责。

监督机制是保障专门矫治教育程序司法化的关键。在监督过程中有三个问题值得优先关注：一是确定在矫治设施中最具成本效益的措施；二是衡量对触法行为采取更好或更及时的反应的效用；三是针对不同类型的触法行为提供机构化矫治教育和家庭矫治的适当组合。监督机制不仅能够保障专门矫治教育运行的有效性，更能在

① 孙谦主编：《中国未成年人司法制度研究》，中国检察出版社 2021 年版，第 127 页。

② 预防未成年人犯罪法第 60 条规定："人民检察院通过依法行使检察权，对未成年人重新犯罪预防工作等进行监督。"这也在法律层面明确了检察机关对于未成年人再次犯罪预防工作的法律监督地位，也与未成年人刑事法律制度进行了有效衔接。

机制运行过程中发现问题和总结经验，帮助研究人员开发模式，帮助决策者预测政策变化对司法和社会服务系统的各个组成部门可能产生的影响。能够衡量执法、机构化矫治、治疗或预防项目中支出的相对成本效益。还可以根据监督结果开展实验性研究，以完善处遇措施分类和风险评估系统，更好地识别不同触法行为类型对矫治反应的适合性。

同时，在以后的监督机制中应当进行随机设计，以测试对选定的触法未成年人的特殊处理是否具有任何可衡量的威慑作用。此外，监督人员需要批判性地检测这些项目目前的使用决策过程，特别是这些标准和之后触法行为的关系。添加综合处理组件以提高实施方案的效率。在监督过程中还应研究善后服务的附加效应。需要对职业生涯中更长的后续阶段进行监督研究。收集关于一般触法未成年人和高危未成年人的各种矫治程度的详细数据。监督中的研究都会为制定处遇机制作出贡献，触法行为在某种程度上独立于社会对该行为的反应。确定触法行为的原因和相关因素方面的投资，必须扩大到包括在监督中收集社会干预未成年人职业影响的数据，收集这些监督参与者在未成年人福利系统、未成年人保护服务、心理健康和其他社会项目中的经验数据。

在监督过程中通过设计实验来评估不同的矫治措施对不同类型未成年人的相对有效性，以及制定政策者、矫治工作人员与监督人员合作，并建立成功和失败的衡量标准。监督人员还需要与研究人员共同努力，制定统一的标准以评估不同类型处遇措施的效果。在监督模式中，客观评价必须成为专门矫治教育系统各个层面和机构运行的例行公事，必要的信息和数据系统应当整合到纠正程序中，以便对不同的程序和政策进行准确的比较。①

首先，专门矫治教育工作的开展离不开政府机关的监督管理，建立全国性的监督指导机构是矫治工作规范性、科学性、专业性的保障，该机构负责全国矫治工作方针、政策、规章的制定以及管理和指导。② 每个政府也有责任监督评估自己的项目，并证明继续为这些项目提供资金的合理性。③

提高政府监督系统的反应能力也是实现政府监督的重要组成部分。这为执法部门、监管部门、未成年人教养机构、社区矫治、家庭矫治等提供额外的转诊和处置资源。同时需要这些系统组件来增强它们的识别、处理、评估推荐和跟踪监督未成年人的能力。要求触法未成年人对他们的行为负责，降低他们发展成严重的、暴力的、长期的罪犯和未来的成年人罪犯的可能性。政府监督体系将负责控制长期和严重的触法未成年人，要求社区负责为未成年人提供社区预防和矫治资源。在监督运行过程中，实行适当的逐步制裁和提供发展所需的社区资源，减少培训学校对高额费用床位的需求。节省下来的运营这些设施的高额成本资金用于对社区项目和设施的投入。加强政府监督系统的责任，为非机构化矫治教育的触法未成年人在安全的社区环境中提供密集服务，或在未成年人培训学校等

---

① Krisberg, B. and Howell, J. C. （1998）. *Impact of the Juvenile Justice System and Prospects for Graduated Sanctions in a Comprehensive Strategy* (*From Serious and Violent Juvenile Offenders: Risk Factors and Successful Interventions*, P 346-366, 1998, *Rolf Loeber, David P. Farrington, eds. - See NCJ-171234*). United States, p. 365.

② 参见张桂荣、宋立卿：《违法犯罪未成年人矫治制度研究》，群众出版社 2007 年版，第 301 页。

③ Halstead, B. ed., （1992）. YOUTH CRIME PREVENTION. In: *Proceedings of a Policy Forum Held 28 and 29 August 1990.* Australian Institute of Criminology, p. 5.

场所接受长期的矫治教育。①

其次，完善我国专门矫治教育运行的社会监督。从本质上看，犯罪是一项具有复杂性的社会现象，作为应对机制的专门矫治教育也不能是封闭式的自我运作，而是应当加强与其他社会机制之间的互相补充和协作。但应注意专门矫治教育社会参与和一般意义上的社会参与存在很大区别。从传统意义上来说，社会参与是指由国家司法权以外的社会力量介入诉讼中，使司法活动充分体现社会关系自由、秩序和公正等价值标准，避免国家司法权的专断。② 换言之，传统意义上的社会参与原则的目标在于确保社会公众能够参与到司法活动之中，公众同样为积极参与诉讼活动的主体，整个诉讼过程成为一个在公众参与下进行的民主性程序。③ 但在专门矫治教育制度体系中强调社会参与原则，并不是为了传统意义上的公众参与司法，而是公众和社会组织在矫治各个环节为未成年人提供教育和辅助，其根本目的是完成人格矫治（图35）。从未成年人主体的特殊性角度出发，社会参与原则对专门矫治教育具有积极作用：一是能够更好地维护未成年人各项合法权益。未成年人的身心尚处于发展阶段，在社会认知能力和认知水平上都存在一定的欠缺。积极吸纳社会力量，加大专门矫治教育社会力量的支持，为未成年人提供一系列的法律帮助、心理辅导、技能培训，有利于制定矫治方案。二是有助于维系社会与未成年人的正常联系，减少机构化矫治

---

① Krisberg, B. and Howell, J. C.（1998）. *Impact of the Juvenile Justice System and Prospects for Graduated Sanctions in a Comprehensive Strategy（From Serious and Violent Juvenile Offenders：Risk Factors and Successful Interventions*, P 346-366, 1998, *Rolf Loeber, David P. Farrington, eds. - See NCJ-171234*）. United States, p. 363-364.

② 参见王贞会：《未成年人社会调查制度再认识》，载《青少年犯罪问题》2014年第6期，第8页。

③ 宋英辉：《刑事诉讼原理导读》，中国检察出版社2008年版，第128页。

对未成年人造成的消极影响。如果将未成年人完全置于以国家权力运作为主导地位的机制体系中，参与相对封闭性的矫治，与未成年人对社会具有较强的依赖性，不能缺少来自学校、家庭和社会各界的教育和关心支持的特征相违背。引入社会参与到专门矫治教育制度体系中，能够保障未成年人在一定范围内与社会接触，杜绝封闭性矫治的不利影响。

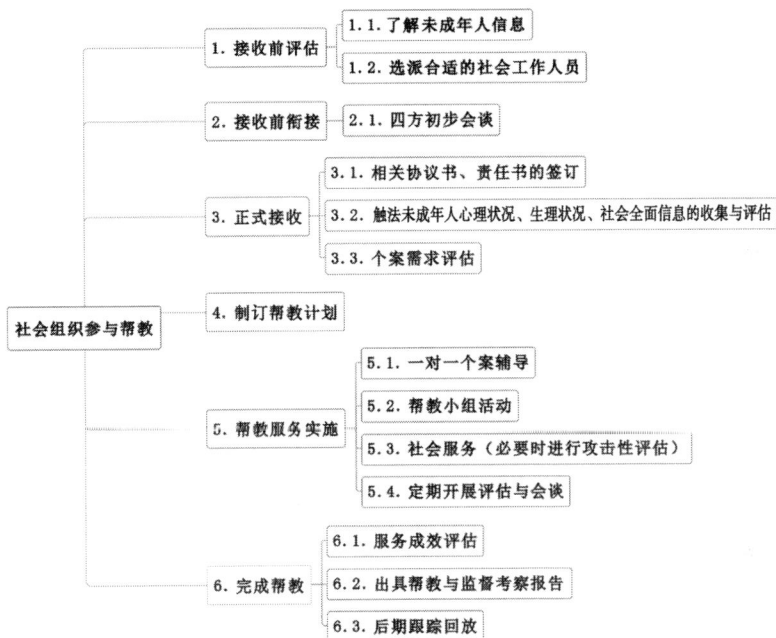

图 35　社会组织参与帮教

第四节 有效矫治：完善专门矫治教育执行机制

目前，我国的专门矫治教育主要还是融合在刑罚执行的过程中，尚未形成系统性的专门矫治教育体系，这也进一步推动了《刑法修正案（十一）》将"收容教养"转换为"专门矫治教育"，完善执行机制的目的是加快矫治教育自成体系。

一、域外矫治教育执行制度考察

由于不同国家或地区自身情况、文化与传统的差异，矫治制度不尽相同，执行制度也有所不同。参考域外执行制度对我国完善专门矫治教育制度大有裨益。

（一）执行场所

英国的矫治教育机构为少年教养院和博斯腾感化院。19世纪，少年教养院是为无家可归的贫困和违法的未成年人建立的早期教养工业学校的派生机构。送入少年教养院的未成年人必须在10周岁以上，且必须由法院决定。[1] 1908年，英国少年法将少年教养院划归为内政部的一个专门部门管辖。少年教养院着重训练正常的社会生活。少年教养人员在少年教养院的教养期限不固定，但未经内务大臣同意，任何人不能在前6个月内释放，教养最长期限为3年。博斯腾感化院是为被判处刑罚的未成年人设置的机构，[2] 该感化院接受训练的时间最短为6个月，最长为2年。

日本的未成年人矫治机构为少年院和少年教养院。少年院是收容家庭裁判所解送的受保护处分者的设施，是对违法犯罪以及不良

---

[1] 参见张桂荣、宋立卿：《违法犯罪未成年人矫治制度研究》，群众出版社2007年版，第259页。

[2] 参见张桂荣、宋立卿：《违法犯罪未成年人矫治制度研究》，群众出版社2007年版，第259页。

少年进行矫治的设施。少年教养院是收容违法犯罪未成年人或有违法犯罪之虞的未成年人的设施。[①] 日本刑事设施内的机构具有全国统一性，一般设置有总务部、处遇部、教育部、医务部、分类审议室、刑事设施视察委员会，以及为关押外籍犯另外设置的国际对策室。其中，总务部承担会计课、庶务课、用度课；处遇部主要由首席矫治处遇官担当处遇和作业；教育部由首席矫治处遇官担当教育；医务部承担保健课和医疗课；刑事设施视察委员会是《刑事收容设施及被收容者处遇法》新增加的一个机构，该机构由法务大臣任命 10 位品格高尚且对改善刑事设施运营有热情的人员组成，并根据对刑事设施的视察和与被收容者的面谈掌握刑事设施的运营状况，对刑事设施长提出意见，期待刑事设施运营的透明化，在改善刑事设施的运营状况方面谋求与地方之间的合作。[②]

　　加拿大的矫治机构的设置具有"严而不厉"的特征，主要体现为矫治机构在建筑结构上不设置高墙大院，有的甚至坐落于繁华的马路边，与普通居民建筑融为一体，也没有明显的安防系统。在管理模式上没有部队的驻守，甚至只有一道安检门。但这并不意味着对接受矫治人员无限制的宽松，甚至在深入了解之后发现加拿大的矫治机构和矫治管理十分规范，不仅注重程序，做到人人平等，而且整个管理系统权责分明，互相之间不越权、不越位。在信息公开和信息管理方面更是做到了零敏感领域，除了个人隐私之外，几乎所有信息都做到了公开透明。此外，加拿大在矫治场所设置方面也非常重视实用性和科学性，如河北沙河审前中心共分为四个相对独立的单元，运用电子监控设备、全景式监舍布局等，一名安全员

---

　　① 参见张桂荣、宋立卿：《违法犯罪未成年人矫治制度研究》，群众出版社 2007 年版，第 266-268 页。

　　② 参见李朝霞主编：《国外矫正制度》，中国政法大学出版社 2020 年版，第 312 页。

实现对整个单元的监控。① 通过这种全景式的监管方式，能够密切关注未成年人的矫治状态，尤其是对处于青春期的未成年人而言，在封闭的矫治环境中由于自身辨别能力和意志力较弱，容易因为交叉感染存在暴力性冲动的风险，密切关注未成年人的矫治情况，对未成年人的矫治状态做个别化分析，也为累进制在专门矫治教育制度中的适用提供了基础。

（二）管理机制

在矫治教育管理机制方面，可以从澳门法律法规中探寻机构设置的脉络，对我国内地机构的合理设置具有启发与借鉴意义。设置机构内部部门对专门矫治教育统领、布局和具体实施进行负责。

由预防未成年人犯罪法第 45 条规定可见，② 就专门矫治教育的参与主体，法律并没有作出明确规定。确定专门性决定、管理以及后期辅助等机构，防止各个部门之间互相推诿责任，也能够很好地确保专门矫治教育在系统化、体系化以及规范化的前提之下落实。如澳门法令《违法青少年教育监管制度》以保护触法未成年人为核心，在设计矫治教育制度过程中分别针对司法程序和非司法程序做了两套处理模式，分别是司法模式和非司法模式。增加的警方警戒、复和会议等新的方式，使参与违法未成年人教育监管活动的主体从司法局扩大到治安警察局、社会重返厅、未成年人感化院、教育暨青年局，并特别强调社会力量及其他辅助服务力量的参与和支持。尽管澳门法令针对的是违法未成年人，但是其程序处理

---

① 参见姚建龙：《矫正学的视界——从监狱学到矫正学的理论尝试》，中国政法大学出版社 2019 年版，第 207-208 页。

② 预防未成年人犯罪法第 45 条后两款规定："省级人民政府应当结合本地的实际情况，至少确定一所专门学校按照分校区、分班级等方式设置专门场所，对前款规定的未成年人进行专门矫治教育。前款规定的专门场所实行闭环管理，公安机关、司法行政部门负责未成年人的矫治工作，教育行政部门承担未成年人的教育工作。"

模式也值得我国内地改善后适用于专门矫治教育制度领域。

在未成年人教育监管制度中，澳门司法机关有权决定或者主持除警方警戒之外的其他所有措施，要求公众及私人实体、未成年人父母或者其他监护人或者实际照顾未成年人的实体作出相关解释。虽然根据法律规定初级法院体系都设置了家庭及未成年人法庭，但直至 2013 年 10 月该法庭才真正成立，家庭及未成年人法庭成立之后运行良好。检察院系统内并未设置专门的未成年人检察机构，但有专责检察官负责跟进未成年人案件。[①] 依据法律规定，检察院作为教育监管程序的启动者、参与者以及监管者，[②] 对我国内地专门矫治教育的程序具有借鉴意义，应加大检察院的监管职责，在矫治教育公平公正的基础上保障未成年人的权益。

警方警戒是澳门法令中针对未成年人又一具有地方特色的制度措施。[③] 为了能够确保警戒的效力以及警戒人员的高素质，应成立专门警戒小组，如成立专责小组负责长期跟进、统筹与协调相关工作，包括与政府部门展开协调会议、制定内部工作指引、建立数据

---

① 参见赵琳琳：《澳门违法青少年教育监管制度述评》，载《青少年犯罪问题》2015 年第 5 期，第 52 页。

② 检察院的主要职权包括：一是有权发表意见，法官在作出任何决定前都需要听取检察院的意见；二是有权要求获得相关实体方面的解释，可要求公共及私人实体、未成年人父母或其他监护人以及实际照顾未成年人的实体提供协助和作出解释；三是有权监督警方警戒，如果未成年人及其父母以及监护人或者实际照顾未成年人的实体在警戒过程中反对参加社区支持计划，则治安警察局需将卷宗送交检察院；四是检察官有权在法官询问未成年人时在场；五是检察官有权检阅及发出意见书，待案件调查完成后须将卷宗送交检察院检阅。

③ 警方警戒具体是指治安警察局的专责小组在未成年人的父母或其他监护人或者实际照顾未成年人的实体面前，严肃地指出未成年人行为的不法性以及不正确之处，指出再次作出该行为可能产生的结果，告诫其所作出的行为必须符合法律法规及法律价值观，并鼓励其以适当和负责的方式融入社群生活中去。

库、安排人员培训等事宜。①

社会报告部门无疑是不可或缺的重要机构。社会报告由社会重返部门、社会调查部门或未成年人感化院撰写，用作辅助司法机关了解未成年人的人格、行为，以及了解社会、家庭背景、经济、教育等状况。据此设置未成年人感化院负责其事，这是负责执行法院所判处的收容措施的教育场所，该部门原本是法务局的下属部门，自2016年起与监狱合并组成"惩教管理局"，机构化措施旨在教育未成年人遵守法律及社会共同生活的最基本原则，使其以适当和负责的方式融入社群生活中。未成年人感化院主要设置以下几个机构：一是观察中心，该机构主要是对未成年人进行观察，或是在法院未能及时进行审判，但是又需要进行暂时安置的情况下，将未成年人置于观察中心，在观察中心中收容的期限最长不超过20天。二是教导中心，在教导中心接受监管的未成年人应该是首次接受机构矫治教育的触法未成年人，在教导中心被矫治的未成年人最长期限为3年，最短期限为1年，训练内容包括科学学习、规律性生活训练以及辅导教育等。三是教管训练中心，在教管训练中心接受训练的内容包括基础知识学习、职业培训、体能训练、辅导教育等。进入教管训练中心的未成年人一般是曾经接受过非机构化矫治措施，但长时间表现恶劣。进行机构化矫治的未成年人必须年满16周岁，并且是在感化院进行矫治过程中或者在矫治之后再次犯罪的未成年人。一般而言，在教管训练中心收容的期限为1-3年，但是如果具有严重犯罪行为的，则机构内矫治教育期限可延长至3-5年。

社会重返厅具有极为重要的作用，主要是对未成年人的社会重返方面负责。社会重返厅隶属于法务局，相当于内地在司法局下设置一个专门的机构对未成年人复归社会和适应社会工作进行统筹规

---

① 参见赵琳琳：《澳门违法青少年教育监督制度述评》，载《青少年犯罪问题》2015年第5期，第52页。

划和负责。该机构拥有以下权限：编制法律法规报告书，为法官提供判决参考；对具有偏差行为的未成年人进行人格鉴定和观察；向需要矫治的未成年人提供援助，创造条件帮助他们就业、就学、接受培训及融入社会；编制法律规定的各类报告书，包括计划书、定期报告和终期报告等；辅助司法机关正确执行刑罚及处分；建议并实施再教育与社会重返活动；在工作中与监狱及少年感化院协调。[①] 工作范畴主要包括协助司法机关执行各种非剥夺自由刑罚及措施；对处于机构矫治后期，即将重返社会的未成年人，帮助其做好重返社会之前的准备；对已经离开机构化矫治场所的未成年人，在后期教育跟进上也需要社会重返厅的介入。社会重返厅根据后期的调查报告对完成矫治的未成年人进行教育跟进，如评估显示有需要参加社区支持计划的未成年人，社会工作局将联同社区未成年人工作队向其提供服务，帮助接受训诫过的未成年人改过自新，遵纪守法，并且作出正确的引导以抵御不良朋辈的引诱。

专门矫治教育离不开社会力量的支持。社会支持力量应当提供不同类型的服务并持续跟进触法未成年人在矫治教育之后的表现，尽可能发挥社区教育的作用，防止触法未成年人再次出现触法行为。社会支持体系包括社区保护、家庭教育、社会福利等。其中，家庭教育起到至关重要的作用，应当在整个专门矫治教育体系中始终关注家庭教育与家庭责任，社区保护和教育强调社区参与和协助专门矫治教育的重要性，社区可以通过未成年人之家、社区未成年人服务队等为未成年人提供辅助性服务。

二、基于处遇个别化原则的执行机制完善

创新的理论需要实践来检验，为了保障未成年人人权，提升矫治效能，应当将矫治工作与互联网相结合，不断完善执行场所、管

---

① 参见卢玉泉：《预防青少年犯罪的对策》，载《行政（第14卷）》（澳门）2001年第1期，第84页。

理机制、管理机构、人员队伍，实现个别化与精准化矫治。

（一）建立专门矫治教育的执行场所

根据预防未成年人犯罪法规定，对未达到刑事责任年龄的未成年人应设置专门场所实行闭环管理，因此对未达到刑事责任年龄的未成年人应当实行封闭式管理。为了区别闭环管理和羁押措施，应当赋予专门学校学生与外界联系的权利，如每天给予学生一定的上网时间，用于和父母视频聊天、浏览网页等；又如每月给予学生一定的外出时间，用于外出和父母团聚等。此外，预防未成年人犯罪法规定国家应加强对专门学校的管理和建设，但关于专门学校建设和专门矫治教育的具体办法还未出台，目前专门学校面临着数量稀少、管理缺乏规范性等一系列问题，如目前江苏省仅有南京建宁中学一所专门学校，且尚未全面接收来自全省各地的高危未成年人，其职能定位远不能满足全省开展矫治教育工作的现实需求。导致本应当进入专门矫治教育机构的触法未成年人无处可矫治，仍被送回原本结构就不完整的家庭，在社会中游荡。

因此，应健全有关专门学校和专门教育的法律法规，增强教育矫治工作的法治化。通过完善专门学校教育的立法，界定专门学校教育的性质和职能边界，明确专门学校的规模设置、运行模式、考核机制、招生范围、入学程序、教育课程等内容，为专门学校教育的发展提供有力的法律保障，促进专门学校在法律框架内开展教育矫治工作。设置科学合理的专门学校教育体系和评价标准。省级以上人民政府可以设置专门矫治教育机构，或指定辖区内具备条件的一所或两所专门学校设置专门矫治教育部门，集中负责专门矫治教育。

为了积极改善现状，在专门矫治教育机构的建设上离不开政府的支持和帮助。江苏省人民检察院主动加强与省委政法委、教育等部门之间的沟通协调，推动出台《关于开展专门学校建设和专门教育工作的实施意见》，并指导各地认真落实文件要求。目前，南京市人民检察院已经与专门学校建立在校矫治帮教涉罪未成年人的长效机制，徐州市人民检察院正在稳步推进专门学校的新建工作。另外，机构矫治教育内容应结合未成年人自身特征，既要开展文化教育又要加强技术教育，对未成年人的文化教育应根据实际情况进行分类教育，采取与普通教育类似的分年级编班的方式，设置小学、初中、高中班级实施矫治教育，目前管教所使用的教材是经国务院教育行政部门审定的教材。① 在个别教育层面，管教所根据触法未成年人的心理特征、矫治表现、犯罪情况等制定具有针对性的矫治内容，实现矫治责任制。借鉴加拿大的成功经验，我国专门矫治教育在机构设置方面应该注重以下几点：一是强化矫治工作岗位职责，同时应当明晰各个岗位的职责；二是我国监管机构必须切实做到无差别的安检，对进出场所的人员均应按照程序进行安全检查；三是有步骤地向公众开放矫治场所，让人们充分了解未成年人矫治工作。同时，也能够让处于封闭场所进行矫治的未成年人与社会接轨，对其复归社会和再社会化有所帮助。②

除了机构矫治教育，我国还设立了非机构化矫治。在社区进行专门矫治教育过程中，首先应按照我国刑法、刑事诉讼法等相关法律法规的规定，加强监督管理；其次是采用多元化方式加强思想、社会公德、法律法规教育，引导其走向正确的道路；最后是帮助触法未成年人解决生活、心理、教育等各方面遇到的困难，帮助其走出困境，以利于其顺利适应社会生活。开放性的矫治场所对专门矫治教育工作人员和监管系统提出了更高的要求。

同时，确保资金充足是专门矫治教育制度得以发展的重要保障。例如，卢森堡教养制度就是教养机构与财政部门完全脱钩，这就使少年法院在办理案件时不必考虑经费问题，因为卢森堡家庭部

---

① 参见张桂荣、宋立卿主编：《违法犯罪未成年人矫治制度研究》，群众出版社 2007 年版，第 178 页。

② 参见姚建龙：《加拿大矫正制度的特色与借鉴》，载《法学杂志》2013 年第 2 期，第 46 页。

有义务向法院科处的教养措施给予经费保障。① 这为我国专门矫治教育资金来源提供了借鉴，即专门矫治教育机构与财政部门可以处于脱钩的状态。

（二）完善以"互联网+"为核心的配套设施

"互联网+"矫治模式能够提高矫治效率，节约司法执行成本。利用大数据、区块链等现代新型信息科技，整合数据信息资源，提高管理效率。网络能够构建信息数据库，建构制度运行的监督与考核机制。根据实践数据，我国目前数据利用率不足 30%，数据的开发利用具有很大潜力。同时，网络也能够帮助矫治教育工作人员实现人格矫治目标：尤其是应当注重技术手段在矫治教育方面的运用，如江苏省监狱管理局专题研究成果《矫治技术原理》将矫治教育技术概括为九个方面：分类与处遇技术、管理技术、矫治教育技术、劳动矫治技术、心理矫治技术、临床治疗与康复技术、个体矫治技术、矫治质量评估技术、矫治的信息化技术。② 如通过环境影响技术，从行刑场所的整体布局与设施功能到监区文化的建设与环境布置，细化到建筑的每一个细节、色彩搭配等方面，从而增强矫治教育的效果。运用互联网同样能够将矫治教育与管控有机集合，建立数字化的监督考察评估体系（见图 36）。可见，正确的矫治技术对提高矫治教育的科学性具有指导性意义，值得被纳入专门矫治教育处遇机制设计中推广运行。

---

① 参见高莹：《矫治理念与教养制度变革》，群众出版社 2005 年版，第 83 页。

② 参见于爱荣等：《矫正技术原理》，法律出版社 2007 年版，第 97 页。

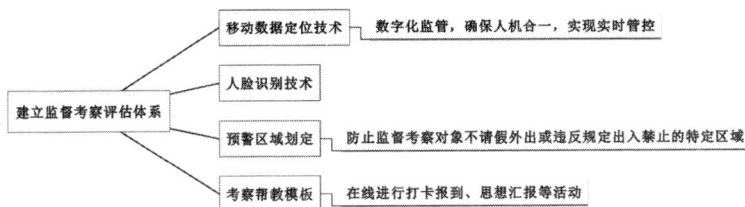

图 36　建立数字化监督考察评估体系

（三）健全专门矫治教育的管理机制

预防未成年人犯罪法对专门学校和专门教育制度的整体框架予以明确，检察机关作为专门教育指导委员会的组成单位，负责"研究确定专门学校教学、管理等相关工作"。可见，法律规定政府层面由检察机关作为专门矫治教育指导委员会的重要组成单位，负责上层政策制定和整体工作规划协调。但是就如何指导监督、设置哪些机构负责专门矫治教育，以及财务来源等问题都没有作出明确规定，这也导致专门矫治教育制度有可能与收容教养制度殊途同归，成为一项流于纸面而无法在未成年人司法中起到中流砥柱作用的制度。

为了使专门矫治教育能够达到较高水平，必须在一个全面的框架内将连续的方案选择与逐步实施措施相结合。在分级分类矫治系统中，触法未成年人实施何种措施由专门矫治教育机构根据法律法规决定，指导制度运行的法律法规必须规定对特定行为的制裁和风险评估工具，将触法未成年人按照不同的人身危险性进行分级，适用一组已知与累犯有统计关系的预先设定的量表项目，这些工具的设计是为了决定触法未成年人的处遇措施以及估计再次触法的可能性。①

　　根据预防未成年人犯罪法第 45 条、② 2013 年最高人民检察院发布的《人民检察院办理未成年人刑事案件的规定》第 8 条③已经对管理人员的专业性提出要求，但从全国范围而言，目前存在矫治教育社工队伍严重缺乏、帮教社会化体系建设推进难度大等问题，现有的一些矫治教育工作队伍专业化也不高，缺乏法学、心理学、教育学等方面的知识储备和专业技能，对如何开展具有针对性和精准化的分层分类矫治教育缺乏专业性培训。非机构性和社区性的处遇措施能否取得实质性效果，关键在于专业化的管理机构和工作队伍，同时需要引入专业化的社工组织和社会工作者协助矫治教育工作者开展工作。在此，可以借鉴日本的做法，④ 在法律层面规定专门矫治教育人员的专业性和专职性。

---

　　① Krisberg, B. and Howell, J. C. (1998). *Impact of the Juvenile Justice System and Prospects for Graduated Sanctions in a Comprehensive Strategy (From Serious and Violent Juvenile Offenders: Risk Factors and Successful Interventions*, P 346-366, 1998, *Rolf Loeber, David P. Farrington, eds. – See NCJ-171234)*. United States, p. 358.

　　② 预防未成年人犯罪法第 45 条第 3 款规定，专门教育场所实行闭环管理，即司法行政部门和公安机关负责未成年人的矫治工作，教育行政部门承担未成年人的教育工作。

　　③ 《人民检察院办理未成年人刑事案件的规定》第 8 条第 2 款规定："各级人民检察院应当选任经过专门培训，熟悉未成年人身心特点，具有犯罪学、社会学、心理学、教育学等方面知识的检察人员承办未成年人刑事案件，并加强对办案人员的培训和指导。"

　　④ 日本《刑事收容设施及被收容者处遇法》规定，职员除了从事被收容者处遇的刑务官员以外，还有从事刑务劳动指导的作业专门官，从事教科指导和事务改善指导的教育专门官，从事受刑者资质及其环境调查的调查专门官，从事医师、护师、药剂师、一般行政事务的事务官。

（四）科学设置专门矫治教育管理机构

专门矫治教育涉及多个管理部门，并没有一个独立的管理机构统筹未成年人矫治工作，并且目前各项矫治工作都处于附属于成年人矫治管理机构的状态，这与未成年人矫治独立化的理念明显相悖。① 根据澳门的成功经验，我国内地在专门矫治教育机构设置过程中应当从科学性、合理性、全面性等角度出发。

我国现在的矫治机构存在规范性不足等缺陷，科学地设置专门矫治教育机构能够提升最终的矫治效果。应加强对专门矫治教育学校的探索，改良工读学校、少管所等备受争议的管教办法，积极探索统一的集教育、矫治、管理等功能于一体的专门性机构。虽然新修订的未成年人保护法明确规定县级以上人民政府应当明确相关内设机构或者专门人员，乡镇人民政府和街道办事处应当设立未成年人保护工作站。但在实践过程中仍旧存在矫治举步维艰等一系列问题，机构的设置和运营还需要在实践中不断完善，现阶段承担未成年人犯罪预防、矫治、法治宣传的机构众多，但机构之间缺少了明显的合作分工，出现了部分工作重合、部分工作无人负责的情况，众多机构之间也缺乏统筹协调的部门。

在我国专门矫治教育体系处遇机制的建构中，内部部门的设置对矫治工作的制定、落实、跟踪、统筹等都极为重要。越多元化的机构设置就意味着越精细的分工，对明确责任、协调配合等就越有益，对最终矫治工作的落实与效果也就越有利。之前收容教养关于矫治的法律规定只有寥寥数语，关于如何收容、收容的程序、后期如何对结束收容的未成年人进行辅助性帮助等问题都没有任何规定，这也是导致收容教养制度只存在于纸面的重要原因。专门矫治教育若要改变之前收容教养的局面，机构设置是出发点也是至关重要的部分，借鉴域外成功经验再结合我国国情，设定以下部门

---

① 参见张学超主编：《罪犯矫正学概论》，中国人民公安大学出版社2011年版，第279-293页。

（见图 37）。

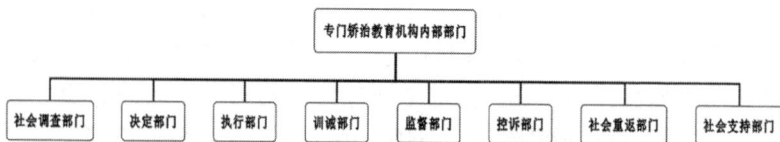

图 37　专门矫治教育机构内部部门

一是社会调查部门，主要负责对未成年人的家庭、学校、个人以及其他因素进行调查。

二是决定部门，社会调查部门获得的数据以及相关资料需要提交给决定部门共同商讨，最终制定个别化矫治方案。决定部门同样具有决定是否终止矫治的权力，专门矫治教育机构需按照规定在矫治期限结束时作出决定，根据未成年人在矫治期间的表现，如确实需要延长矫治期限的，应当就延长事由作出书面报告，并交由决定部门审查，最终以书面决定书的形式通知触法未成年人及其父母或者其他监护人等。同时，该部门就未成年人在矫治期间接受的技能培训等，有权向专门矫治教育机构申请获得证明其行为表现以及尚有的职业能力的声明书。

三是执行部门，负责按照决定部门作出的方案实施处遇措施，并对专门矫治教育对象在执行过程中的状况跟进记录。

四是训诫部门，训诫部门将实时跟进触法未成年人的矫治教育情况，在接受调查部门收集的资料与评估结果之后对未成年人进行有效训诫。除了在进行专门矫治教育之前进行训诫之外，如未成年人在整个矫治过程中出现触法行为，或在矫治之后再次实施触法行为，都应当受到训诫。该部门也是出于未成年人认知水平较低、控制能力较弱等因素的考量，对未成年人进行严厉的训斥能够达到使其认识到行为及思维错误的目标。并且在后期的矫治教育过程中，该部门应当负责长期跟进，直至未成年人能够完全适应社会为止。对未成年人及其家庭成员进行必要的训诫，指出未成年人所实施行为的危害性，使其认识到自己行为的错误以及带给被害人的痛苦。在经过被害人允许的情况下，可以在训诫过程中让被害人参与其中，这也是恢复式矫治教育理念在具体适用中的体现，可以通过沟通减少给被害人造成的心理压力与痛苦。另外，被害人在叙述自身痛苦的同时能够使触法未成年人在心理上形成愧疚感，能够让未成年人在专门矫治教育过程中主动配合工作人员，积极投入矫治中。

五是监督部门，主要对正在实行专门矫治教育的未成年人进行监管，无论是机构化或者非机构化矫治机构、学校、社会、家庭等接受专门矫治教育的，都应受到监督机构的监管。

六是控诉部门，无论家长还是其他监护人，抑或是照顾未成年人的实体等对专门矫治教育决定或在执行过程中有异议的，都可以向控诉部门提出意见。为了更好地保障机构化矫治的未成年人的权益，制度建构中应设置实现权利主张的专门部门。未成年人在矫治教育过程中有权随时向该部门就有关自身利益的事宜以书面形式作出投诉。该部门须在接到有关投诉之日起 15 日内进行调查决定，最终仍以书面的形式对投诉作出决定，并要求执行部门就触法未成年人的投诉作出相应的改进或调整。另外，由于机构化矫治限制了未成年人的人身自由，因此对其作出机构化矫治决定之后，未成年人、未成年人的父母或者其他监护人，或者实际照顾未成年人的实体就作出的决定可以向投诉部门申请，如果能够证明未成年人的人身危险性较小，或者父母或者其他监护人等递交的书面材料经审查确实具有矫治能力的，根据具体情况酌情可以进行半机构化矫治或者非机构化矫治。对未成年人和未成年人父母或者其他监护人递交的书面申请，决定机关需在 15 个工作日内进行审查并作出决定，在必要时应和未成年人、未成年人父母或者其他监护人等进行面谈。

七是社会重返部门，在专门矫治教育执行后半期以及结束专门矫治教育后都需要社会重返机构的介入，对未成年人进行必要的指导与帮助。

八是社会支持部门，该部门主要是联络、统筹、规划社会帮助力量，更好地将专门矫治教育与社会力量相结合。专门矫治教育的最终目标是使未成年人重返社会，在社会中找到自身的价值。因此，成立社会支持部门，并根据触法未成年人的家庭情况、所处年龄段、社区情况以及矫治后的评估报告，结合社区、家庭、学校等相关部门，在矫治后期为其重返社会提供相应的辅助教育。在重返社会后一定时间内，跟踪未成年人融入社会、学校的情况，当其遇到困难时及时提供必要的帮助。

总之，在专门矫治教育中设置机构要始终秉持将责任细分、相互督促协助等宗旨，确保触法未成年人通过专门矫治教育能够纠正其行为与人格，在完成矫治复归社会之后仍旧能够获得帮助与辅导。

（五）建立专门矫治教育队伍

菲利在面对矫治措施具体实施时提出了告诫，固然十分理想。但在现实层面，接受矫治的人数较多，但具有专业犯罪心理学和犯罪生物学知识的管理人员却处于匮乏的状态，这将导致理论与实践之间存在无法均衡的鸿沟。我国现在并未形成专门的矫治工作人员体系，换言之，矫治警务和公安警务之间并没有很大的区别。这就导致专门矫治教育甚至所有的矫治制度都无法成为一个独立的体系。我国应当专题研究矫治警务的特殊性，并根据国情建立一支具有中国特色、符合专门矫治教育工作特征自成一体的矫治工作队伍。专门矫治教育工作人员不仅应当具有法律专业知识，而且应该是具有不同背景的人员，并向社区成员伸出共同矫治之手，创造一种环境，在这种环境中，无论资格如何，只要对未成年人司法感兴趣，就可以成为专门矫治教育社会工作人员。①

---

① Burnett, R. and Appleton, C. (2004). Joined-Up Services to Tackle Youth Crime: A Case-Study in England. *British Journal of Criminology*, 44 (1), pp. 34-54.

　　矫治工作是一项系统性强、难度大、具有复杂性和科学性的工程，这对矫治队伍人员素质提出较高要求，只有一支具有科学知识和能力的队伍才能完成矫治教育的任务。此外，专门矫治教育制度建构设想要想成为现实，在一定程度上取决于公共服务部门是否接受解决触法未成年人问题的集体责任。应当将专门矫治教育内部机构和公共服务部门组成一个战略管理小组，最好由专门矫治教育机构负责人领导社会服务工作人员，负责成立并指导触法未成年人专门矫治教育工作，同意并安排企业的资金，并共同起草当地专门矫治教育计划。当聚集在一起处理触法未成年人专门矫治教育问题的地方管理人员遇到的困难属于"跨部门问题"，即超越与职能有关的传统部门界限的问题，如教育与卫生、未成年人犯罪、社会排斥、心理健康等问题都需要采取应对措施，最好是几个职能部门的工作人员能够联合行动。[①]

　　想要提高矫治教育的效果必须提高矫治的质量，优化专门矫治教育队伍的整体素质和知识结构，通过大力引进高层次专业人才、加大专业对口精度的培训力度、调整和加强对工作人员考录标准等方式建设一支专业化强、素质高的矫治队伍，为专门矫治教育提供充足的人力支撑和组织保障。同时，要加大专家型矫治队伍的建设，充分发挥专家型人才在专门矫治教育中中流砥柱和攻坚克难的示范性领头作用，设计科学合理的制度激发工作人员的积极性和自觉性，积极实践和改进矫治教育处遇机制，将机制的功效最大化。

　　[①]　Burnett, R. and Appleton, C. (2004). Joined-Up Services to Tackle Youth Crime: A Case-Study in England. *British Journal of Criminology*, 44 (1), pp. 42.

第五节　本章论要

　　本章对专门矫治教育制度的运行机制及其推进展开讨论，从专门矫治教育部门设置、人员配置、执行场所、矫治方式创新、教育生态结构改善、社会支持力量提升等各个方面提出建议。对触法未成年人而言，除了司法上给予充分关照之外，还要加强整个社会对他们的帮助、教育和保护。社会力量的参与可以保持触法未成年人与外界社会的必要联系，使他们始终处于一种相对开放的社会环境中，促使不法未成年人的司法保护与社会帮教有效衔接。本章从建构综合立体化矫治体系的全面矫治、完善社会支持机制的开放矫治、实现程序司法化的公正矫治以及完善执行机制的有效矫治几个层面深入分析，旨在建构一个符合未成年人身心发展的运行机制，提高矫治效率，实现人格矫治与复归社会的目标。

结　语

　　行文至此，笔者已经基本完成了对专门矫治教育制度的系统化研究，专门矫治教育制度的创新性建构具有重要意义，有利于推动制度的科学性、全面性、综合性发展，有利于理念的逻辑更新、矫治目标的实现和未成年人人权保障，有利于创新矫治路径。整个制度在"可塑性人格+触法行为—评价—处遇措施"相适应原则下运行，以期能够实现社会防卫与未成年人权益保护的双重目标，但仍有以下几个方面需要重申：一是"专门矫治教育"虽然是一项全新的制度，但在我国法治文化与制度中都有"专门矫治教育"的烙印。因此，制度的建构必须根植于我国传统法治文化，并与我国当前的法治环境相适应。二是本书将人格作为专门矫治教育的对象，是实现处遇个别化的前提，是尊重未成年人成长规律与保障未成年人人权的基础。将人格作为矫治对象，能够更加科学、系统和全面地实现矫治目标。三是理念逻辑更新和原则创制。本书以"行为人"为理念核心，以社会防卫为理念导向，提出了可塑性人格矫治理论、"可塑性人格+触法行为—评价—处遇措施"相适应原则、双向保护原则，以期能够指导实践。四是建构分级分类处遇措施，这是处遇个别化的具体体现。将科学和体系的理念贯彻其中，旨在建构一个符合未成年人成长规律、有助于未成年人建立责任价值观、有助于未成年人人格矫治、有助于未成年人复归社会的处遇机制。五是完善运行机制，面对目前法律法规匮乏的状态，专门矫治教育在实践中可能陷入无法可依的困境，科学、逻辑、先进的理念也无异于纸上谈兵，本书检视现有法律法规，从部门设置、人员配置、执行场所、矫治教育方式创新、综合立体化矫治体系建构、社会支持力量提升等方面进行研究，对其运行的各个层面提出建议。总之，专门矫治教育制度以未成年人为核心的理念，能够促进对未成年人的关怀。在矫治过程中，不仅仅应考虑未成年人的心理性和生理性，而且应考虑未成年人的社会性，这有利于社会防卫，也有利于人权保障。此外，书中的人格评估相对于"评价"还有相当的定性成分，通过人格测试、社会人格调查报告等方式了解未成年人人格状况，在遵循"可塑性人格+触法行为—评价—处遇措施"原则的前提下实现个别化矫治。

参考文献

一、著作类

1．蔡定剑：《宪法精解》，法律出版社 2004 年版。

2．蔡墩铭：《刑法总论》，三民书局 1998 年版。

3．卞文忠、王学全：《新编社会学》，东北林业大学出版社 2002 年版。

4．卞建林主编：《未成年人刑事司法程序》，中国检察出版社 2017 年版。

5．白焕然：《传统文化与罪犯改造》，新华出版社 2003 年版。

6．陈兴良主编：《刑法学》，复旦大学出版社 2016 年版。

7．陈兴良主编：《刑法总论精释》，人民法院出版社 2016 年版。

8．陈兴良：《刑法的知识转型：方法论》，中国人民大学出版社 2012 年版。

9．陈兴良：《刑法的人性基础》，中国方正出版社 1996 年版。

10．陈光中主编：《刑事诉讼法》，北京大学出版社、高等教育出版社 2016 年版。

11．陈卫东主编：《刑事诉讼法》，武汉大学出版社 2010 年版。

12．储槐植：《美国刑法》，北京大学出版社 1996 年版。

13．储槐植、江溯：《美国刑法（第四版）》，北京大学出版社 2012 年版。

14．蔡德辉、杨士隆主编：《青少年暴力行为原因、类型和对策》，台北五南图书出版公司 2002 年版。

15．张文、刘艳红、甘怡群：《人格刑法导论》，法律出版社 2004 年版。

16．翟中东：《刑法中的人格问题研究》，中国法制出版社 2003 年版。

17．陈仲庚、张雨新：《人格心理学》，辽宁人民出版社 1986 年版。

18．程味秋等：《联合国人权公约和刑事司法文献汇编》，中国法制出版社 2000 年版。

19．狄小华：《中国特色少年司法制度研究》，北京大学出版社 2017 年版。

20．戴相英：《未成年人犯罪与矫正研究》，浙江大学出版社 2012 年版。

21．段炼炼：《道德思维视角下青少年犯罪预防与矫正研究》，中国社会科学出版社 2019 年版。

22．樊凤林：《刑罚通论》，中国政法大学出版社 1994 年版。

23．高铭暄、马克昌主编：《刑法学（第七版）》，北京大学出版社 2016 年版。

24．高铭暄主编：《新编中国刑法学（上册）》，中国人民大学出版社 1998 年版。

25．高莹主编：《教育矫治手册》，法律出版社 2008 年版。

26．高莹：《矫治理念与教养制度变革》，群众出版社 2005 年版。

27．高文、徐斌艳、吴刚主编：《建构主义教育研究》，教育科学出版社 2008 年版。

28．高绍先：《中国刑法史精要》，法律出版社 2001 年版。

29．高汉声主编：《犯罪心理学》，南京大学出版社 1993 年版。

30．高中建主编：《当代青少年问题与对策研究》，中央编译出版社 2008 年版。

31．顾军主编：《未成年人犯罪的理论与司法实践》，法律出版社 2010 年版。

32．郭开元：《未成年人法制教育和不良行为矫治研究报告》，中国人民公安大学出版社 2013 年版。

33．韩啸：《意大利实证学派罪犯矫正理论研究》，中国法制出版社 2019 年版。

34．贾洛川：《中国未成年违法犯罪人员矫正制度研究》，中国人民公安大学出版社 2006 年版。

35．鞠青主编：《中国工读教育研究报告》，中国人民公安大学出版社 2007 年版。

36．康树华、刘灿璞等：《中外少年司法制度》，华东师范大学出版社 1991 年版。

37．李晓明：《刑法学总论》，北京大学出版社 2016 年版。

38．李晓明：《刑法学分论》，北京大学出版社 2016 年版。

39．李强：《社区矫正制度研究》，法律出版社 2007 年版。

40．李朝霞主编：《国外矫正制度》，中国政法大学出版社 2020 年版。

41．李川：《基于风险管控的社区矫正制度研究》，东南大学出版社 2017 年版。

42．罗大华主编：《犯罪心理学》，中国政法大学出版社 1997 年版。

43．龙宗智：《相对合理主义》，中国政法大学出版社 1999 年版。

44．路琦、席小华：《未成年人刑事案件社会人格调查理论与实务》，中国人民公安大学出版社 2012 年版。

45．卢琦：《中外少年司法制度研究》，中国检察出版社 2008 年版。

46．林珏雄：《刑事诉讼法》，元照出版有限公司 2013 年版。

47．刘若谷：《引领与成长——低龄触法未成年人教育矫正研究》，人民出版社 2019 年版。

48．刘作揖：《少年事件处理法》，三民书局 2012 年版。

49．刘旭东：《累犯制度研究》，中国政法大学出版社 2012 年版。

50．刘建宏：《犯罪矫治评估系统回顾研究》，人民出版社 2016 年版。

51．廖斌主编：《废除劳教制度后违法行为矫治体系研究》，中国政法大学出版社 2014 年版。

52．马克昌主编：《近代西方刑法学说史略》，中国检察出版社 1996 年版。

53．马克昌主编：《刑罚通论》，武汉大学出版社 1999 年版。

54．马克昌主编：《中国刑事政策学》，武汉大学出版社 1992 年版。

55．马立骥：《罪犯心理与矫正》，中国政法大学出版社 2020 年版。

56．苗有水：《保安处分与中国刑法发展》，中国方正出版社 2001 年版。

57．牛传勇：《少年司法论：传统土壤与近代萌生》，人民出版社 2017 年版。

58．邱兴隆、许章润：《刑罚学》，群众出版社 1988 年版。

59．瞿丰、陆才俊等：《未成年人犯罪研究》，中国人民公安大学出版社 2016 年版。

60．司绍寒：《社区矫正程序问题研究》，法律出版社 2019 年版。

61．苏彩霞：《累犯制度比较研究》，中国人民公安大学出版社 2002 年版。

62．宋英辉、甄贞主编：《刑事诉讼法学》，中国人民大学出版社 2012 年版。

63．宋英辉：《刑事诉讼原理导读》，中国检察出版社 2008 年版。

64．史立梅：《未成年人刑事司法的社会支持机制研究》，中国政法大学出版社 2021 年版。

65．吴宗宪：《西方犯罪学》，法律出版社 2006 年版。

66．吴宗宪：《西方犯罪学史》，警官教育出版社 1997 年版。

67．吴宗宪：《监狱学导论》，法律出版社 2012 年版。

68．吴宗宪：《非监禁刑研究》，中国人民公安大学出版社 2002 年版。

69．吴旭：《超越惩罚与规训》，江苏人民出版社 2009 年版。

70．吴海航：《日本少年事件相关制度研究：兼与中国的制度比较》，中国政法大学出版社 2011 年版。

71．吴鹏飞：《中国儿童福利立法研究》，知识产权出版社 2020 年版。

72．温小洁：《我国未成年人刑事案件诉讼程序研究》，中国人民公安大学出版社 2003 年版。

73．王泰：《现代监狱制度》，法律出版社 2003 年版。

74．王泰：《现代世界监狱》，中国人民公安大学出版社 1998 年版。

75．王立军：《预防犯罪与矫正罪犯——基于中华优秀传统文化的传承与发展》，法律出版社 2019 年版。

76．王威宇：《罪犯心理矫正》，中国政法大学出版社 2017 年版。

77．王贞会：《涉罪未成年人司法处遇与权力保护研究》，中国人民公安大学出版社 2019 年版。

78．徐建主编：《青少年法学新视野——近 20 年华政青少年犯罪研究成果（上册）》，中国人民公安大学出版社 2005 年版。

79．夏宗素：《劳动教养制度改革问题研究》，法律出版社

2001 年版。

80．许崇德、张正钊主编：《人权思想与人权立法》，中国人民大学出版社 1992 年版。

81．谢振民：《中华民国立法史》，中国政法大学出版社 2000 年版。

82．谢望原主编：《台、港、澳刑法与大陆刑法比较研究》，中国人民公安大学出版社 1998 年版。

83．席小华、张洁：《赦罪未成年人社会人格调查实务指南》，中国人民公安大学出版社 2012 年版。

84．杨新慧：《刑事新派理论与少年法》，知识产权出版社 2019 年版。

85．杨春洗等主编：《刑事法学大辞典》，南京大学出版社 1990 年版。

86．杨伯峻：《春秋左传注》，中华书局 1981 年版。

87．杨飞雪：《未成年人司法制度探索研究》，法律出版社 2014 年版。

88．姚建龙：《长大成人：少年司法制度的建构》，中国人民公安大学出版社 2003 年版。

89．姚建龙：《少年刑法与刑法变革》，中国人民公安大学出版社 2005 年版。

90．姚建龙：《矫正学的视界——从监狱学到矫正学的理论尝试》，中国政法大学出版社 2019 年版。

91．叶希善：《犯罪分层——以刑事政策和刑事立法意义为视角》，中国人民公安大学出版社 2008 年版。

92．严从根：《在正当与有效之间——社会转型期的道德教育》，南京师范大学出版社 2011 年版。

93．尹琳：《日本少年法研究》，中国人民公安大学出版社 2005 年版。

94．于爱荣等：《矫正技术原理》，法律出版社 2007 年版。

95．于国旦：《少年司法制度理论与实务》，中国人民公安大学出版社 2012 年版。

96．张明楷：《犯罪构成体系与构成要件要素》，北京大学出版社 2010 年版。

97．赵秉志、张远煌主编：《未成年人犯罪专题整理》，中国人民公安大学出版社 2010 年版。

98．赵国玲主编：《未成年人司法制度改革研究》，北京大学出版社 2011 年版。

99．张桂荣、宋立卿：《违法犯罪未成年人矫治制度研究》，群众出版社 2007 年版。

100．张远煌主编：《犯罪学》，中国人民大学出版社 2015 年版。

101．张学超主编：《罪犯矫正学概论》，中国人民公安大学出版社 2011 年版。

102．张华葆：《少年犯罪预防及矫治》，三民书局 1989 年版。

103．朱胜群：《少年事件处理法新论》，三民书局 1976 年版。

104．周健宇：《社区矫正人员教育帮扶体系比较研究》，法律出版社 2020 年版。

105．中国劳改会编：《中国劳改学大辞典》，社会科学文献出版社 1993 年版。

106．中华人民共和国司法部编：《外国监狱资料选编》，群众出版社 1988 年版。

107．胡学相：《量刑的基本理论研究》，武汉大学出版社 1998 年版。

108．蔡汉贤、李明政：《社会福利新论》，松慧出版社 2004 年版。

109．陈泽宪：《行政处罚与羁押制度改革研究》，中国政法大学出版社 2016 年版。

110．陈泽宪：《刑事法前沿（第 1 卷）》，中国人民公安大学出版社 2004 年版。

111．崔海英：《人身危险性评估——以违法未成年人为样本》，法律出版社 2020 年版。

112．桑标：《儿童发展心理学》，高等教育出版社 2009 年版。

113．乐国安：《法制心理学》，华东师范大学出版社 2003 年版。

114．王太宁：《人格与犯罪》，中国政法大学出版社 2016 年版。

115．刘建清：《犯罪动机与人格》，中国政法大学出版社 2009 年版。

116．郭永玉：《人格研究》，华东师范大学出版社 2019 年版。

117．郑雪主编：《人格心理学（第二版）》，暨南大学出版社 2017 年版。

118．丁道源：《中外观护制度之比较研究》，煜台公司中华印刷社 1983 年版。

119．陈士涵：《人格改造论》，学林出版社 2012 年版。

120．陈仲庚、甘怡群：《人格心理学概要》，时代文化出版公司 1993 年版。

121．孟昭兰：《普通心理学》，北京大学出版社 1997 年版。

122．罗大华：《法治心理学词典》，群众出版社 1989 年版。

123．李秀林等主编：《辩证唯物主义和历史唯物主义原理》，中国人民大学出版社 1984 年版。

124．谷传华等：《人格研究方法》，上海教育出版社 2021 年版。

125．黄兴瑞：《人身危险性的评估和控制》，群众出版社 2004 年版。

126．梁慧星主编：《为权利而斗争》，中国法制出版社 2000 年版。

127．罗国杰主编：《论理学》，人民出版社 1990 年版。

128．马克昌主编：《近代西方刑法学史》，中国人民公安大学出版社 2016 年版。

129．徐久生：《德国刑法典》，北京大学出版社 2019 年版。

130．袁林主编：《未成年人严重不良行为矫治机制研究》，法律出版社 2017 年版。

131．费宇主编：《刑法学（第三版）》，中国政法大学出版社 2017 年版。

132．林东茂：《刑法综览》，中国人民大学出版社 2009 年版。

133．黎宏：《刑法学（第二版）》，法律出版社 2016 年版。

134．刘宪权主编：《中国刑法理论前沿问题研究》，人民出版社 2005 年版。

135．储槐植：《刑事一体化与关系刑法论》，北京大学出版社 1997 年版。

136．郭永玉主编：《人格研究方法（上）》，上海教育出版社 2021 年版。

137．王娜、计时俊、赵运锋主编：《青少年犯罪与司法问题研究》，中国法制出版社 2017 年版。

138．赵俊：《少年刑法比较总论》，法律出版社 2012 年版。

139．张文：《刑事责任要义》，北京大学出版社 1997 年版。

140．黄希庭：《人格心理学》，台湾东华书局 1998 年版。

141．周光权：《刑法学的向度》，中国政法大学出版社 2004 年版。

142．林崇德：《品德发展心理学》，上海教育出版社 1990 年版。

143．张利兆主编：《未成年人犯罪刑事政策研究》，中国检察出版社 2006 年版。

144．陈忠林：《意大利刑法纲要》，中国人民大学出版社 1999 年版。

145．李玫瑾主编：《犯罪心理学》，中国人民公安大学出版社

2011 年版。

146．孙谦主编：《中国未成年人司法制度研究》，中国检察出版社 2021 年版。

147．金鉴主编：《监狱学总论》，法律出版社 1997 年版。

148．［古希腊］柏拉图：《理想国》，郭斌和、张竹明译，商务印书馆 1986 年版。

149．［美］罗尔斯：《正义论》，何怀宏等译，中国社会科学出版社 1988 年版。

150．［美］蒙西摩·马丁·李普赛特：《政治人——政治的社会基础》，张绍宗译，上海人民出版社 1997 年版。

151．［美］巴里·C. 菲尔德：《少年司法制度》，高维俭译，中国人民公安大学出版社 2011 年版。

152．［美］路得·特恩布尔等：《今日学校中的特殊教育》，方俊明译，华东师范大学出版社 2004 年版。

153．［美］特拉维斯·赫希：《少年犯罪原因探讨》，吴宗宪、程振强、吴艳兰译，中国国际广播出版社 1997 年版。

154．［美］克莱门斯·巴特勒斯：《矫正导论》，孙晓雳译，中国人民公安大学出版社 1991 年版。

155．［美］C. Bartol，A. Bartol：《犯罪心理学》，杨波译，中国轻工业出版社 2009 年版。

156．［美］富兰克林·E. 齐姆林：《美国少年司法》，高维俭译，中国人民公安大学出版社 2010 年版。

157．［美］玛格丽特·K. 罗森海姆、富兰克林·E. 齐姆林等主编：《少年司法的一个世纪》，高维俭译，商务印书馆 2008 年版。

158．［美］韦恩·莫里森：《理论犯罪学——从现代到后现代》，刘仁文、吴宗宪、徐雨衡、周振杰译，法律出版社 2004 年版。

159．［美］戴维·谢弗：《儿童品格的由来——社会性与人格发展（第6版）》，陈会昌译，中国邮电出版社 2021 年版。

160．［美］亚当·T.贝克：《人格障碍的认知行为疗法》，王建平、辛挺翔、朱雅雯译，人民邮电出版社 2018 年版。

161．［美］Richard M. Ryckman：《人格理论（第八版）》，高峰强等译，陕西师范大学出版社 2005 年版。

162．［意］切萨雷·龙勃罗梭：《犯罪人论》，黄风译，中国法制出版社 2000 年版。

163．［意］恩里科·菲利：《实证派犯罪学》，郭建安译，中国政法大学出版社 1987 年版。

164．［意］恩里科·菲利：《实证派犯罪学》，郭建安译，中国人民公安大学出版社 2004 年版。

165．［意］恩里科·菲利：《犯罪社会学》，郭建安译，中国人民公安大学出版社 1990 年版。

166．［意］恩里科·菲利：《犯罪社会学》，郭建安译，中国人民公安大学出版社 2004 年版。

167．［意］切萨雷·贝卡里亚：《论犯罪与刑罚》，黄风译，北京大学出版社 2008 年版。

168．［德］佛兰茨·冯·李斯特：《德国刑法教科书》，徐久生译，法律出版社 2000 年版。

169．［德］康德：《道德形而上学原理》，苗力田译，上海人民出版社 2005 年版。

170．［德］黑格尔等：《黑格尔通信百封》，上海人民出版社 1981 年版。

171．［法］米歇尔·福柯：《规训与惩罚》，刘北成等译，生活·读书·新知三联书店 2019 年版。

172．［法］莫里斯·迪韦尔热：《政治社会学—政治学要素》，杨祖功、王大东译，华夏出版社 1987 年版。

173．［英］格里·约翰斯通：《恢复性司法：理念、价值与争议》，郝方昉译，中国人民公安大学出版社 2011 年版。

174．［英］麦克·马奎尔、保罗·罗克等：《牛津犯罪学指南》，刘仁文、李瑞生等译，中国人民公安大学出版社 2012 年版。

175．［英］哈特：《惩罚与责任》，王勇等译，华夏出版社 1989 年版。

176．［英］培根：《培根论人生》，张毅译，上海人民出版社 2011 年版。

177．［日］菊田幸一：《犯罪学》，海沫等译，群众出版社 1989 年版。

178．［日］大塚仁：《刑法概说（总论）》，冯军译，中国人民大学出版社 2003 年版。

179．［日］中山研一：《刑法的基本思想》，姜伟、毕英达译，国际文化出版公司 1988 年版。

180．［日］小野清一郎：《新修订刑法讲义总论》，有斐阁 1948 年版。

181．［日］大谷实：《刑法总论》，黎宏译，法律出版社 2003 年版。

182．［日］森下忠：《犯罪者处遇》，白绿铉等译，中国纺织出版社 1994 年版。

183．［奥］阿尔弗雷德·阿德勒：《儿童的人格教育》，田颖萍译，海峡文艺出版社 2018 年版。

184．［奥］汉斯·格罗斯：《犯罪心理学》，夏洁等译，江苏凤凰文艺出版社 2019 年版。

185. Altschuler, Intermediate Sanctions and Community Treatment for Serious and Violent Juvenile Offenders, SAGE Publications, Inc. 1999.

186. Guerra, Serious and Violent Juvenile Offenders: Gaps in Knowledge and Research Priorities, SAGE Publications, Inc. , 1999.

187. United States, The state of youth at risk and the juvenile justice system: prevention and intervention: hearing before the Subcommittee on Juvenile Justice of the Committee on the Judiciary, United

States Senate, One Hundred Second Congress, second session, on support for state law enforcement efforts and for state juvenile justice systems, to help address the wave of violent crimes among youthful offenders, Atlanta, GA, October, 21, 1992, U.S.G.P.O.: For sale by the U.S.G.P.O., Supt. of Docs., Congressional Sales Office, 1993.

188. Chopra, PC X11 Windows Servers providing network access to UNIX graphics, Bureau of Mineral Resources, Geology & Geophysics, 1991.

189. Garland D., Punishment and Welfare—A Study in Social Theory Oxford: Clarendon Press, 1990.

190. Harlan A.T., Choosing Correctional Options That Work: Defining the Demand and Evaluating the Supply. Thousand Oaks: Publications, 1996.

191. Lewis D.O., Vulnerabilities to Delinquency. Lancaster: MTP Press, 1981.

192. Kleiman M., Ostrom B.J.&Cheesman F.L., Using Risk Assessment to Inform Sentencing Decisions for Nonviolent Offenders in Virginia Crime&Delinquency 2007.

193. Morris N. and Tonry M., Between Prison and Probation: Intermediate Punishment: Toward a Rational Sentencing System. Chicago: University of Chicago Press, 1990.

194. Whitehead P. and Statham R.,The History of Probation—Politics, Prower and Cultyral Change 1876—2005. Crayford: Shaw&Sons Limited,2006.

195. Cavadino M.&Dignan J., The Penal System. London: SAGE Publication, 1997.

196. Brownlee, I., Community Punishment: A Critical Introduction. Harlow: Addison Wesley Longman, 1978.

197. Burke, D. Australian Support NT Laws. Canberra: Govern-

ment of Australia，2000.

198．Champion D. J.，Measuring Offender Risk—A Criminal Justice Sourcebook. Connecticut：Greewood Press，1994.

199．Correctional Services Accreditation Panel，The Correctional Services Accreditation Panel Report 2009—2010. London：Ministry of Justice，2011.

200．Crow L.，The Treatment and Rehabilitation of Offenders. London：SAGE Publications 2001.

201．Salas—Wright，Trends in Fighting and Violence Among Adolescents in the United States，2002-2014，American Journal of Public Health，2017.

202．Webster，The Will to Change：Lessons from Canada's Successful Decarceration of Youth，Law & Society Review，2019.

203．Jason Payne1 and Don Weatherburn，Juvenile Reoffending：a ten—year retrospective cohort analysis，Australian Journal of Social Issues ，2015.

204．Mark KLipsey，Effective Intervention for Serious Juvenile Offenders，Serious and Violent Juvenile Offenders ：Risk Factors and Successful Interventions，SAGE Publications，1998.

205．Peter Greenwood，Prevention and Intervention Programs for Juvenile Offenders，The Future of Children，2008.

206．Barry Krisberg，The Impact of the Juvenile Justice System and Prospects for I Graduated Sanctions in a Comprehensive Strategy，SAGE Publications，1998.

207．Nancy G. Guerra，Serious and Violent Juvenile Offenders，SAGE Publications，1998.

二、论文类

1．陈兴良：《人格刑法学：以犯罪论体系为视角的分析》，载

《法学论坛》2009 年第 6 期。

2．陈伟、袁红玲：《我国触法未成年人处遇之审视与完善——以〈刑法〉第 17 条第 4 款为中心》，载《时代法学》2015 年第 6 期。

3．陈伟：《论人身危险性评估的体系构建》，载《中国人民公安大学学报》2011 年第 1 期。

4．陈颖、徐亚奇：《触法未成年人工读教育制度的反思与重构》，载《青少年犯罪问题》2020 年第 4 期。

5．陈敏男：《少年事件处理法之保护处分与刑法保安处分之比较研究》，台湾辅仁大学法律学研究所 2002 年硕士学位论文。

6．程捷：《日本少年矫治体系的历史嬗变及对我国的启示》，载《中国青年政治学院学报》2014 年第 2 期。

7．刘艳红：《人性民法与物性刑法的融合发展》，载《中国社会科学》2020 年第 4 期。

8．苑宁宁：《低龄未成年人收容教养制度改革研究——应对低龄未成年人严重暴力行为的视角》，载《预防青少年犯罪研究》2020 年第 5 期。

9．顾泠沄：《专门矫治教育的权利保障功能及其运行机制展开》，载《预防青少年犯罪研究》2021 年第 3 期。

10．关颖：《未成年人不良行为及其影响因素分析——基于全国未成年犯的调查》，载《青少年犯罪问题》2013 年第 2 期。

11．高冰：《未达刑事责任年龄未成年人刑事保护处分制度的构建》，载《人民检察》2016 年第 14 期。

12．郭大磊：《未成年人犯罪低龄化问题之应对——以"恶意补足年龄"规则为借鉴》，载《青年研究》2016 年第 6 期。

13．郭开元：《犯罪预防视阈中的专门学校教育改革和发展》，载《青少年犯罪问题》2017 年第 3 期。

14．高铭暄、赵秉志：《改革开放三十年的刑法学研究》，载《中国刑事法杂志》2009 年第 3 期。

15．高铭暄、张杰：《中国刑法中未成年人犯罪处罚措施的完善》，载《法学论坛》2008 年第 1 期。

16．高维俭、梅文娟：《论少年法的立法体系》，载《预防青少年犯罪研究》2013 年第 5 期。

17．管奇刚：《我国工读教育未来发展路径选择探究》，载《青少年犯罪问题》2018 年第 5 期。

18．郭燕青：《未成年人犯罪宽宥制度研究》，河南财经政法大学 2019 年硕士学位论文。

19．胡云腾：《论全面依法治国背景下少年法庭的改革与发展——基于域外少年司法制度比较研究》，载《中国青年社会科学》2016 年第 1 期。

20．胡佳：《未成年人弑亲案件犯罪学分析——以 2015 年至 2019 年全国 11 例弑亲案件为样本》，载《预防青少年犯罪研究》2019 年第 3 期。

21．何川、马皑：《罪犯危险性评估研究综述》，载《河北北方学院学报》（社会科学版）2014 年第 2 期。

22．何萍、陈松然：《论"恶意补足年龄"规则的价值及本土化途径》，载《青少年犯罪问题》2020 年第 3 期。

23．何志晶：《青少年暴力犯罪攻击行为的干预研究》，山西医科大学 2013 年硕士学位论文。

24．黄静嘉、胡学丞：《中国刑法百年发展的回顾与反思——以台湾地区的几个刑法议题为中心》，载《华中科技大学学报》（社会科学版）2010 年第 3 期。

25．康树华：《社区矫正的历史、现状与重大理论价值》，载《法学杂志》2003 年第 5 期。

26．孔玲：《论分类制和累进制》，复旦大学 2008 年硕士学位论文。

27．卢玉泉：《预防青少年犯罪的对策》，载《行政（第 14 卷）》（澳门）2001 年第 1 期。

28．罗芳芳、常林：《〈未成年人社会调查报告〉的证据法分析》，载《法学杂志》2011 年第 5 期。

29．赖修桂、黄晓明：《保安处分在防治未成年人犯罪中的运用》，载《华东政法学院学报》2001 年第 1 期。

30．李晓明：《"行政拘留"的扩张与行政刑法的转向》，载《法学评论》2017 年第 3 期。

31．李晓明：《犯罪学转型中研究对象的固化——从科尔曼的"系统行为内部分析说"谈起》，载《时代法学》2014 年第 1 期。

32．李晓瑜：《我国收容教养制度之检视与重构》，载《预防青少年犯罪研究》2019 年第 3 期。

33．李川：《修复、矫治与分控：社区矫正机能三重性辩证及其展开》，载《中国法学》2015 年第 5 期。

34．李川：《从教养式矫治到修复式教育：未成年人矫治教育的理念更新与范式转换》，载《南京师范大学学报》2021 年第 4 期。

35．李川：《从特殊预防到风险管控：社区矫正之理论嬗变与进路选择》，载《法律科学》2012 年第 3 期。

36．李川：《观护责任论视野下我国少年司法机制的反思与形塑》，载《甘肃政法学院学报》2018 年第 6 期。

37．李泊毅：《专门矫治教育的基本权干预性质及规则完善》，载《预防青少年犯罪研究》2021 年第 5 期。

38．李玫瑾、董海：《犯罪人格的界定与实证研究》，载《中国人民公安大学学报》（社会科学版）2008 年第 3 期。

39．李斐：《美国"三振出局"累犯制度及其对中国的借鉴》，厦门大学 2014 年硕士学位论文。

40．李素云：《未成年人刑事责任研究——以责任年龄为视角》，中南财经大学 2017 年硕士学位论文。

41．黎宏：《刑事和解：一种新的刑罚改革理念》，载《法学论坛》2006 年第 4 期。

42．罗静：《打造有不良行为青少年教育矫治工作体系的实践与思考》，载《探索》2015 年第 9 期。

43．雷杰：《我国收容教养制度的困境与完善路径》，载《预防青少年犯罪研究》2019 年第 3 期。

44．雷磊：《法社会学与规范性问题的关联方式力量与限度》，载《中外法学》2021 年第 6 期。

45．廖斌、何显兵：《论收容教养制度的改革与完善》，载《西南民族大学学报》（人文社科版）2015 年第 6 期。

46．路琦、王贞会：《〈预防未成年人犯罪法〉专家建议修订稿座谈会综述》，载《预防青少年犯罪研究》2019 年第 3 期。

47．刘宪权：《〈刑法修正案（十一）〉中法定刑的调整与适用》，载《比较法研究》2021 年第 2 期。

48．刘艳红：《实质刑法的体系化思考》，载《法学评论》2014 年第 4 期。

49．刘建：《〈民法总则〉第 31 条和第 35 条 "最有利于被监护人的原则" 评析》，载《苏州大学学报》（哲学社会科学版）2019 年第 4 期。

50．聂阳阳：《我国未成年人社区矫正制度的完善》，载《预防青少年犯罪研究》2012 年第 3 期。

51．刘双阳：《从收容教养到专门矫治教育：触法未成年人处遇机制的检视与形塑》，载《云南社会科学》2021 年第 1 期。

52．刘昶：《德国少年刑事司法体系评介——以〈少年法院法〉为中心》，载《青少年犯罪问题》2016 年第 6 期。

53．刘志刚：《非刑罚处罚制度研究》，武汉大学 2012 年博士学位论文。

54．刘若谷、苏春景：《虞犯制度背景下工读学校改革走势的思考》，载《中国特殊教育》2016 年第 8 期。

55．黎禹珲：《日本少年矫正教育对我国专门教育的启示》，载《荆楚学刊》2021 年第 6 期。

56．皮勇：《人工智能刑事法治的基本问题》，载《比较法研究》2018 年第 5 期。

57．屈学武：《保安处分与中国刑法改革》，载《法学研究》1996 年第 5 期。

58．鲁昕、李泊毅：《收容教养在公法上的性质及实施的相关问题研究》，载《齐鲁学刊》2021 年第 1 期。

59．孙海波：《在"规范拘束"与"个案正义"之间——论法教义学视野下的价值判断》，载《法学论坛》2014 年第 1 期。

60．孙笑侠：《法的形式主义与实质主义》，载《浙江大学学报》1999 年第 5 期。

61．孙谦：《中国未成年人司法制度的建构路径》，载《政治与法律》2021 年第 6 期。

62．孙传浩、于阳：《未成年人严重不良行为专门教育制度完善路径》，载《行政与法》2021 年第 10 期。

63．孙道萃：《论未成年人羁押必要性的审查机制——以犯罪分层理论为基础》，载《预防青少年犯罪研究》2012 年第 4 期。

64．宋英辉、苑宁宁：《未成年人触法行为处置规律研究》，载《中国应用法学》2019 年第 2 期。

65．申纯：《人工智能时代人身危险性评估发展的新机遇及实现路径》，载《求索》2021 年第 6 期。

66．申纯：《区块链技术背景下"两法衔接"机制改革研究》，载《广西大学学报》2021 年第 2 期。

67．苏琨：《我国少年保护处分制度的构建——以日本保护处分制度为参考》，西南政法大学 2011 年硕士学位论文。

68．苏明月、陈新蕊：《中国专门学校教育制度的重构与推进——以未成年人专门立法修订为视角》，载《中华女子学院学报》2020 年第 3 期。

69．唐稷尧：《论我国收容教养制度的定位及适用条件——以〈中华人民共和国预防未成年人犯罪法〉修订为背景》，载《中国青年社会科学》2020 年第 4 期。

70．谭德礼：《道德自觉自信与公民幸福感的提升》，载《道德与文明》2013 年第 3 期。

71．王才远：《未成年人刑事案件社会调查尚应完善三项内容》，载《人民检察》2014 年第 19 期。

72．王顺安、陈君珂：《中国少年收容教养制度的系统思考》，载《上海政法学院学报》2020 年第 4 期。

73．王顺安：《少年收容教养的性质之我见》，载《政法论坛》1992 年第 3 期。

74．王平等：《理想主义的〈社区矫正法〉——学者建议稿及其说明》，中国政法大学出版社 2017 年版。

75．王志远、杜延玺：《我国违法未成年人刑事政策检讨——"教育"与"惩罚"之间的良性协调》，载《中国青年研究》2016 年第 2 期。

76．王雪梅：《儿童权利保护的"最大利益原则"研究（上）》，载《环球法律评论》2002 年第 4 期。

77．王顺安、王妍蓓：《少年司法处遇种类比较分析》，载《预防青少年犯罪研究》2018 年第 3 期。

78．王慧：《儿童虐待国家干预制度比较研究》，武汉大学 2015 年博士学位论文。

79．吴燕、顾珲琮、黄冬生：《我国收容教养制度的重构》，载《预防青少年犯罪研究》2016 年第 4 期。

80．吴椒军、郭婉儿：《人工智能时代算法黑箱的法治化治理》，载《科技与法律》2021 年第 1 期。

81．吴悦：《未成年犯非刑罚处罚措施研究》，南京师范大学 2014 年硕士学位论文。

82．温雅璐：《收容教养制度的发展困境及司法化重构》，载《青少年犯罪问题》2020 年第 1 期。

83．魏东：《实质主义刑法观简述》，载《人民检察》2010 年第 21 期。

84．卫晨曙：《美国刑事司法人工智能应用介评》，载《山西警察学院学报》2020 年第 4 期。

85．于国旦：《保护处分及其在我国的适用》，载《国家检察官学院学报》2009 年第 3 期。

86．程捷：《论未成年人犯罪预防中的教育刑制裁——以〈预防未成年人犯罪法（修订草案）〉为参照》，载《中国青年社会科学》2020 年第 5 期。

87．秦金星：《品格证据在未成年人刑事审判中的运用》，载《四川警官学院学报》2015 年第 6 期。

88．张文：《刑事法人格化 21 世纪的抉择》，载《中外法学》2004 年第 5 期。

89．翟中东：《西方矫正制度的新发展（二）——矫正需要评估和矫正项目实施》，载《犯罪与改造研究》2010 年第 10 期。

90．刘奕君：《我国大陆地区未成年人司法转处措施的多样化初探——基于对澳门地区未成年人刑事司法制度的思考》，载《四川警察学院学报》2018 年第 8 期。

91．孟凡君、吴晓霏：《保安处分之人身危险性评定标准初探》，载《辽宁行政学院学报》2009 年第 11 期。

92．安琪：《我国未成年人分级处遇机制的评述及完善审思》，载《青年工作与政策研究》2021 年第 5 期。

93．林琳：《我国罪错未成年人司法处遇制度的问题及完善路径》，载《北京科技大学学报》（社会科学版）2021 年第 4 期。

94．俞亮、吕点点：《法国罪错未成年分级处遇制度及其借鉴》，载《国家检察官学院学报》2020 年第 2 期。

95．熊伟：《我国工读教育面临的问题与对策》，载《青少年犯罪问题》2011 年第 5 期。

96．岳光辉、刘力矫：《严重不良行为未成年人的犯罪管控研究》，载《北京警察学院学报》2015 年第 6 期。

97．苏明月：《从中日少年案件处理流程与矫正之比较看少年司法模式》，载《青少年犯罪问题》2010 年第 1 期。

98．夏宗素：《中国少年司法、教养制度的历史发展与特色研究》，载《犯罪与改造研究》2004 年第 10 期。

99．肖姗姗：《"触法未成年人"概念选择与适用的理性证成》，载《预防青少年犯罪研究》2020 年第 4 期。

100．张丽欣：《刑法人格界定问题思考》，载《人民论坛》2016 年第 1 期。

101．肖姗姗：《中国特色未成年人司法体系的构建》，中南财经政法大学 2018 年博士学位论文。

102．许慧妍：《家庭教育立法的正当性证成与基本框架设计》，载《北方论丛》2021 年第 5 期。

103．熊贵彬：《社区矫正三大管理模式及社会工作介入效果分析——基于循证矫正视角》，载《浙江工商大学学报》2020 年第 2 期。

104．郁建兴、吕明再：《治理：国家与市民社会关系理论的再出发》，载《求是学刊》2003 年第 4 期。

105．于阳、孙传浩：《触法未成年人处遇决定机制的改革困境与合理构建》，载《政法学刊》2021 年第 2 期。

106．姚辉：《当理想照进现实：从立法论迈向解释论》，载《清华法学》2020 年第 3 期。

107．姚建龙：《犯罪后的第三种法律后果：保护处分》，载《法学论坛》2006 年第 1 期。

108．姚建龙：《龙勃罗梭在中国——一个犯罪学史的考察》，载《法律科学》2021 年第 1 期。

109．姚建龙：《远离辉煌的繁荣：青少年犯罪研究 30 年》，载《青年研究》2009 年第 1 期。

110．姚建龙、孙鉴：《触法行为干预与二元结构少年司法制度之设计》，载《浙江社会科学》2017 年第 4 期。

111．姚建龙、陈子航：《〈未成年人保护法〉的修订、进步与展望》，载《青年探索》2021 年第 5 期。

112．尧步超：《低龄未成年人危害社会行为矫治措施问题研究》，内蒙古大学 2021 年博士学位论文。

113．杨娟：《未成年人非刑观护制度研究——以收容教养改革问题介入》，东南大学 2018 年硕士学位论文。

114．杨义芹：《公正、善、正当辨析》，载《山东社会科学》2010 年第 5 期。

115．杨迪：《我国轻罪制度建构研究》，吉林大学 2020 年博士学位论文。

116．张明楷：《〈刑法修正案（十一）〉对司法解释的否认及其问题解决》，载《法学》2021 年第 2 期。

117．张静、景孝杰：《未成年人社会调查报告的定位与审查》，载《华东政法大学学报》2011 年第 5 期。

118．张奎、严露婕：《未成年人触法行为的处遇困境及应对出路》，载《四川警察学院学报》2019 年第 8 期。

119．张邵彦：《社区矫正在中国——基础分析、前景与困境》，载《环球法律评论》2006 年第 3 期。

120．张健：《合法性与中国政治》，载《战略与管理》2000 年第 5 期。

121．张忠利：《论庞德的社会法学思想》，载《吉林大学社会科学学报》2000 年第 6 期。

122．张忠斌：《未成年人犯罪的刑事责任研究》，武汉大学 2005 年博士学位论文。

123．周颖：《再定义：专门矫治的改革之路》，载《预防青少年犯罪研究》2021 年第 2 期。

124．周光营：《触法未成年人分级处遇制度构建论》，载《青少年犯罪问题》2019 年第 3 期。

125．庄伟：《未成年人犯罪预防与矫治机制的构建》，载《人民检察》2020 年第 24 期。

126．赵玲玲：《澳门违法青少年教育监管制度述评》，载《青少年犯罪问题》2016 年第 5 期。

127．赵俊：《少年刑法比较总论》，武汉大学 2010 年博士学位论文。

128．赵秉志：《未成年人犯罪的刑事责任问题研究（一）》，载《山东公安专科学校学报》2001 年第 2 期。

129．胡学相：《人格刑法理论对我国刑事政策的借鉴》，载《预防青少年犯罪研究》2014 年第 5 期。

130．胡学相：《对人身危险性理论的反思》，载《中国刑事法杂志》2013 年第 9 期。

131．胡学相、洪莉鸥：《人格刑法理论视域下终身监禁的裁量因素分析》，载《暨南学报》（哲学社会科学版）2017 年第 9 期。

132．胡学相：《人格理论视角下的宽严相济刑事政策》，载《国家检察官学院学报》2007 年第 6 期。

133．张振锋：《网络不良信息对未成年人犯罪的影响》，载《预防青少年犯罪研究》2017 年第 1 期。

134．林青红：《未成年人刑事责任起点不宜降低》，载《青少年犯罪问题》2016 年第 1 期。

135．赵永红：《人身危险性概念新论》，载《法律科学》2000 年第 4 期。

136．李玫瑾、张萌：《论工读学校的社会、司法和教育功能》，载《预防青少年犯罪研究》2018 年第 4 期。

137．孙利：《保安处分制度初探》，载《公安大学学报》1989 年第 1 期。

138．石军：《中国工读教育六十年国际研讨会综述》，载《青少年犯罪问题》2015 年第 6 期。

139．王志强：《未成年人的被害研究》，载《青少年犯罪问题》2000 年第 3 期。

140．高维俭：《少年司法之社会人格调查报告制度论要》，载《环球法律评论》2010 年第 3 期。

141．高维俭：《再论少年司法之社会人格调查报告制度》，载《预防青少年犯罪研究》2012 年第 2 期。

142．胡相学、许承余：《转型时期人格理论在我国刑法中的引入与推进》，载《武汉大学学报》（哲学社会科学版）2011 年第 2 期。

143．高艳东：《未成年人责任年龄降低论：刑事责任能力两分说》，载《西南政法大学学报》2020 年第 4 期。

144．陈兴良：《责任论的法理构造》，载《北航法律评论》2010 年第 1 期。

145．何秉松：《刑事责任论》，载《中国政法大学学报》1995 年第 5 期。

146．［日］大塚仁：《人格刑法学的构想》，载《中国政法大学学报》2004 年第 2 期。

147．冯军：《刑事责任理论评述》，载《法学家》1993 年第 4 期。

148．胡东平、詹明：《征表主义人格定罪模式评析》，载《河北法学》2015 年第 11 期。

149．［日］团藤重光：《小野清一郎先生之人与学问》，载《法学家》1986 年第 6 期。

150．时延安：《刑法的伦理道德基础》，载《中国刑事法杂志》2019 年第 3 期。

151．丁乐：《少年保安处分研究》，中南财经政法大学 2019 年博士学位论文。

152．黎禹珲：《未成年人专门教育的制度困境与出路》，载《湖南第一师范学院学报》2021 年第 4 期。

153．丘丽丽：《人身危险性理论与犯罪人格理论之比较》，中国政法大学 2010 年硕士论文。

154．安小刚：《社区矫正运行机制研究》，中南财经政法大学 2010 年博士学位论文。

155．党日红：《中俄未成年人刑事责任比较研究》，中国政法大学 2008 年博士学位论文。

156．姚建龙、柳箫：《〈预防未成年人犯罪法〉的修订评价与实施问题》，载《少年儿童研究》2021 年第 5 期。

157．吴静：《制度与出路：专门矫治教育制度困境与重构》，载《重庆社会科学》2021 年第 8 期。

158．龙丽达：《青少年罪错行为分析与矫治对策探究》，东北师范大学 2011 年博士学位论文。

159．Niolon，"An RCT of Dating Matters：Effects on Teen Dating Violence and Relationship Behaviors"，American Journal of Preventive Medicine，Vol. 57，Issue1（2019）．

160．Svensson， "Changing routine activities and the decline of youth crime：A repeated cross‐sectional analysis of self‐reported delinquency in Sweden，1999－2017．"，Criminology，Vol. 59，Issue2（2021）．

161．Dixon De Silva， "Community–Based Implementation of a Paraprofessional–Delivered Cognitive Behavioral Therapy Program for Youth Involved with the Criminal Justice System"，Journal of Health Care for the Poor and Underserved，Vol. 30，Issue2（2019）．

162．Edmunds，"Exploring Community–Based Options for Reducing Youth Crime"，International Journal of Environmental Research and Public Health，Vol. 18，Issue10（2021）．

163．Conduct Problems Prevention Research Group， "Fast Track intervention effects on youth arrests and delinquency"，Journal of Experimental Criminology，Vol. 6，Issue2（2010）．

164．Burnett， "JOINED–UP SERVICES TO TACKLE YOUTH CRIME：A Case–Study in England"，The British Journal of Criminology, Vol. 44, Issue1 (2004).

165 . Payne, "Juvenile Reoffending: a ten-year retrospective cohort analysis", Australian Journal of Social Issues, Vol. 50, Issue4 (2015).

166 . Spruit, "Predictors of Intervention Success in a Sports-Based Program for Adolescents at Risk of Juvenile Delinquency", International Journal of Offender Therapy and Comparative Criminology, Vol. 62, Issue6 (2018).

167 . Peter Greenwood, "Prevention and Intervention Programs for Juvenile Offenders", The Future of Children, Vol. 18, Issue2(2008).

168 . Garro, "Reversing the Trend: a Psychosocial Intervention on Young Immigrants in Sicily", Journal of International Migration and Integration, Vol. 19, Issue4 (2018).

169 . Webster, "The Will to Change: Lessons from Canada's Successful Decarceration of Youth", Law & Society Review, Vol. 53, Issue4 (2019).

170 . Salas-Wright, "Trends in Fighting and Violence Among Adolescents in the United States, 2002-2014", American Journal of Public Health, Vol. 107, Issue6(2017).

171 . Ortega-Campos, "Assessing the Interactions between Strengths and Risk Factors of Recidivism through the Structured Assessment of Violence Risk in Youth (SAVRY)", International Journal of Environmental Research and Public Health, Vol. 17, Issue6(2020).

172 . Zuchowsk, "Five years after Carmody: practitioners' views of changes, challenges and research in child protection", Children Australia, Vol. 44, Issue3 (2019).

173 . Ricciardelli, "Increased clarity or continued ambiguity? Correctional officers' experiences of the evolving Canadian youth justice legislation", Crime Law and Social Change, Vol. 71, Issue5 (2019).

174. Jessee, "Listening to Youth Through 17 Cross-Sectoral Youth Assessments: Implications for Programming and Policy", Journal of Youth Development, Vol. 16, Issue3 (2021).

175. Torfing, "Measuring and assessing the effects of collaborative innovation in crime prevention", Policy & Politics, Vol. 48, Issue3 (2020).

176. Souverein, "Toward a Tailored Model of Youth Justice: A Qualitative Analysis of the Factors Associated with Successful Placement in a Community-Integrated Facility", International Journal of Offender Therapy and Comparative Criminology, Vol. 66, Issue3 (2022).

致　谢

　　时光荏苒，匆匆三年光阴如白驹过隙。在苏州大学王健法学院度过的三年博士研究生时光，虽然因已经离开校园再次步入后的力不从心而感到焦虑不安，但这无疑是人生中非常值得怀念的三年。春樱、夏荷、秋叶、冬雪，东吴桥横跨古运河，静谧在岁月中。师生代代无穷已，江月年年只相似。苏大是美丽与智慧的，作为苏大浩渺学子中的一员，在饱览苏大美景之外，也留下了汗水与艰辛。在这段需要与时间赛跑的日子中，感恩所有支持与指导我的老师、家人与同学，尤其是在完成学位论文期间，对师长的答疑解惑与同学、朋友帮忙查找资料、下载外文资料表示由衷的感谢！

　　首先，感谢我的导师李晓明教授以及我的同门师兄弟姐妹们。李老师为人谦和、有耐心，对做学问的要求很高，做学问和为人处世都十分严谨、认真。李老师常教育我们为人处世应当站在其他人的立场进行考虑。李老师的鼓励、教育与指导潜移默化地影响着我对学术的态度与对今后人生道路的选择。从确认选题、撰写提纲、开题、论文撰写一路走来，离不开导师的悉心指导。在最艰难的时候，李老师总是能够答疑解惑，发送的邮件无论多晚总是第一时间回复。万分感谢老师，这是我这三年中最大的收获，一日为师终身为父，老师让我感受到的是作为师长的关爱、提携和用心良苦，也为学生树立了为人处世的标杆——无论身处何时何地，都要有责任心与上进心。师门的团结互助也让我在困惑之中获得启发，来自徐翕明博士、李文吉博士、韩冰博士、江金满博士、尹文平博士、麻爱琴博士、赵坦博士、杨天晓博士的关怀与帮助让我在求学路上获得不断向前的驱动力。感谢江苏省少管所苏云峰所长为我提供实践方面的资料与帮助。

其次，感谢我的家人。已经离开校园参加工作，再次回到学校进行学习并不是一个轻松的决定。而当我做了这个决定之后，即便家人知道其中的艰辛，依旧倾尽全力地支持，在我需要帮助的时候第一时间伸出援手，在我苦恼甚至怀疑自己的选择的时候给予我信心。如果这一路没有家人的支持，没有家人为我担起一份重担，风雨兼程中我可能难以秉持初心。

最后，感谢所有法学院帮助过我的老师，他们是方新军教授、上官丕亮教授、王克稳教授、黄学贤教授、朱谦教授、郭树理教授、陈姗姗副教授、杨俊副教授、庄绪龙副教授、王俊老师和胡育新老师。

沈颖尹

2024 年 3 月